이지 중국사

이지 중국사

고사성어로 술술 넘어가는 중국사 수업

초 판 1쇄 2025년 01월 16일

지은이 남정칠
펴낸이 류종렬

펴낸곳 미다스북스
본부장 임종익
편집장 이다경, 김가영
디자인 윤가희, 임인영
책임진행 이예나, 김요섭, 안채원, 김은진, 장민주

등록 2001년 3월 21일 제2001-000040호
주소 서울시 마포구 양화로 133 서교타워 711호
전화 02) 322-7802~3
팩스 02) 6007-1845
블로그 http://blog.naver.com/midasbooks
전자주소 midasbooks@hanmail.net
페이스북 https://www.facebook.com/midasbooks425
인스타그램 https://www.instagram.com/midasbooks

ⓒ 남정칠, 미다스북스 2025, *Printed in Korea.*

ISBN 979-11-7355-005-8 03910

값 24,000원

미다스북스는 다음세대에게 필요한 지혜와 교양을 생각합니다.

미다스북스가 신인작가님들의 두드림을 기다리고 있습니다! 여러분이 품고 계신 꿈을 들려주세요!
그 꿈에 날개를 달아 드리겠습니다.

투고메일 midasbooks@hanmail.net

이지 중국사

남정칠 지음

고사성어로 술술 넘어가는 중국사 수업

EASY CHINA HISTORY

中國史

미다스북스

이눌二訥 남정칠南精七

경북대학교 교육대학원 한문교육과 졸업
경북대학교 경영대학원, 평생교육원 출강
〈고사성어로 쉽게 이해하는 중국사〉

논문/저역서

『자찬 묘지명류에 나타난 사생관 연구』
『김립이 가려는 세상』
『고사성어로 쉽게 배우는 십팔사략』, 증선지 저,
남정칠 역주, 책 미래, 2020.

우리는 역사라는 과거의 사실을 이야기하지만, 지향점은 미래입니다. 역사를 통한 지식 습득은 학문의 기초이면서 고급 교양이라 할 수 있습니다. 그러나 유구한 역사적 사실들을 단기간에 습득하기란 쉽지 않습니다. 하지만 한자 문화권에 살아가는 우리들로서는 중국사의 개략적인 역사적 사실들이나 교양인으로서의 핵심적인 고사성어는 어느 정도는 습득해 둘 필요가 있습니다. 그러나 바쁜 현대인들은 그것마저도 여의치 않습니다. 그래서 편법이 필요한 이유입니다. 편법이란 방편과 비슷한 말로 목적에 빨리 도달하기 위한 하나의 유용한 도구라 보면 되겠습니다.

일반적으로 중국은 우리와 수천 년간 국경을 맞댄 이웃 국가로서 우리의 삶에 직간접으로 영향을 미치지 않은 적이 없는 애증이 함께한 굴곡진 역사적 관계였습니다. 하지만 중국사라 하면 흥미를 느끼면서도 먼저 한문을 떠올리며 어렵고 복잡할 것이라는 막연한 생각을 합니다. 그러나 복잡한 정치제도나 문화적 연원 등을 배제하고 역사의 전면이나 그늘에 명

멸했던 영웅호걸이나 미생들의 서사를 함축적인 성어나 고사를 통해 접근하면 쉽고 재미있으며 반향이 오래갑니다. 또 표제어가 나타내는 글자의 기본적인 의미만 이해하면 바로 이어지는 맥락을 파악할 수 있습니다.

일례로 학창 시절에 뜻도 모르고 들었던 "네안델타르인, 이나 '크로마뇽인' 등은 뭐 대단한 '학명'이 아니고 유골이 발견된 장소를 차용한 것임을 알게 됩니다. 한사군중 마지막 낙랑군을 몰아낸 고구려 '미천왕'이나 '소수림왕' 등의 이름도 장지에다 이름을 붙인 것뿐입니다. 이처럼 글자가 나타내는 기본적인 의미를 누군가 한마디만 부언해주면 즐거운 독서가 됩니다.

이 책은 중국사의 초보적인 역사서인 『십팔사략』을 배경으로 초보자들과 함께한 수년 간의 기록을 토대로 하였습니다. 비록 거칠고 엉성하지만 중국사의 본질을 쉽고 친근하게 전달하는 소중한 길잡이가 되기를 기대합니다.

| 목차 |

1장

선사 시대

: 기록되지 않은 기억의 시대

中國史
EASY CHINA HISTORY

1. 인류사의 시작 : 카오스에서 코스모스로

1) 우주의 탄생

태초에 빅뱅이 있었다. 빅뱅 이전엔 무엇이 있었는지는 모른다. 여러 가설은 있겠지만 그것은 신의 영역일지도 모른다. 우리들은 약 100년 전만 하더라도 우리들이 살고 있는 은하(Milky Way Galaxy, 우유처럼 희뿌옇다는 의미에서 우유가 흐르는 강)[1]를 제외한 다른 은하가 수없이 많이 존재한다고 상상조차 하지 못했다. 현대 과학에 의해 드러난 사실은 우주력은 대략 138억 만 년이라 한다. 초기 우주는 너무 뜨거워 입자들이 뭉칠 수 없었는데 38만 년이 흐른 후에야 H와 H2가 형성되었으며, 빅뱅(러시아 출신, 미국 물

---

[1] 우리 은하는 지름이 약 10만 광년 정도로 2,000억~4,000억 개의 별로 구성되어 있다. 우리 은하와 가장 가까운 은하는 약 250만 광년 떨어진 안드로메다 은하다. 1광년은 태양계의 약 500배 정도이다. 인간이 수없이 많은 은하 중 하나에 살고 있다는 사실을 안 지는 불과 100년이 되지 않았다. 1917년 철강왕 '앤드류 카네기'의 지원을 받아 '에드윈 허블'이 캘리포니아 윌슨산에 천문대를 만들어 증거를 분석, 수집하다가 1924년, 우리 은하 외에 또 다른 은하가 존재한다는 사실과 우주가 팽창한다는 사실을 밝혀냈다. '허블 우주 망원경'

리학자 George gamow(1904~1968)가 우주 팽창 이론을 맨 처음 주장했다)후, 7~20억 년 사이에 최초로 별과 은하가 생겼다.(당시 우주의 크기는 현재의 6%였다) 우주에는 은하(천구天球 위에 구름 띠 모양으로 길게 분포되어 있는 수많은 천체의 무리)가 대략 1,000억 개가 있고 그 은하에는 또 각각 1,000억 개의 별이 있다고 한다. 태양(지구 지름의 100배, 질량은 약 30만 배인 평범한 중간 크기의 별이다)은 약 47억 년 전에 우리 은하에서 만들어졌다. 이후 약 1억 년 정도 지나 나머지 물질들이 태양을 돌면서 8개의 행성을 만들었으며 철과 같이 무거운 원소는 지구 중심부로 가라앉아 얇은 지각이 형성되었다. 원시 지구는 수백 만년의 진통 끝에 대략 46억 년 전에 탄생했는데 표면은 1,000도 이상 끓고, 우주공간에서 날아오는 운석 덩어리는 우박 같고, 화산활동은 이어져 불을 뿜으며 가스를 토해내, 온통 구름으로 뒤덮여 마치 칠흑 같았다. 이 원시대기의 80%는 수소(H)로 이루어졌을 것으로 추정된다. 시간이 지나 약 40억 년 전쯤, 방사능이 약해지고 소행성의 충돌이 줄어들자 차츰 표면 온도가 100도C 이하로 떨어지며 수증기가 구름을 만들어 대홍수와 같은 엄청난 폭우가 수십만 년 동안 내렸다. 곧 지형이 낮은 곳은 물이 고여 바다가 되었고 비로소 육지와 바다가 분리되기 시작했다. 또한 얼음으로 만들어진 혜성과의 충돌도 있었다. 그러나 태양과의 거리가 가까웠다면 모두 증발했을 것이고 멀었다면 얼음으로 존재했을 것이다. 처음 원시 지구는 지금 지각의 약 30%밖에 되지 않았으나 3번의 크나큰 지각변동을 거쳐, 지금과 같은 지각은 약 천만 년 전에 형성되었다.

달은 지구 탄생, 약 1억 년 후(월석 분석 결과 약 44억 5,000만 년이라는 사실이 밝혀졌다) 화성(약 지구의 반, 24도의 기울기, 사계절, 물의 존재)만 한 크기의 행성이 부딪쳐 만들어졌다. 이때 충돌한 물체의 핵은 지구와 합쳐졌고 나머지 흩어진 부분들은 날려가 달이 형성되었다. 그 충격으로 지구의 자전축이 약 23.5도 기울어져 지구엔 계절이 생겼으며, 달의 중력에 의한 조석력(潮汐力:조수 간만의 힘)으로 인해 달은 1년에 약 3.8cm씩 지구에서 멀어진다. 최초의 생명은 약 38억 년 전, 단세포 생물(모든 생명체의 공동 선조, 작은 방, 원시 조류藻類, 일종의 시아노박테리아)이 어쩌면 심해 열수熱水에서 생겼다. 소금은 열수에서 나오는 염소가스와 바닷물 속에 분포된 나트륨과 결합하며 생겨났다. 그런 가운데 27억 년 전에 '산소'가 생기며(광합성, 현재 지구의 산소 농도는 21%, 질소 농도는 78%이다) 지구의 성층권에 분포한 오존(O3)이 지상 생명체에 해로운 자외선을 거의 막아 주는 보호막 역할을 하며 생명체가 활성화되게 하는 데 결정적으로 작용했다. 지구상의 생명체 대부분은 산소 없이 살아가지만, 오직 인간에게는 필요한 것이다. 진핵眞核생물(다세포, 미토콘드리아)은 약 20억 년 전에 일부 박테리아가 다른 박테리아를 잡아먹어 소화하는 대신에 중심부의 핵막을 보호하는 일종의 공생관계를 유지하며 등장한다. 미토콘드리아는 산소를 흡입해 CO2를 배출하며 에너지를 생성하도록 한다. 진핵세포는 핵이 없는 박테리아보다 보통 10~100배쯤 더 크다. 유성有性 생식은 약 10억 년 전에 시작되었다. 이후 심해 열수 속 미생물에서 출발한 생명체가 드디어 인류의 조상, 즉, 척추脊椎동물인 어류(약 7~6억 년 전)에서 출발해 물과 뭍에서 공존할 수 있는 양서류兩棲類로, 이후 알을 놓으려면 다시 물로 돌아가야 하는 불편함이 없는 파충류爬蟲類로, 다시 암놈의 몸에 수정해 알을 안전하게 보관하며 젖먹이는 포유류哺乳類로 진화하며 더욱 현생 인류에게 다가간다.

　　이후 약 8,000만 년 전, 동아프리카 지구대가 동서로 분리되며 밀림과
초원으로·나누어진다. 이때 편안히 밀림 속에서 열매를 따 먹으며 지내던
초기의 영장류들에게 갑자기 들이닥친 초원은 생존하기 어려운 환경이었
다. 번성하던 공룡시대에 피할 곳 없는 영장류들은 낮에는 어둡고 침침한
동굴 같은 깊은 곳으로 숨어들고 밤에만 잠시 나와 허기를 채우는 방식으
로 겨우 생존만 하고 있었다. 우리 인류가 속한 이러한 영장류의 생존과
진화 과정에서 중생대 말기인 6,500만 년 전, 멕시코 유카탄반도에 운석

2　　포유동물(약 5,400종류) 중에 젖을 안 먹는 동물은 없다. 젖(수유)꼭지 없는 좋은 있지만 젖은 다 먹는
　　다.
3　　영靈:기우제(雨)를 지내기 위해 만든 제단의 축고祝告(무구巫具나 축문祝文을 보관하는 함) 상자(皿)아
　　래 무부(巫夫) 두 사람이(从) 무구巫具(工)를 양쪽에서 잡고 있는 모양), 영靈(하늘, 구름의 신)과 장長
　　(머리칼을 휘날리며 달려가는 모습을 형상화한 글자) 옛날엔 巫와 靈,毉,醫,毉는 같은 의미로 사용되었
　　다. '뭔가 신령스러운 힘을 가진 우두머리'를 '영장靈長'이라 한다. 일반적으로 영장류, 주권, 중국中國
　　(국가로서 지칭, 과거엔 왕조의 이름밖에 없었다), 청국인清國人, 지나支那(진秦나라의 진과 차이나의
　　나那의 합성어), 학술, 대통령, 검사, 국민의례, 민주주의, 간첩, 출판, 파출소, 과학, 철학, 문학, 미술…
　　등등 이런 말들은 일본이 서양 근대 문물을 받아들이는 과정에서 영어를 번역해 우리나라에 들어왔
　　다. 특히 '민주주의'에서 '민주'는 조선왕조실록에도 50회 이상 나오는 단어이나 요즘의 뜻인 "백성이
　　이 나라의 주인"이라는 의미가 아닌 '민民(백성)의 주인', 즉 '왕王'을 가리키는 말이었다. 특히 '성실',
　　'우호', '친절'같은 단어는 한,중,일, 베트남에서 공히 사용하는 공통어이다.

이 떨어지며(폭 160km, 깊이 20km) 수천 년 동안의 암흑과 추위 속에 공룡이 멸종하고 드디어 포유류의 지배가 시작된다. 지난한 인류의 태생 과정에 소행성의 충돌이 없었다면 우리 인간의 출현도 없었을 것이라는 데 모든 과학자가 동의한다.

2) 인류의 기원과 진화

본래 인간과 침팬지는 공통 조상에서 진화해 약 500만~800만 년 전까지는 함께 살았고 대략 600만 년 전부터 영장류인 침팬지(인간 유전자와 98.7% 동일), 보노보(피그미침팬지, 감정 솔직, 사회성 성교), 인류로 시작해 초기에 인간종으로 분리되어 나온 것은 약 24종에 달했다. 이러한 인간종을 우리는 '[호미닌HOMININ]'이라 부른다. 이 호미닌은 정확히 침팬지와 보노보의 중간에 존재하며 침팬지의 폭력성(어떤 먹이를 발견했을 땐, 종족 간의 피터지는 힘의 혈투를 통해 먹이를 빼앗으며, 어떤 권력의 힘으로 성을 장악하고 지배한다)과 보노보의 사회성(어떤 먹이를 발견했을 땐, 비록 다른 종족이라도 먼저 성을 제공하고(사회성 성교) 먹이를 나누며 공존을 모색한다)을 반분한 것 같은 특징을 가진다. 호미닌 화석은 거의 아프리카에서 발견됨으로 보아 '아프리카 기원설'을 확인하고, 열대우림에서 사바나 초원으로 나온 호미닌들은 '이족二足보행'으로 빠르게 신체가 변화한다. 약 320만 년 전으로 추정되는 '[루시LUCY]'(1974년 에티오피아 어느 마른 강가에서 발견, 40%만 보존 상태로 여자임이 밝혀졌다)는 남쪽의 유인원이란 의미로 '오스트랄로피테쿠스'라 하며 이후, 180만 년 전의 것으로 추정되는 '호모에렉투스(직립원인, 선사람, 호모: 도구를 사용한다는 의미)'란 종이 등장한다. 약 40만 년 전에는 그 이전에 아프리카에서

프랑스나 독일 쪽으로 간 호미닌인 '크로마뇽인'(프랑스 크로마뇽 지방 동굴에서 발견)이나 '네안델타르인(독일 네안델타르 계곡에서 발견)' 등이 나타나고, 아프리카에서 나와 유라시아 초원을 따라 시베리아 알타이산맥 쪽으로 이동해 간 약 30만 년 전으로 추정되는 '데니소바인'(시베리아 알타이산맥, 데니소바 동굴에서 발견)의 유골이 발견된다. 이후 나머지 호미닌종 들은 거의 도태되었으며 현생인류(Homo sapiens: 슬기로운 사람)는 약 20만 년 전, 아프리카에서 나타난다. 이어 약 6만 년 전쯤, 다시 아프리카를 떠난 현생 인류는 각 지역의 고인 종과 공존하며 네안델타르인, 데니소바인과 서로 섞이며(현생인류의 유전자 속엔 2%의 네안델타르인의 유전자가 섞여 있다) 자생력을 키워 갔지만 네안델타르인, 데니소바 인종은 약 2만 년 전에 알려지지 않은 이유로 인해 멸종한다.

고인류는 호모 하빌리스, 호모 에렉투스, 호모 사피엔스로 서서히 진화했고 대략 5만 년 전부터 호모 사피엔스 사피엔스가 출현한다. 지구상의 모든 생명체는 동일한 유전자 암호를 가지고 있다. 이것은 하나의 기원起源세포에서 진화했다는 의미이며 바로 모두의 뿌리가 같다는 것이다. 또한 현대인에게 형제 종이 없다는 것은 멸종위기를 엄청나게 겪었다는 의미이다. 인류 문화상 '구석기 시대'는 대략 4백만 년 전부터 일만 년 전으로 한반도에도 인간종이 존재했다. 뗀 석기(타제打製 석기)를 사용했고, 돌과 질그릇을 병용했으며 수렵 채취 생활을 했다. 이후 마지막 빙하기가 끝나자 기온이 빠르게 올라가는 변화로 인해 터키, 이라크, 시리아 등, 유프라테스강 유역의 이른바 "비옥한 초승달 지역(서아시아 고대문명의 발상지)"에서 야생 밀, 귀리, 기장 등을 기르기 시작하며 '농업혁명'이 일어난다. 여태껏 인류는 수렵 채취하며 이동하던 불안정한 생활에서 안정된 정주定住 생활로 전환하게 된 것이다. 이후 쟁기 같은 농기구에 의한 개간이 시작되며 농토의 확장과 함께 잉여 수확물의 발생으로 인한 계급혁명이 발생하고 바퀴의 발명은 더욱 인간의 삶에 많은 변화를 불러온다. '목축 혁명'은 대략 8,000년 전으로, 약 12,000년 전에 늑대를 가축화한 개가 나타나고 이후 염소와 양을 필두로 식용동물들이 나오고 뒤이어 야생 당나귀나 소 같은 사역使役 동물(노동 동물)이 나타난다. 이어 동물의 젖(우유 등)을 이용한 식품 혁명은 우리 인간에게 엄청난 에너지원을 제공하며 체형에도 획기적인 변화를 불러온다. 신석기 시대는 대략 12,000년 전부터 시작해 농경과 목축으로 정착 생활을 하며 돌에서 떼어낸 것을 용도에 맞게 갈아서 사용했으며(마제磨製석기) 사유재산의 개념이 생겼다. 청동, 철기시대는 약 3,000년 전쯤부터 인간이(일부 한정된 특권층) 청동이나 철로 된 금속을 사용해 각종 장신구나 무기를 만들어 사용했다. 군사적 발전과 성곽이 있는 마을이 생기며 지역의 부족 군장君長 들의 무덤인 고인돌이 등장한다.

2. 신화와 전설의 시대 : 천신天神의 강림降臨

태초의 인류는 "이 세상에 보이는 모든 자연현상은 모두 주관하는 정령이 따로 있어 그들이 각기 주관한다!"는 이른바 '토테미즘'이나 '애니미즘'이 일상에 자리 잡았다. 당시의 사람들은 집 밖을 나와 짧은 외출에서도 겁을 먹은 상태로 자신이 믿고 의지하는 토템을 몸에 간직하고 나서야 겨우 움직일 수 있을 만큼 미지의 세계를 두려워했다. 특히 수확물과 관련된 날씨는 가장 무서우면서도 간절했기에 어떤 신화와 전설에도 가장 먼저 등장하는 신은 날씨를 주관하는 신이었으며 기우제를 주관하는 무부巫夫는 하늘과 소통하는 현실 집단의 우두머리였다. 단군신화에 풍백風伯, 우사雨師, 운사雲師같은 것도 날씨와 관련된 신의 이름이다.

1) 성경의 창세, 그리스 신화

성경 「창세기」에는 '야훼(여호와)'가 천지창조 첫째 날, 빛을, 둘째 날, 하늘, 셋째 날, 땅과 식물, 넷째 날, 해와 달, 다섯째 날, 새와 물고기, 마지막

여섯째 날, 드디어 진흙으로 인간을 만들고(아담), 그 갈비뼈 하나를 빼 이브를 만들었다. 그리고 다른 동물들도 창조한다. 그리고 칠일째는 창조의 일들이 완성되었음을 축하하며 축복하고 휴식하였다.

고대 그리스 신화에는 태초에 이 세상은 복잡하고, 아주 무질서하고, 생명이 없는 예측이 불가능한 상태 즉, "카오스(Chaos:혼돈, 캄캄한 텅빈 공간, 코스모스Cosmos:질서)에서 출발했다. 이 카오스 속에서 '자연'이라는 신이 출현한다. 여기에 대지의 여신인 '가이아Gaea'가 자신의 아들인 하늘의 신 '우라노스Uranus'와 교합해 6남 6녀, 모두 12명의 신을 잉태한다. 이중 다섯째 아들 '이아페토스'가 아들 둘을 낳는데 첫째가 먼저 아는 자(선각자)란 뜻의 '프로메테우스Prometheus'이고, 둘째가 나중에 아는 자라는 뜻의 '에피메테우스Epimetheus'이다. 이 두 단어의 접두사 'Pro'와 'epi'는 '프롤로그prologue'와 '에필로그epilogue'이며 'logue'는 '말'이라는 의미이다. 이 '프로메테우스'는 자신과 비슷한 형태의 진흙 인간을 빚은 다음, 수많은 동물의 선과 악을 섞어서 만든 심장을 인간의 가슴속에 넣었다. 이에 감정이 없는 반 인간인 진흙 인간을 불쌍히 여긴 아름다운 지혜의 여신 '아테나'가 따뜻한 기운을 그 진흙 인간에게 불어 넣자, 온기를 지니게 된 인간이 온 대지에 널리 퍼지게 되었다. 바로 인류의 시작이었다. 이후, 신들의 아버지인 '제우스'를 속여 불을 훔쳐 인간에게 주었다가 머나먼 '카우사스'산에 묶인 채 독수리에게 간을 파먹히는 형벌을 받는다. 아우인 에피메테우스는 '판도라'를 아내로 맞이해 제우스가 주는 선물을 받지 말라고 충고했지만 잊고 열어본 결과 제우스가 인간 세상에 내려보내려고 준비해 둔 질병, 가난, 불행 같은 재앙들이 쏟아져 나온다. 곧, 기겁해 다시 닫았으나 상자에 남은 것은 '헛된 희망' 하나뿐이었다.

2) 중국의 천지개벽天地開闢 신화

태초에 우주의 텅 빈 공허 속에서 언제인지 알 수 없는 시기에 아주 작은 기포가 발생했다. 이것이 점점 안개와 구름을 이루고 다시 뭉쳐 하나의 원이 되었다. 날로 커진 원은 엄청난 세월을 지나며 뭉쳐서 붉은 계란 모양이 되었다. 이 속에서 반고盤古가 잉태된다.

18,000년이 지난 어느 날, 반고가 팔, 다리를 흔들며 깨어나 혼돈을 깨뜨린다. 이어 가벼운 양기는 하루에 한 장씩 높아져 하늘이 되고 무거운 음기는 하루에 한 장씩 두꺼워져 점점 가라앉아 광활한 대지가 된다. 이후 다시 18,000년이 지나며 반고의 몸은 커나가 키가 구만리로 구중천九重天(가장 높은 하늘)을 이루었다. 이후 반고가 고독하게 홀로 살다가 죽고 세상은 마치 시간이 멈춘 것 같은 깊은 적막에 싸인다. 얼마나 세월이 흘렀을까, 마침내 여와女媧가 등장한다. 반고의 피와 살로 이루어진 여와는 뱀의 몸에 사람의 머리를 한 형상이다. 여와는 자신의 모양을 본떠서 황토를 빚어 최초의 인류를 창조했다. (프로메테우스와 비슷) 그녀는 손으로 직접 황토를 뭉쳐 사람을 하나씩 만들기 시작했다. 그러다 보니 너무 힘이 들어 많이 만들어 낼 수 없자 꾀를 내 황토를 물에 푼 뒤, 긴 노끈을 황토물 속에 담갔다가 꺼내 사방으로 뿌리기 시작했다. 그러자 사방으로 흩어진 진흙들이 제각기 꿈틀거리며 사람의 형상이 되었다. 이런 식으로 세상 곳곳에 흩어진 진흙들이 모두 사람의 모습으로 다시 태어났다. 이 때문에 중국인들은 '황하黃河'에서 태어나, '황토黃土' 집에서 '황미黃米(서미黍米)'를 먹고 살다가, '황천黃泉'으로 떠나며, 태초의 황제皇帝는 '황제黃帝', 입은 옷은 '황포黃袍', 사는 집은 '황궁黃宮'이라 했다. 곤륜산맥에서 발원한 황하는 중국의

여러 성猝들을 거치며 보하이만으로 흘러가는데 물 한 말에 진흙이 6되라 할 만큼 탁하다. 그래서 "이런 누런 물이 언제 맑아질까!", 또는 "아무리 기다려도 어떤 일이 이루어지기 어렵다!"는 의미로 '[백년하청百年河淸]'이라는 성어도 생겼다.

3) 인도 불교의 찰라 속 영겁의 우주론

인간은 수미산須彌山[4]이 중심이 된 세계에서 살아가는데 이와 같은 세계는 무수히 존재한다. 이러한 세계가 천개 모인 것을 '소천小千세계', 소천이 천개 모여 '중천中千세계', 중천이 천개 모여 '대천大千세계'라 하는데, 이 대, 중, 소 세 개를 모아 '삼천대천三千大千세계'라 부른다. 즉 우주 천체를 일컫는 말이다. 불교의 시간 개념으로 영겁永劫과 찰라刹那가 있다.

1겁은 1,000년에 한 방울 떨어지는 물방울로 큰 바위에 구멍을 내거나 100년에 한 번씩 내려오는 선녀의 치맛자락에 바위가 닳아 사라지는 데 걸리는 시간이라고 한다. 불교에서는 전생에 쌓은 500겁의 인연으로 옷깃을 스칠 수 있으며, 1,000겁의 인연이 쌓이면 한 나라에 태어나고, 2,000겁의 인연은 하루 동안 길을 동행하게 되며, 3,000겁의 인연으로 하룻밤

---

4   수미산의 정상에는 불교의 수호신인 제석천帝釋天의 궁전이 있고, 해와 달은 수미산의 허리를 돈다고 한다. 이 수미산의 하계下界에는 지옥이 있고, 수미산의 가장 낮은 곳에는 인간계가 있다. 우리나라에서는 사찰을 건립할 때 수미산을 중심으로 배치하는 경우가 많다. 일주문一柱門은 사바세계에서 부처님의 세계로 들어와 "오직 한마음으로 진리를 향한다!"라는 의미이며, 사천왕문四天王門은 사찰을 수호하는 사신으로 수미산의 중턱을 지났음을 나타낸다. 불의문不二門에 도달하는 것은 "진리는 둘이 아니다!"라는 의미로 이 문을 지나면 해탈문이다. 참고로 육도윤회六道輪廻 중 첫째가 지옥도地獄道, 둘째가 아귀도餓鬼道, 셋째가 축생도畜生道, 넷째는 아수라도阿修羅道, 다섯째는 인도人道, 여섯째는 천도天道이다.

을 한 집에서 자게 된다고 한다. 4,000겁은 한 민족으로 태어나고, 5,000 겁은 한동네에 태어나며, 6,000겁은 하룻밤을 같이 한다. 그리고 부부의 인연은 전생에서 7,000겁의 선근善根(선인선과善因善果, 악인악과惡因惡果)이 쌓여 만나는 인연이라고 한다. 흔히 억 겁의 인연이 쌓여야만 관계가 맺어질 수 있다고 표현한다. 그래서 "영겁 속에 찰라가 있고 찰라 속에 영겁이 있다!"는 말을 한다면 우리가 이해할까!

3. 삼황오제 시대 :
무당이 지배하는 세상, BC3,000년~

1) 삼황오제

중국의 삼황三皇은 여러 설이 유전되지만 [십팔사략十八史略]에는 천황씨
天皇氏, 지황씨地皇氏, 인황씨人皇氏를 이야기한다. 음양오행설에 입각하면
삼재三才이다. 삼황오제의 전설 중에 가장 먼저 천황씨 복희가 수렵의 신
으로 등장한다. 당시의 수렵 채취 생활상을 대변한 것으로 보이며 특히 야
생 늑대에서 가축화된 개(犬)는 아주 오랜 옛날부터 인간의 삶과 죽음에 많
은 영향을 미친다. 개는 인간이 살아 있을 때도 물론이지만 죽음에도 신에
게 인도하는 길잡이 역할로 함께 순장殉葬[5]되었다. 지황씨는 농사(農師, 신농

---

5   당시 사람들은 "사람은 태어남과 동시에 신분과 소속이 결정되며 죽음 이후에도 영속된다!"고 생각해
      자신이 섬기는 사람이 죽으면 당연히 자신도 함께 따라 죽어야 한다는 생각이 보편적이었다. 이후 불
      교가 전파되며 생전의 업에 따라 내세가 결정된다는 윤회사상의 영향으로 거의 사라진다. 사람의 삶
      과 죽음의 의례에 쉽게 등장하는 개는 신에게 인도하는 매체인 축고를 지키기도 하지만 피안彼岸의
      길잡이 역할도 한다. 또한 뜨거운 삼복더위를 지내기 위한 방편으로 복伏날을 정해 양성陽性이 강한
      개를 잡아 이열치열로 한여름을 넘겼다.

神農)의 신이다. 아마도 농경 생활을 대변하는 듯하다. 마지막으로 등장하는 인황씨는 반고의 피와 살로 태어난 여와이다. 그녀는 황강에서 황토로 인간 형상의 토우土偶를 만들어 중국의 이브로 탄생한다. 또한 나무를 엮은 둥지에 살며 나무 열매로 삶을 영위하던 인간에게 나무를 비벼 최초로 불을 발견한 수인씨燧人氏나 축융씨祝融氏를 삼황에 포함한 것도 있다. 오제五帝는 황제 헌원씨軒轅氏, 전욱顓頊 고양씨高陽氏, 제곡帝嚳 고신씨高辛氏, 요堯, 순舜으로 칭하며 전설 속의 이야기이다. 황제의 선조 웅씨熊氏가 헌원軒轅의 언덕에 살았다 하여 성姓은 희姬, 헌원씨라 하였다. 이어 삼황의 두 번째 왕이라고도 전해지는 염제炎帝의 성은 '강姜'이며 전하는 말에 소머리에 사람의 몸을 한 인신우수人身牛首의 풍습을 한 '소'와 '곰'을 토템TOTEM으로 하는 부족이었다. 단군신화에 예족濊族과 맥족貊族의 토인들이 범과 곰의 토템으로 살아간 것과 비슷하다. 요(서경書經에는 황제의 8대손이라 표기)는 순에게, 순은 우禹에게 세습을 하지 않고 어질다는 사람을 택해 선양禪讓[6]했다. 요가 노년기에 접어들자 누군가 그의 아들 단주丹朱를 추천했으나 그는 성질이 포악해 임금이 될 만한 인물이 못 된다는 판단에 우순虞舜을 마음에 두었다. 이에 우순의 사람됨을 살펴볼 것을 지시하고 그의 딸 아황娥皇과 여영女英을 그에게 시집보내 갖은 시험에 들게 한다. 순의 부친 고수瞽叟는 맹인으로 계모의 아들 상象을 편애해 늘 순을 구박한다. 양곡창고 수리를 명해, 계모와 동생이 사다리를 치우고 불을 질러 타 죽도록 시도하고, 우물 수리를 명해, 돌과 흙을 던져 넣어 생매장을 기도하는 등 온갖 악행을 저지른다. 이런 여러 가지 고비를 넘긴 후, 순은 제위에 오른다.

---

6   임금이 덕德 있는 사람에게 왕위를 물려주는 행위로 유교의 이상적인 정권 이양 방식.

시간이 흘러 순이 치수를 곤鯀에게 맡겼으나 실패하자 우산羽山이란 곳에 유배를 당한다. 하지만 아들인 우는 순을 원망하지 않았다. 아버지의 실패를 면밀히 관찰한 우는 하천의 물길을 막는 방법(도堵, 제방)을 피해 인공 수로를 열어 배수하는 소통을 이용했다. 그는 13년이라는 오랜 시간 현장에서 일하며 세 차례나 자신의 집 앞을 지나갔지만 단 한 번도 집에 들어가 여유로운 시간을 가지지 않았다. 마침내 치수를 성공시켜 침수되었던 토지를 옥토로 바꾸며 백성들의 생활 안정에 기여했다. 순의 아들 상균商均이 어리석어 우에게 양위했다. 우가 붕어崩御[7]하자 현명했던 아들 계啓가 세습을 시작한다.

2) 고대 4대 문명의 태동

약 5,000년~5,500년 전쯤, 티그리스, 유프라태스강 유역에 수메르 도시들이 등장한다. 이러한 수메르문명(이라크 남부)은 쇄기문자(설형楔形문자), 1분(60초), 1시간(60분), 1일(24시간), 일주일, 1년, 12개월, 60진법, 360도 등을 사용했으며 바빌로니아왕조의 함무라비법전이 BC1750년에 만들어지며 '동해보복同害報復의 법칙(탈리오 법칙)'이 기록되어 있다. 바벨탑(바빌론, 노아의 방주)도 메소포타미아 지역의 번성했던 문명을 상징하는 전설 중 하나이다. 약 5,100년 전쯤, 나일강 중하류에서는 고대 이집트 제국이 나타났다. 인더스강 하류의 모헨조다로, 상류의 하라파의 유적 등은 기원전

---

7   천자天子의 죽음을 붕崩, 제후諸侯는 훙薨, 대부大夫는 불록不祿, 선비는 졸卒, 서인庶人의 죽음은 사死라 한다.

3000년경에 전개된 인더스 문명의 유적이다. 황하문명(황하, 장강 문명)은 황하 유역의 비옥한 충적토沖積土 지역에 삼황오제(약 5,000년 전)라는 전설 상의 국가가 존재하고 있었으며 이후 '상商'이라는 조잡하고 잔인한 제국 이 역사상에 등장한다. 기록으로 보면 수메르에 비해 약 2,000년, 이집트 에 비해 1,500년 늦은 약 3,600년 전으로 복희伏羲−신농神農을 기준으로 4,000~5,000년 전이다.

2장

하·상·주 시대

: 문명의 여명과 제도의 태동

—

BC2,100~BC221, 약 1,879년

EASY CHINA HISTORY

中國史

1. 하걸夏桀과 상주商紂 : 망국의 요희妖姬와 갑골문甲骨文

하夏왕조(BC2,100~BC1,600)는 약 500년간 이어지다가 하나라의 마지막 왕인 걸 왕에 이르렀다. 걸은 사람됨이 탐학하고 매우 힘이 세서 능히 쇠사슬을 펼 수 있었다. 일찍이 유시씨有施氏라는 부족을 공격해 그 승리의 결과물로 말희妹喜라는 미녀를 공물로 받았다. 걸은 말희를 매우 총애해 갖은 궁실을 짓고 방탕한 생활 끝에 나라를 도탄에 빠뜨리며[도탄지고塗炭之苦] 이어지는 상商(은) 나라 탕왕湯王에게 나라를 내어준다.

상商왕조(BC1,600~BC1,046)는 은허殷墟에서의 갑골문甲骨文[8] 발견으로 수

---

8 세상의 모든 문자의 기원이 거의 비슷한 것으로 한자의 기원 역시 신과의 교감을 위한 주술을 형상화한 것으로 시작한다. 갑골문 역시 고대인들이 신과의 교감을 위한 표식으로 주로 소의 견갑肩甲(어깨뼈)과 귀갑龜甲(거북의 배딱지)에 새겨 점복占卜을 했던 한자의 원형이다. 서기 1899년, 고대 상 왕조의 수도였던 은허지역(하남성 안양현)에서 우연히 발굴된 일명 '용골龍骨'이 학질(말라리아)의 특효약으로 불리며 베이징 약방에서 팔리고 있었다. 당시 국자감 쇄주(현 사회과학원장 정도)였으며 금문에 조예가 깊었던 왕의영王懿榮이 마침 자신의 병중에 받은 약제 중에 섞인 뼈를 유심히 살펴보다 이상한 문자 같은 것이 있음을 발견하고 그의 식객이었던 유철운劉鐵雲과 함께 연구에 연구를 거듭한다. 하지만 그는 다음 해 의화단 사건(1900년, 부청멸양扶清滅洋)에 연루된 책임을 지며 자결하고, 유철운에 의해 책으로 발간된다. [철운장귀鐵雲藏龜] 이후, 청 말의 어지러운 시기를 넘기며 한자의 기원

도가 밝혀짐으로 인해 '은殷나라'라고 불렀다. 제정일치祭政一致의 사회로 한 해의 전 기간을 제사로 보냈다. 술에 취함으로써 신과 동화된다고 생각했으며 청동기의 대부분이 주기酒器였다. 왕조는 약 500년간 지속되다 주왕紂王에 이른다. 주왕은 지혜가 뛰어나 다른 사람의 간언을 거절할 수 있었고 언변이 교묘해 능히 자신의 과실을 덮을 수 있었으며 행동은 민첩해 맨손으로 능히 맹수도 사로잡을 수 있었다. 이후, 주왕은 유소씨有蘇氏라는 부족을 공격해 달기妲己라는 미녀를 공물로 받는다. 곧 달기와 함께 '주지육림酒池肉林'과 '포락지형炮烙之刑'을 일삼으며 멸망의 길로 내달린다. 서형庶兄 미자微子나 비간比干의 죽음을 무릅쓴 간언도 소용없었다. 이후 비간의 심장을 들어내라는 주왕의 광기 앞에 기자箕子도 미친 척했지만 결국 그도 노예로 구금된다.[9] 시간이 지나 진귀한 보물과 미녀를 바치고 풀려난 희창姬昌(문왕)은 서백후西伯侯로 돌아간다. 그러던 어느 날, 위수渭水에서 세월을 낚던 태공망太公望 강상姜尚(여상呂尚, 강자아姜子牙)[10]을 만나 함께 궁으로 돌아와 스승으로 삼고 '사상보師尚父'[11]라 불렀다. 이후 그의 보좌를 받으

에 거의 근접한 '조자원리造字原理'를 규명한다. 현재, 한자의 어원에 관한 최고의 사료로 알려진 동한 때, 허신許信의 [설문해자]의 제작 시기에는 이 [갑골문]의 존재를 몰랐기에 한자의 기원을 정확히 이해하기에는 조금 부족하다 할 것이다.

9　현신 기자는 상조商朝의 군주인 태정太丁의 아들이며 제을帝乙의 동생이라고 전해진다. 태사太師라는 벼슬을 지냈으며 기箕라는 땅을 봉지封地로 가지고 있었다. 주紂가 무도해 그의 간언도 효과가 없자 그는 미친 것으로 가장했으나 결국 옥에 갇혀 종이 되었다. 이후, 상이 멸망하자 멀리 조선 반도로 가서 기자조선箕子朝鮮을 건립했다고 한다. 나중에 주 무왕이 기자를 조선왕에 봉했다. 미자, 비간과 함께 "은말삼인殷末三仁"으로 부른다.

10　선조 태공이 '간절히 바라던 인물'이란 뜻으로 '태공망'이라 불렀다. 태사太師란 벼슬에 임명되었다고 해서 '사상보', 강가에서 한가하게 낚시나 즐긴다는 의미의 '강태공姜太公'이란 별명도 있다. 하지만 그는 서백을 만나기 전까지는 굉장히 궁핍한 생활을 했다. 이에 견디지 못한 아내가 집을 나갔다. 후에 강태공의 출세를 본 아내가 다시 돌아와 재결합을 요구하나 묵묵히 물동이에 담긴 물을 바닥에 쏟으며 "한번 엎지른 물은 다시 담을 수 없다(복수불반분覆水不返盆, 복수불수覆水不收)"라는 유명한 성어를 남긴다.

11　父: 남자를 높여 부르거나 신분이 낮은 늙은이를 지칭할 때는 '보'라 읽는다.

이지 중국사

며 상나라를 멸망시킬 만반의 준비를 갖춘다.

2. 주周 나라 : 공자孔子가 흠모한 나라,
BC1046~BC256, 약 790년

    부친 문왕文王을 이은 무왕武王(희발姬發)[12]이 즉위했다. 무왕은 주왕을 토벌할 것을 결정하고 강상을 군사로 삼아 부친 서백의 신주를 함께 싣고 주왕을 토벌하러 갔다. 이때 고죽국孤竹國의 왕자였던 백이伯夷와 숙제叔齊가 무왕의 말을 가로막으며 간하길 "부친이 돌아가셨는데 매장도 하지 않고 전쟁을 하려는 것을 '효'라 할 수 있겠는지요, 신하로서 군왕을 시살弑殺하려는 것을 '인'이라 할 수 있겠는지요!" 했다. 주위에 신하들이 그들을 끌어내 죽이려 했지만 태공이 "이 두 사람은 의사다!" 하며 두 사람을 부축해 보내주도록 명했다. 이후 무왕이 상왕조를 목야의 전투에서 멸망시킨(BC1046) 다음 천자가 되자 모든 제후가 주나라를 받들고 숭상하며 정통으

---

12   희발은 후직后稷의 16세손이다. 주 왕조의 전설적 시조인 오곡(농사)의 신이라는 후직의 이름은 기棄이고 그의 모친은 강원姜嫄이며 제곡帝嚳의 부인이다. 강원이 야외에서 거인의 발자국을 보고 마음속에 신이한 기운을 느껴 밟게 되었다. 돌아와 임신을 하였고, 기를 낳았다. 곧 뭔가 불길한 아이라 느껴 좁은 길거리에 버리니, 우마牛馬들이 모두 피해서 지나갔고, 숲속에 버리니, 마치 주위에 많은 사람들이 있는듯하여 버리지 못하고, 다시 물가에 버렸지만 지나가던 새들이 자신의 양 날개로 아이를 덮어 보호해 주는 것이었다. 매우 기이하게 여긴 강원은 마침내 안고 집으로 돌아왔다. 고구려 주몽朱蒙 신화(삼국유사와 거의 같다.

로 삼았다. 이것을 부끄럽게 여긴 백이와 숙제는 주나라에서 나는 음식물은 일체 먹지 않고 수양산에 들어가 은거했다. 그러나 무왕이 즉위 3년 만에(BC1043) 죽자 그의 동생 '주공단周公旦'이 어린 조카(성왕成王, 13세)를 보좌해 새로운 체제의 기반을 닦은 7년 후, 깨끗이 정권을 돌려준다. 이러한 그를 이상적인 성인형聖人刑으로 그린 공자는 "꿈에서라도 한번 보고 싶다!"며 늘 경모하며 그에 대해 "[술이부작述而不作](논술은 하되 견강부회牽强附會나 부화뇌동附和雷同은 하지 않는다!)"이라 하였다.

　주나라는 무왕에서 시작해 12대 유왕幽王에 이른다. 제위를 계승한 유왕은 오직 환락에만 빠져 정사를 내팽개치자 보다 못한 '포향'이라는 대신이 건의하다 투옥되었다. 이전 선왕宣王 때, 마흔이 넘은 독신 궁녀가 여자아이를 낳았다. 이를 불길한 징조로 여긴 선왕이 그 갓난아기를 죽이라 명했지만 버려졌다. 버려진 아기는 한 포인의 눈에 띄어 '포사褒姒'라 불리며 자랐다. 이 아이는 클수록 미모가 뛰어났다. 그때 포향이 포사를 속죄용으로 바치고 풀려났다. 이후, 유왕은 포사에 너무나 빠져 견융족犬戎族인 자신의 황후(신후申后)와 태자 의구宜臼를 폐하고, 포사를 황후로 그의 아들 백복伯服을 태자로 삼았으며 도무지 웃지 않는 포사를 위해 천금의 포상을 걸었다. [천금매소千金買笑] 유왕은 포사를 한 번 웃게 할 온갖 방법을 동원했지만 모두 성공하지 못했다. 이전에 주왕실과 제후국들 사이에 약속한 적이 있었는데 "만약 융족들이 침입해 들어오면 곧 봉화烽火(낮에는 이리 배설물 같은 것을 태워 연기를 멀리 보내고, 밤에는 땔감을 쓴다)를 올려 제후들을 소집하고, 제후들은 구원병을 데리고 도우러 달려온다."라는 것이었다. 그러던 어느 날 유왕이 까닭 없이 봉화를 올렸다. 제후들 모두 군대를 거느리고 황망히 달려왔다가 적들이 없다는 것을 발견했다. 완전히 허망한 소동이었지만 포사는 이 같은 광경을 본 후에야 비로소 크게 웃었다. 결국 포사는 웃게 했지만 거듭 제후들을 희롱하다 마침내 북쪽의 서융족西戎族(폐위된 황후의 친정)의 침입으로 멸망한다. 이어 왕위에 오른 태자 의구(평왕平王, 13대)는 여러 유목민족이 호경가까이 있는 것을 두려워해 수도를 동쪽(낙읍洛邑)으로 옮긴다. 역사상 호경에 수도했던 것을 서주西周(BC1,046년에서 BC771년까지 약 275년간 존립)라 하고 낙읍으로 천도한(BC770년) 이후를 동주東周라 부른다.

동주는 다시 춘추와 전국시대로 나누어 부르는데 춘추시대는 13대 평왕부터 시작해 주의 제후국이었던 진晉의 집정자 지백智伯을 모해謀害한 권력자 삼가三家(三哥)의 난으로 진나라를 삼분(한韓, 위魏, 조趙)하며 막을 내린다. 이때부터 주나라는 패국覇國으로서의 영令이 서지 않았다. 본래 주나라는 황제를 중심으로 중앙에 수도로 삼고 그 주위를 모두 자신들의 친인척으로 분봉해 제후로 삼으며 중앙을 에워싸는 봉건제封建制 국가이다. 이후 세대를 지나며 혈연이 옅어져 먼 친척 정도에 머물게 된다. 하지만 주나라의 형제이며 제후국인 진의 반란에 어떤 영향력도 행사할 수 없었다는 것은 약육강식의 전국시대로 진입하고 있었다는 의미이다.

1) 춘추春秋 시대 : 이합집산과 각자도생各自圖生, BC770~BC453, 약 317년

춘추시대는 제후국들이 서로의 이익을 도모하며 '회맹會盟'이라는 방법으로 이합집산하며 생존을 모색하는 시대이다. 그 회맹의 대표를 패자覇者

이지 중국사

라 부르며 보통 제齊 환공桓公, 진秦 목공穆公, 초楚 장왕莊王, 송宋 양공襄公, 진晉 문공文公 또는 오吳 합려闔閭, 월越 구천句踐을 '춘추오패春秋五霸'라 한다. 춘추란 춘하추동의 약자로 역사상 청동기 시대에 해당한다. 어원은 공자(BC551~BC479)가 저술한 『춘추』[13]에서 연유한다.

1 제환공 이야기

제나라는 강성姜姓으로 태공망 여상이 위수渭水에서 주 문왕을 만난 이후 그의 아들 무왕을 도와 은나라를 멸망시키고 받은 봉국이다. 시간이 지나 관중管仲(?~BC645)이 태어났을 무렵 점점 나라가 어지러워져 소국인 노나라에도 업신여김을 당하는 처지가 되었다. 후에 환공 때에 이르러 패 제후라 칭하게 되었는데 춘추오패는 바로 제환공부터 시작되었다. 제환공의 이름은 소백小白이다. 그의 형 양공襄公이 잔인무도해지자 기타 동생들은 화가 자신에게 미칠까 봐 서둘러 제나라를 떠났다. 이때 공자 규糾는 노나라로 달아났고, 그의 사부는 관중이었으며 거莒나라로 달아난 공자 소백小白(공자 규의 이복 동생)의 사부는 포숙아鮑叔牙였다. 이후 제양공은 동생(사촌) 공손무지公孫無知에 의해 살해당했고, 공손무지도 다른 사람에 의해 살해당했다. 그러자 제나라의 대신들이 공자 소백을 거나라에서 돌아와 즉위하도록 불렀다. 공자 규 역시 노나라에서 돌아와 제위를 다투도록 하였다.

관중은 자가 이오夷吾이다. 일찍이 포숙아와 함께 장사한 적이 있었다. 매번 이익을 나누는 과정에서 늘 자신의 몫이 많았다. 하지만 포숙아는 그가 결코 탐욕스럽다 여기지 않았으며 오히려 집이 가난하기 때문이라 했

---

13   노魯나라의 연대기로, 사실의 기록을 통해 도덕적 평가를 강조한 역사 비평서이다.

다. 관중이 일찍이 어떤 일을 모의하다 도리어 여러 차례 곤경에 빠졌으나 포숙아는 관중이 결코 우둔하다 여기지 않았으며 다만 시운이 유리할 때와 불리할 때가 있다 했다. 관중이 일찍이 군사를 데리고 작전을 하다 여러 차례 달아난 적이 있었으나 포숙아는 그가 결코 겁쟁이라고 여기지 않았으며 다만 관중의 집에는 노모가 계시기에 관중의 시봉이 필요하기 때문이라 했다. 왕위를 놓고 공자 규가 패했을 때 친구인 소홀召忽은 죽고 나는 붙잡혀서 욕된 몸이 되었지만 포숙아는 나를 염치없는 자라고 하지 않았다. 내가 작은 일에 부끄러워하지 않고 천하에 공명을 떨치지 못함을 수치로 여김을 알았기 때문이었다. 이에 관중은 "나를 낳아 준 것은 부모님이지만 나를 이해해 주었던 사람은 바로 포숙아다!"라 회상한다. (생아자부모生我者父母, 지아자포자야知我者鮑子也, [관포지교管鮑之交])

관중은 일찍이 거 나라에서 제나라로 돌아오던 길목에서 소백을 막아섰다. "~공자께서는 어디로 가려 하시오, 상례로 보자면 형인 규 공자가 순위가 우선 아니오!~" 하자 포숙아와 주위에 시위들이 다가왔다. 이에 떠나는 시흉을 하다 갑자기 돌아서며 화살을 당겨 그의 허리띠 고리에 명중시켰다. 그러나(우여곡절 끝에) 공자 소백이 먼저 돌아와 제위에 오른다. 그가 바로 제환공이다. 이후 포숙아는 환공에게 늘 관중이 자신보다 나은 점을 열거하며 "군주께서 제나라만 다스리는 것으로 만족하신다면 저로서 족하겠지만, 패국의 제후를 원하신다면 관중의 힘이 아니면 어렵다!"며 친구 관중을 적극 추천한다. 그러나 당시에 제환공은 관중을 잘 몰랐다. 이에 환공은 관중을 면담하는 자리에서 치국의 방략을 묻는다. 곧 관중이 '예禮, 의義, 염廉, 치恥'가 살아 있는 부국강병의 방략을 피력한다. 이른바

이지 중국사

"곳간이 넉넉해야 예의와 범절을 알고, 의식이 풍족해야 영예와 치욕을 안다."(창름실이지예절倉廩實而知禮節, 의식족이지영욕衣食足而知榮辱)했다. ─예의범절은 여유에 따른다, 여유가 없는데 무슨 예의가 생기겠는가! 사람은 부유해야 인의仁義가 따른다, 군자는 부유해지면 덕을 행하지만, 소인은 부유해지면 힘을 행하려 한다.─ 이에 제환공은 자신에게 화살을 쏜 관중을 용서하고 오히려 그를 재상으로 중용했다. 이어 조말曹沫[14]과의 약속도 모두 실행하며 관대함의 대명사가 되게 보좌했다. 환공은 '[존왕양이尊王攘夷]'의 기치를 걸고 40년간 재위하면서 패국의 으뜸이 되었으며 이것은 모두 관중의 도움이었다.

관중보다 140여 년 후에 태어난 공자도 염유冉有의 질문에 '[선부후교先富後教]'를 말했다. 공자가 천하 유세를 위해 먼저 위魏나라로 갔다. 그때 염유가 수레를 몰았다. 공자가 "백성들이 많기도 하구나!" 하였다. 염유가 "이미 백성들이 많으면 무엇을 해야 합니까!" 하자 곧 "부유하게 해주어야 한다!" 하였다. 다시 "이미 부유해졌으면 또 무엇을 더 해야 합니까!" 하자 "가르쳐야 한다!" 하였다. 또 자공이 정치에 관해 묻자 "먼저 족식足食(충족경제), 족병足兵(자주국방), 민신民信(관에 대한 신뢰)의 순서로 이야기하고, 만약 불가피하게 하나를 먼저 포기한다면 무엇이 먼저냐는 질문에 거병去兵(자주국방 포기)과 거식去

---

14   조말曹沫은 노魯나라의 장수로 3번 싸워 3번 모두 제齊나라에 패했다. 이에 노장공魯庄公은 기겁을 하고 노나라 땅을 내주는 조건으로 휴전하길 바랐다. 이에 제나라의 국경 근처 가柯라는 지역에서 삽혈歃血의 회맹을 하기로 하였다. 환공과 장공이 단상에서 맹약을 논의하고 있을 때 갑자기 조말이 뛰어 올라와 한 손으로 환공의 옷을 잡고 다른 손으로 비수를 들이대며 제나라가 뺏은 노나라의 땅을 돌려 달라며 협박한다. 이에 어쩔 수 없이 다시 돌려주기로 약속하자 조말은 바로 비수를 던지고 내려와 북쪽을 향해 신하들의 자리에 앉아[남면북망南面北望] 말소리나 얼굴빛이 조금 전과 변함이 없었다. 화가 난 환공이 조말을 죽이려 했으나 관중은 "조말을 죽이는 소탐대실보다 대의를 위해 그를 살려둬 제후들의 신망을 얻는 것이 낫다!"며 만류한다. 중국 역사서 [사기] 자객열전刺客列傳에 처음 등장하는 자객으로 이후 '형가荊軻'의 모델이 된다.

食(자족경제 포기)은 포기할 수 있을진 몰라도 관에 대한 신뢰가 없다면 어찌 나라가 존립할 수 있겠는가!"라며 '[무신불립無信不立]'을 강조했다. 그러나 예나 지금이나 굶는 상태에서 믿음이 생긴다는 것은 성인의 말씀을 지나치게 곡해한 것이라 본다. 결국 정치의 기본은 족식, 족병 한 후에 백성들이 어리석어 쉽게 시비 분간을 못 하는 상태를 벗어나게 하여, 이웃 간 서로를 사랑하고 믿어 미래로 나아갈 수 있는 분별력을 키워 줄 수 있는 교육이 가장 시급한 우선순위일 것이다.

어느 때 환공이 관중에게 "나라를 다스릴 때 제일 큰 걱정이 무엇이오!" 하자 관중이 "토지신을 모시고 있는 사당의 신상神像에 구멍을 파고 들어간 쥐입니다!" 하였다. 깜짝 놀란 환공이 "왜 그런 사소한 것이 나라를 다스리는 데 문제가 된다는 말인가!" 하자 "신상은 먼저 나무로 모형을 세우고 그 위에 진흙을 발라 만드는데 그사이에 쥐가 들어가 살게 됩니다. 그 쥐를 쫓으려 연기를 피우면 신상에 불을 낼까 두렵고, 물을 부으려니 진흙이 녹아 내릴지 우려되어 이러지도 저러지도 못하는 상황이 됩니다. 마치 이런저런 이유로 군주 주위에서 권세를 부리는 자들과 같은 이치입니다. 해당 관원이 이를 주살하지 않으면 법이 어지러워지고 주살하면 군주가 불안해지는 까닭이 이와 같습니다!" 하였다. 관중은 이처럼 작은 예시를 통해 복잡한 정치문제를 신중하고 지혜롭게 다루었다. 이후, 전국시대 장의張儀와 함께 진혜왕秦惠王을 섬기던 진진陳軫이 초왕楚王과의 대화 중에 "술집의 개가 사나우면 사람들이 찾지 않는 까닭에 술이 쉬어진다는데 [맹구주산猛狗酒酸], 대왕의 궐 안에도 사람을 무는 사나운 맹견이 있지 않는지요!"라며 유세한다. 일반적으로 손님이 온다든가 아니면 술이 필요할

땐, 보통 집안에 아이들을 보낸다. 하지만 술집에 사나운 개가 문 앞에 버티고 있어 아이들을 놀라게 한다면 다시는 가지 않으려 한다. 설령 그 술집의 술이 최고의 품질이라도 상관없는 것이다. 또한 나라에도 간악한 간신배들이 몰려 있으면 선량하고 현명한 현량들이 오지 않는다. 마찬가지로 접객업소도 종업원의 손님에 대한 응대가 불친절하면 손님은 주인과 상관없이 발길을 돌린다. 곧 맹견과 쥐에 빗대 군주의 눈과 귀를 가로막아 나라를 어지럽게 한다는 '[사서맹구社鼠猛狗]'이다. 『한비자韓非子, 안자춘추晏子春秋, 한시외전韓詩外傳, 설원說苑』 등의 문헌에 보인다.

환공은 아홉 차례에 걸친 제후들과의 회맹會盟에서 단번에 천하를 안정되게 했다. 모두 관중의 책략 덕분이었다. 환공도 모든 정사를 관중에게 맡기고 그를 '중보仲父'라 존칭했다. 후에 관중의 병이 깊어지자 환공이 묻기를 "군신들 가운데 누가 재상을 맡으면 좋겠소, 혹 역아易牙[15]는 어떻소!" 하자 관중은 "역아란 자는 자신의 어린 아들을 삶아, 요리해 올린 자로 사람이라면 누구나 가질 수 있는 일반적인 생각을 가진 자(인지상정人之常情)가 아니니 가까이할 수 없는 자이옵니다!" 했다. 그러자 환공이 "그러면 '개방

---

15 춘추시대 저명한 주방장. 일명, 적아狄牙. 한 번은 환공이 역아에게 "과인이 천하의 진미는 다 맛봤지만 유독 인육을 아직 먹어보지 못한 것이 유감이구나!" 했다. 환공의 이 말은 그냥 뜻 없이 한 농담이었지만 그는 도리어 마음에 새겼다. 그리고 오직 한 마음으로 환공의 환심을 사려고 노력했다. 곧 "나라에 임금이라는 자리가 얼마나 귀한 자리인가! 절대로 사형수나 평민의 인육을 먹도록 할 수는 없다!"는 생각을 했다. 나중에 그가 4살 난 자기 아들을 보았다. 그리고 아들의 인육을 선택한 것이다. 환공이 한 번은 오찬에서 금으로 만든 냄비에 담겨 나온 한 번도 맛보지 못한 신선하고 연한 국물을 맛보고, 곧 그에게 이것은 어떤 종류의 고깃국인지 물었다. 그러자 그가 울면서 자기 아들의 인육이라며 "임금의 옥체는 늘 안녕하고, 근심이 없어야 하며, 그것을 바라는 마음에서 자신에 아들을 주공에게 헌상했다!"고 했다. 환공은 역아 아들의 '인육탕'이라는 사실을 듣고 내심으로 매우 불편했다. 하지만 자신을 위해 자식을 죽였다는 것에 감동해 그가 친혈육보다 낫다고 여겨 역아를 특별히 믿게 되었다.

開方[^16]은 어떻소!" 하자 "개방이라는 자는 자신의 부모를 배반하고 군왕을 시봉한 자로 인지상정을 가지지 아니한 자이니 또한 가까이할 수 없습니다!" 했다. 다시 "수조豎刁[^17]는 어떻소!" 하자 관중은 다시 수조는 스스로를 거세去勢해 군왕을 시봉한 자로 인지상정을 가진 자가 아니니 또한 가까이할 수 없사옵니다!" 했다. 관중이 죽고 환공이 그의 진언을 듣지 않고 결국 이 세 사람을 중용하자 이들이 국정을 전횡하기 시작했다. 환공은 후궁 중에 총애하는 비빈이 여섯 명 있었는데 모두 아들이 있었다. 환공이 40여 년간 재위 후 서거하자 다섯 명의 공자가 제위를 다투다 서로를 살상했다. 이 때문에 죽은 환공의 시신은 상에 방치된 채 67일간이나 빈렴殯殮을 하지 않아 시신에서 구더기가 기어 나왔다. 이틈에 남쪽의 초楚나라가 세력을 확대했다.

제환공 사후, 8대손 경공景公에 이르러(약 100여 년 후) 안자晏子(영嬰, 평중平仲) 라는 사람이 경공을 보좌했다. 행동이 단정하고 근검절약했다. 그는 여우 외투(대부가 입는 옷) 하나를 30년이나 입었으며[^18] 조상 제사에 사용할 돼지 다리는 제기에 다 채우지 않았다. 그렇지만 그를 기다려야만 불을 피워 살아갈 수 있는 사람들이 70여 집이나 있었다. 어느 날 안자가 외출할 때,

---

16 춘추시대 위국衛國의 한 귀족. 제환공에 대하여 15년간이나 집으로 돌아가지 않았을 만큼 겉으로는 충심을 다했다. 심지어 부모가 돌아가셨다는 소식을 듣고도 분상奔喪하지 않았다. 나중에 환공이 중병일 때 역아, 수조와 함께 환공을 방에 가두고 담장을 높게 올려 아무도 들어가지 못하게 해 결국 환공을 아사하게 만들었다.
17 춘추시대 제국齊國의 환관. 환공에게 충성을 표시하기 위해 스스로 거세해 고자鼓子가 되었다. 나중에 환공의 병이 위급할 때 역아, 개방과 함께 난을 일으켰다. 이를 환공이 알아채자, 소매로 얼굴을 가려 결국 아사하게 만들었다.
18 안영호구晏嬰狐裘

그의 수레를 모는 마부의 아내가 문간에서 엿보니 그녀의 남편이 사마駟馬의 큰 수레의 우산 아래 앉아서 채찍을 휘두르며 말을 모는 것이 매우 의기양양하고 만족해하는 것 같았다.[19] 조금 있다가 마부가 돌아오자, 그녀는 곧 헤어지자고 그에게 요구했다. 그러면서 "안자는 제나라의 재상이며 명성 또한 제후들에게 혁혁합니다. 그렇지만 그의 표정을 관찰해보면 언제나 태도가 겸손하고 온화하며 늘 스스로를 낮추어 뭔가 부족함이 있는 것같이 보이게 합니다. [등고자비登高自卑] 그런데 당신은 오직 안자의 마부에 불과한데도 스스로를 만족하게 여기고 있습니다. 내가 이런 이유로 당신과 헤어지고자 하는 것이오!" 했다. 마부가 이후부터 곧 겸손하기 시작했고 늘 스스로를 돌아보며 노력하였다. 이후, 안자가 이상하다고 느껴 마부에게 물었다. 마부가 있었던 사실대로 얘기하자 안자는 곧 그를 대부로 천거했다.

안영은 외국에 사신으로 갈 때는 당당하게 처신했다. 한번은 초나라에 사신으로 간 적이 있는데, 초나라 사람들이 그의 몸이 작고 볼품없는 것을 보고는 그를 무시하며 대문 옆의 개구멍으로 들어오도록 했다. 그는 이를 거절하며 "내가 만약 개나라의 사신이었다면 마땅히 개구멍으로 들어가야 하나, 나는 초나라의 사신으로 왔기 때문에 이 문으로 들어갈 수 없다." 하자 곁에서 접대하는 관원이 대문으로 인도했다. 안영이 초영왕楚靈王을 알현하니, 초영왕이 그의 용모를 살펴보고 "제나라에는 훌륭한 인재가 없는가! 왜 당신 같은 사람이 우리나라에 사신으로 왔소!" 하였다. 안영이 "제

---

19   안어양양晏御揚揚, 안자지어晏子之御, 호가호위狐假虎威

나라 수도 임치臨淄에는 거리가 3백여 개 있고, 그곳에 사는 사람들의 소매를 펼치면 태양도 가릴 수 있습니다. 또 각각의 몸에서 흐르는 땀을 합하면 마치 비가 내리는 것 같고, 사람들이 한번 남긴 발자국 위로 새로운 발자국이 수없이 생기는데, 어찌 훌륭한 사람이 없을 수 있겠습니까!" 하였다. 영왕이 "그런데 어찌 볼품없는 사람이 우리나라에 사신으로 왔소!" 하자, 안영이 "제나라에는 사신을 파견할 때 모두 각 나라의 실정에 맞게 보냅니다. 훌륭한 나라에 사신을 보낼 때는 훌륭한 인사를 보내고, 그렇지 못한 나라에 사신을 보낼 때는 그만한 인물을 보냅니다. 저는 훌륭하지 못한 편이라서 이 나라에 사신으로 뽑혀 왔습니다!" 했다. 이윽고 초나라의 임금은 간단한 인사말을 나누기가 바쁘게 한 죄인을 불러 놓고 "너는 어느 나라 사람이냐!", "제나라 사람입니다." "무슨 죄를 지었느냐!", "절도죄를 지었습니다!" 하자, 곧 안영을 바라보며 "제나라 사람은 원래 도둑질을 잘하는 모양이군요" 했다. 안영은 태연히 "강 남쪽의 귤을 강 북쪽으로 옮기면 탱자가 되는 것은 토질 때문입니다. [남귤북지南橘北枳] 저 제나라 사람이 제나라에 있을 때는 도둑질이 무엇인지조차 모르고 있었는데 초나라에서 도둑질을 한 것을 보면 초나라의 풍토가 좋지 않은가 하옵니다." 하였다. 이에 무안해진 초영왕은 그를 정중히 접대했다. 사마천은 춘추 말, 공자와 거의 비슷한 시기에 살다 간 안영을 흠모하며 "안자가 다시 살아난다면 나는 비록 말채찍을 들어 그의 마부 노릇을 할지라도 이를 크게 기뻐하며 기꺼이 할 것이다!" 하며 안자의 의로움과 용기를 격찬했다. 그가 죽은 후 그의 언행을 기록한 『안자춘추晏子春秋』가 있다.

2 진문공晉文公 이야기

진晉나라는 희성姬姓으로 주성왕周成王의 동생 당숙우唐叔虞의 봉국이다. 성왕이 어렸을 때 숙우와 함께 놀았다. 그가 오동나무 잎을 뜯어 패옥장瑞玉狀(천자가 제후를 봉할 때 주는 옥패玉牌)으로 여기게 한 다음 "이것을 너에게 봉하여 주노라." 하며 주었다. 이때 태사太史 윤일尹佚이 옆에서 "언제 길일吉日을 잡아 분봉하시렵니까!" 하자 성왕이 "나와 그는 장난을 쳤을 뿐이오!" 했다. 윤일이 "천자에겐 농담이란 없습니다!" 하자 마침내 성왕은 숙우를 당국唐國에 분봉했다. 시간이 지나 문공에 이르러 패제후라 칭했다. 문공의 이름은 중이重耳이며 헌공獻公의 둘째 아들로 태어났다. 헌공의 아버지인 무공은 제환공의 딸과 결혼했는데, 나이 차가 매우 났다. 그래서 무공이 죽자, 헌공은 계모를 자신의 비로 삼고 신생申生과 훗날 진秦 목공穆公에게 시집간 진희秦姬를 낳았다. 이후 계모가 죽자, 헌공은 다시 포로로 잡은 대융족大戎族의 공녀貢女 자매로부터 언니(호희狐姬)에게서 중이를, 그의 동생에게서 이오夷吾를 얻었다. 그리고 얼마 후, 헌공은 여융족驪戎族을 공격해 멸망시키고 또, 두 공주를 취해 언니 여희驪姬에게서 해제奚齊를, 동생 소희少姬에게서 도자悼子를 낳았다. 그러니까 헌공은 신생, 중이, 이오, 해제, 도자라는 아들을 각각 두게 된다. 여희는 미모로 헌공의 총희가 되어 부인의 위치에 오르며 조정 회의에도 참석했다. 하지만 자신의 나라를 멸망시킨 헌공에게 앙심을 품고 헌공과 태자 신생 사이를 이간질했는데, 신생이 헌공에게 보내는 제사 고기에 몰래 독을 넣어 헌공이 보는 앞에서 개가 그것을 먹고 죽게 함으로써 헌공을 암살하려 했다는 누명을 씌웠다. 결국, 신생은 자살하고, 중이와 이오에게도 불똥이 튀어 이 둘은 나라를 떠나 방황하게 된다. 여기에 이들을 따르는 진나라의 신하들이 동참

해 중이는 적翟나라로, 이오는 양梁나라로 망명했다. 이 와중에 중이는 자객의 암살 시도를 받았으나 옷 소맷부리만 잘리고 가까스로 목숨을 부지해 탈출했다. 이후 진나라에서는 헌공이 여희의 아들인 해제를 태자로 책봉한 뒤 곧 사망했다. 그러나 상례喪禮 과정중에 어린 해제는 암살되었고, 도자가 계위했으나 그도 곧 살해되었다. 그러자 망명해 있던 중이도 진나라 유신들로부터 보위에 오르라는 청을 받지만, 자신을 해치려는 음모라 생각해 아버지의 상중임을 빌미로 보위에 오르는 것을 거절했다. 그러나 머리가 좋은 이복동생 이오는 누님의 남편인 진목공의 도움을 받아 행동을 취해 진나라로 되돌아와 보위에 올랐다. 그가 바로 진혜공晉惠公[20]이다. 한편 중이(문공文公)는 국외로 달아난 지 19년 후에야 비로소 진목공의 호위를 받고 진나라로 돌아올 수 있었다. 그때 그의 나이 벌써 62세였다. 이후 진나라를 패제후의 위치에 올려놓은 대기만성형 인간으로 패업을 이룬지 4년 만에 훙薨했다.

중이가 일찍이 조曹나라에서 아사에 직면한 적이 있었다. 이때 개자추介子推가 자신의 다리 살을 베어 그에게 먹였다. [할고봉군割股奉君] 이후, 문공이 귀국한 후, 그와 함께 달아나 함께 고생했던 사람들에게 모두 상을

20 진晉의 20대 군주. 진헌공(BC676~651)과 견융 공녀의 아들로 본명은 이오. 여희의 간계로 태자 신생이 자결하고 내란이 발생하자 양梁나라로 피신했다가 이극里克, 여이생呂飴甥 등의 활약으로 여희 일파가 숙청되자 돌아와 제후 위를 차지하였다. 욕심 많고 신의가 없어 재위기간 동안 신생의 폐세자와 여희 일파 소탕에 연루된 대신들을 비롯해, 많은 이들을 처형해 인심을 잃고 내정을 더욱 어지럽게 했으며 서방의 강력한 이웃인 진秦나라에게도 번번이 신의를 어겼다. 이로 인해 BC645년에 진국과의 전쟁에서 패해 포로가 되는 국가비상사태를 초래했으나 누이이자 진목공秦穆公의 부인인 목희穆姬의 탄원과 대신들의 아량으로 요행히 석방되었다. 이후 그가 곧 사망하자 그의 형인 중이를 사위로 삼고 귀국해 진문공으로 즉위할 수 있도록 온갖 지원을 아끼지 않았다.

주었지만 개자추에게는 도리어 상을 주지 않았다. 그래서 개자추의 하인 하나가 궁문 밖에 시 한 수를 적어, 걸어 두었다. 문공이 보고 "아! 이것은 바로 내 잘못이다!" 하며 곧 사람을 보내 개자추를 찾아오게 했으나 찾지 못했다. 금산錦山에 숨어든 개자추는 문공이 나오게 하려 산에 불을 질렀지만 끝내 거절하며 불에 타 죽었다. 나중에 사람들이 그를 위해 '한식절寒食節'을 만들었다. 진문공은 금산을 개자추에게 봉지하고 금산을 '개산介山'이라 명명했다.[21] 이전, 진 헌공때 대부 위주魏犨(일명 위무자魏武子, 개자추와 함께 달아나 19년간 함께 고생함)라는 사람이 있었다. 그에게는 총애하는 첩이 있었는데 아들은 없었다. 위주가 병이 들자 자신의 아들 위과魏顆에게 자신이 죽으면 이 여인을 개가시켜줄 것을 부탁했다. 이후 병세가 위중해지자 아들에게 다시 자신이 죽으면 함께 순장해줄 것을 부탁했다. 부친이 죽자 그는 부친의 심지心志가 혼란할 때보다 맑은 정신에서 이야기한 때를 상기하며 그녀를 개가시켰다. 이후 위과는 진秦나라와 전투 중, 적장 두회杜回를 사로잡게 된다. 그날 밤 꿈에 어느 노인이 나타나 "나는 그대가 개가시킨 여인의 부친으로, 그대의 은혜에 보답하기 위해 풀을 엮어 적장의 말을 넘어뜨리게 만들어 진晉나라가 승리하도록 도왔다!"는 말을 하고 사라진다. 이른바 '[결초보은結草報恩]'의 고사이다.

---

21   이듬해 문공은 제사를 올리려 대신들과 함께 개산에 올랐다. 문공의 정성이 통했는지 불에 타 황량했던 개산에 버드나무에서 싹이 올라오며 한들거렸다. 곧, 이 나무를 '청명류清明柳'라 하고, 이른바 찬음식만 먹으며 그를 기렸다는 '한식일寒食日', 맑고 분명하게 나라를 다스리겠다는 의미로 '청명절清明節'이라 명명했다. 후에 '청명'과 '한식'은 하나로 합쳐져 중요한 명절로 자리 잡았다.

❸ 초장왕楚莊王 이야기

초나라의 선조는 전욱의 후예이다. 전욱의 아들 고신씨 제곡때, 화정火正이라는 직책을 맡아 민간에 관한 일을 관장하며 '축융祝融'이라 불렸다. 초성왕楚成王의 뒤를 이어 목왕穆王, 장왕莊王에 이르렀다. 장왕이 즉위한 지 3년이 지나도 어떠한 영도 내리지 않고 밤낮으로 음주가무만 일삼으며 정사를 돌보지 않았다. 그리고 전국에 영을 내려 누구라도 감히 '간언'한다면 죽음에 처하겠다고 공포했다. 초국의 대부 오거伍擧(오자서伍子胥의 조부)가 입궐하자 장왕은 왼쪽에 정나라 여인을, 오른쪽엔 월나라 여인을 끼고 무희들 속에 앉아 있었다. 왕에게 "토산 위에 한 마리의 새가 있어 3년 동안 날지도 않고, 울지도 않고 있는데 이것은 무슨 새입니까" 하자 장왕이 "이 새가 지향하는 의미는 평범하지 않다만 3년을 날지 않았으나 한 번 날면 하늘을 찌르고, 3년을 울지 않았으나 한 번 울면 천하의 사람들을 놀라게 할 것이오!" 했다. 대부 소종蘇從도 죽음을 무릅쓰고 간했다. 그러자 장왕이 왼손으로 소종의 손을 잡고, 오른손으로 칼을 소매 속에서 끄집어내 종과 북을 매달아 놓았던 끈을 끊어 버렸다. 다음 날 아침, 장왕은 정사에 착수해 오거, 소종을 발탁했다. 초나라의 백성들 모두가 장왕의 변화에 좋아했다. (사실 장왕은 혼군昏君은 아니었고 막 즉위했을 때 실권이 없었다. 이에 상대를 미혹해 피아를 구분하며, 자신의 역량을 키우기 위함이었다.)

장왕은 말을 아주 좋아했다. 옛날에는 말이 전쟁에 절대적으로 필요한 동물이었기 때문에 당연히 귀한 대접을 받았지만 장왕은 특히나 말을 아꼈다. 사람도 먹기 힘든 대추와 마른고기를 먹이로 주고, 비단옷을 입혀주고 침대에서 자게 했다. 그러니까 말(馬)이, 말(語)이 아니게 되어 그만 비만종으로 죽었다. 장왕은 관을 잘 짜고 '대부의 예'로써 장사를 지내주라고 명령했다. 신하들이 반대했으나 장왕은 막무가내로 "감히 말(馬)을 가지고 말(語)을 하는 자는 참斬하겠노라!"고 엄포를 놓았다. 이때 변설에 능하고 언제나 담소로 세상을 풍자하기를 즐기던 배우 우맹優孟이 그 이야기를 듣고 조정에 뛰어 들어와 하늘을 우러러 통곡했다. 장왕이 그 연유를 묻자 우맹은 이렇게 말했다. "말은 폐하께서 정말 좋아하신 영물인데, 이 막강한 초나라에서 무엇을 얻지 못하겠습니까! 대부의 예로 장사를 지내는 것은 너무 야박합니다. 임금의 예로 장사를 지내야만 합니다!" 했다. 곧 장왕이 우맹에게 그 방도를 묻자 우맹은 "폐하! 옥을 다듬어 관에 속 널을 만들고 무늬가 있는 가래나무로 바깥 널을 만들며 단풍나무, 느릅나무, 녹나무 등으로 횡대를 만드십시오. 군사를 동원해 큰 무덤을 파고 노약자로 하여금 흙을 지게 해 무덤을 쌓고, 제나라와 조나라의 조문단을 앞에 세우고 한나라와 위나라의 조문단을 뒤에서 호위하게 하십시오. 그리고 사당을 세워 태뢰太牢를 지내고 만호의 읍으로써 받들게 하소서, 제후들이 이런 모습을 보고 듣게 되면 너나 할 것 없이 대왕께서 사람보다 말을 더 귀하게 여긴다는 것을 확실하게 깨닫게 될 것입니다!" 했다. 이 이야기를 듣자 장왕은 "과인의 잘못이 이토록 크단 말인가!"라 후회하며 죽은 말을 평범하게 묻어주고 천하 사람들이 이 일을 알지 못하도록 했다.

또, 장왕은 '절영지회絶纓之會(절영연絶纓宴: 갓끈을 끊은 연회)'의 장본인이다. 장왕이 군신들과 연회중이었다. 분위기가 한창 무르익을 때, 갑자기 바람이 불어와 촛불이 모두 꺼져버렸다. 이때, 어느 장수가 장왕의 총희에게 다가가 그녀를 그만 끌어안아 버렸다. 곧 총희가 그의 갓끈을 끊고 장왕에게 고했다. 하지만 장왕은 연회에 참석한 모든 사람의 갓끈을 끊어 바닥에 던져 버리도록 명한 다음, 불을 켜도록 하고 연회를 계속 진행한다. [멸촉절영滅燭絶纓] 시간이 흘러 3년 후, 진晉과의 전쟁 중, 그 날(절영연)의 구명에 보답할 기회를 찾던 어느 장수의 분전으로 승리하며 비로소 장왕은 지난날의 진실을 알게 되었다. 이후 이 사건은 후인들에게 관대함의 표본이 되었으며 지도자의 큰 음덕은 어떤 결과로 표출된다는 것을 보여준 사건이라 하겠다. 뒤에 장왕은 또 손숙오孫叔敖를 재상으로 임명해 마침내 제후국의 패자가 되었다.

BC313년, 장왕 후, 여러 대를 지나 회왕懷王에 이르렀다. 이때 진혜왕秦惠王은 제齊나라를 토벌할 생각을 하고 있었지만 초나라가 합종合從으로 진에 대항할 것을 우려했다. 이에 장의張儀를 보내 회왕에게 유세하길 "대왕께서 초나라의 문을 닫아걸고 제나라와 절교한다면 진나라는 장차 대왕에게 상어商於의 땅 600리를 드리겠습니다!" 했다. 이리하여 회왕이 장의의 말을 믿고 용사를 파견해 제왕을 모욕케 했다. 제왕이 대노해 즉시 초국과의 관계를 단절하고 진국과 연맹을 맺었다. 이후 초나라의 사자가 진나라에 도착해 장의가 전에 주기로 약속했던 땅을 접수하려 하자 장의가 지도를 가리키면서 "여기에서 여기까지 광활한 땅 6리를 초나라에 드리겠습니다!" 했다. 사신이 돌아가 자초지종을 보고하자 회왕이 매우 화를 내며 진나라를 토벌하러 출병했다. 하지만 대패하고 돌아갔다.

진소양왕秦昭襄王(진시황의 증조부)이 회왕과 황극黃棘에서 회맹한 후, 오래지 않아 서신을 보내 "대왕과 무관武關에서 회맹했으면 합니다!" 했다. 굴원(屈原, 굴평屈平)은 회왕이 가면 안 된다고 생각했으나 자란子蘭은 오히려 가도록 권유했다. 회왕이 무관에 도착하자 구류되어 진나라 함양咸陽으로 압송되었다. 그러자 초나라는 회왕의 아들 경양왕頃襄王을 옹립했다. 이부터 초나라는 망조[**망징패조**亡徵敗兆]로 접어들기 시작했다. 회왕이 진나라에서 죽은 후, 초인楚人들은 회왕을 불쌍하게 여겨 곧 자신들의 친척이 죽은 것처럼 애도했다. 굴원은 회왕에 의해 중용되었으나 참언讒言으로 인해 회왕과 소원해져갔다. 경양왕이 즉위한 다음, 모함으로 유배되어 강남으로 가며 [**이소**離騷]를 지어 자신의 괴로운 심정을 풀어냈다. 마침내 멱라강汨羅江에 투신했다.[22] 나중에 진승, 오광의 난과 함께 일어난 항우의 반진反秦 봉기 세력에 의해 옹립된 웅심雄心은 바로 회왕의 후손이다. 양羊을 키우며 숨어지내다 나중에 의제義帝로 개칭한다. 후에 진나라가 멸망하자 항우에 의해 피살된다.

4 오吳, 합려闔閭**와 월越, 구천**句踐

오자서는 춘추시대 초楚나라에서 오사의 둘째 아들로 태어났다. 오사가 평왕平王의 아들인 태자 건建의 스승으로서 태부의 직위에 있을 때, 평왕이 비무기費無忌[23]의 참언으로 태자를 죽이려 하고 오사를 감옥에 가두었다. 비무기는 평왕을 부추겨 오사를 인질로 삼아 그의 큰아들 오상吳尚과 오자서를 불러들여 죽임으로써 후환을 없애고자 했다. 오상은 이것이 함정인

---

22 이후 굴원의 애국정신을 기념하는 뜻으로 만든 명절이 단오이다. 이날은 나뭇잎으로 싼 주먹밥(쫑즈粽子)을 물속에 던져 굴원의 시신이 물고기에 훼손되지 않도록 했으며, 그의 시신을 빨리 가서 건져낸다는 의미로 '용선경기龍船競技'를 한다.

23 일명, 무극無極. 태자 소부少傅, 초평왕 2년, 왕명을 받들어 진秦나라에 가서 태자 건의 아내감을 구해 돌아왔는데, 여자의 미모가 뛰어나자 평왕에게 아내로 삼을 것을 권하고 태자는 다른 신부를 찾으면 된다며 아부했다. 하지만 이후 혹시 있을 후환이 두려운 그는 태자와 그의 스승 오사 그리고 두 아들(오상과 자서)을 함께 모함해 제거하려 했다. 이때 태자는 송나라로 달아났다.

줄 알면서도 부름에 따라 아버지와 함께 살해되었으나 오자서는 복수를 기약하며 도주했다. 오자서는 장강 근처까지 달아났으나 관병이 계속 추적해 오는 것을 보고 자신이 입었던 옷과 신발을 강가에 벗어 던지고, 짚신만 신고 강가를 따라 내려갔다. 오자서를 추적했던 관병들은 오자서가 어디로 도망갔는지 찾지 못하자 하는 수 없이 옷과 신발만 들고 궁으로 돌아갔다. 평왕은 오자서에게 현상금을 걸었다. 오자서는 낮에는 잠복했다가 밤에는 도주했다. 이때 국경에서 경비 중이던 군사에게 잡히자 "군주가 나를 뒤쫓는 것은, 내가 보석을 가지고 있기 때문이다. 그러나 오다가 그것을 잃어버리고 말았다. 만일 너희가 나를 잡아 군주에게 넘긴다면 나는 너희들이 그것을 빼앗아 입으로 삼켜 버렸다고 말할 것이다. 그러면 왕은 너희들의 배를 가를 것이다!" 하며 위기를 벗어났다. 오자서가 송宋나라와 정鄭나라를 거쳐 오吳나라에 도착했을 때, 마침 공자 광光이 왕위를 찬탈하려고 음모를 꾸미고 있을 때였다.

오나라는 희성姬姓으로 바로 태백太伯, 중옹仲雍의 봉국이었다. 태백이후 19세 수몽壽夢에 이르러 비로소 왕이라 칭했다. 수몽의 네 아들 가운데 막내아들의 이름이 계찰季札이었다. 계찰이 현능하여 수몽은 세 아들이 서로

---

24   백중숙계伯仲叔季: 형제의 차례를 나타내는 말. 백은 맏이, 중은 둘째, 숙은 셋째, 계는 막내를 이름이다. 계찰은 동모同母 형제가 4명(1. 제번諸樊(아들:공자 광光), 2. 여제餘祭, 3. 여매餘昧(아들:오왕 요僚), 4. 계찰季札)으로 그가 막내라는 뜻이다. 본래 형이 죽으면 장손인 제번의 아들인 왕자 광이 이어받아야 하지만 광의 조부인 수몽의 뜻으로 형제 순으로 잇게 되어 있었다. 셋째 형 여매가 죽고 자신이 계위할 차례였지만 마침 진晉나라에 출장 중이었다. 이때, 여매의 아들 요가 왕이 되자 제번의 아들 광이 불만을 품었다. 그는 호가 '합려'이다. 오자서를 통해 '전제專諸'라는 자객과 사귀며 그가 용감하고 도의적인 사람이라는 것을 알고 존경했으며 그의 어머니도 잘 모셨다. 후에 왕위를 잃게 된 자초지종을 설명하자 전제는 "왕위를 되찾는 것이 정의로운 일이며 자신이 이 일을 대신하겠다." 하였다. 몇 년

이어서 즉위하도록 할 생각이었다. 그러나 왕위를 계찰에게 물려주자 계찰은 대의를 견지하며 불가하다고 여겨 연릉을 봉지로 했다. 이에 사람들은 그를 '연릉계자延陵季子[24]라 불렀다. 수몽이 죽은 후, 오나라는 네 명의 군주를 지나 합려闔閭에 이르렀다. 오왕 합려는 즉위하자 오원伍員(자서)을 임용해 정사를 보좌하도록 했다. 오자서는 합려를 보좌해 오나라를 강국으로 키웠다.

BC 506년, 오자서가 추천한 손무孫武(손자병법, 합려가 손무의 병법 13편을 180명의 궁녀들에게 시험하였다)를 대장, 오자서를 부장으로 하여 초楚나라를 함락시켰다. 오자서는 평왕의 아들 소왕昭王을 잡으려 했지만 이미 달아난 뒤였다. 이에 평왕의 묘를 찾아 시신을 파낸 뒤 채찍질을 300번 함으로써 복수하였다. [굴묘편시掘墓鞭屍] 그러자 오자서의 혹독한 행동을 나무라는 친구 신포서申包胥(후에 초국楚國 대신)에게 "해는 저물고 갈 길은 멀어 도리에 어긋난 일을 할 수밖에 없었다!" 하였다. [일모도원日暮途遠, 도행역시倒行逆施] 이후 오자서는 초나라를 함락시킨 공으로 신申땅에 봉해져 '신서申胥'라 불리게 되었다.

후, 공자 광은 오왕 요를 암살하려고 초청했다. 그는 먼저 무장한 병사들을 집안에 매복시켜 두었다. 오왕 요도 공자 광을 매우 경계해 호위병을 궁궐에서 광의 집 입구까지 배치해 두고 그의 친척이 지켜서 있도록 했다. 어느 정도 술을 마셨을 때, 광은 거짓으로 발이 아파, 신을 바꿔 신는다며 지하실로 들어가 전제에게 뱃속에 비수를 감춘 생선을 요에게 올리도록 했다. 곧, 생선요리를 든 전세는 생선의 배를 가르고 즉시 요를 찔렀다. 요가 숨지자 왕의 호위병들이 일제히 달려들어 전제를 죽였다. 광은 매복시켰던 병사들을 불러내 오왕 요와 그 친척들을 없앤 후, 나라를 계찰에게 맡겼다. 그러자 계찰은 "내가 너에게서 나라를 받는다면 일종의 공모가 된다, 너는 또 나의 형을 죽였다. 그렇다고 내가 너를 죽인다면 골육상쟁은 끝없을 것이다!" 하며 연릉으로 돌아가 다시는 오나라에 들어오지 않았다.

오나라 합려는 월왕越王 윤상允常이 죽어 상중일 때를 이용해 월나라를 공격했다. 아들 월왕 구천(차남)은 오나라 군진이 정연한 것을 보고 정면으로 승부하는 것은 어렵다고 느껴 미리 준비한 300명의 사형수를 끌고 나와 그들의 상반신을 드러내게 하고 차례로 오왕의 군대 앞으로 가 "우리의 왕이 귀국에 죄를 지었으니 우리가 대신 속죄하게 해주십시오!" 하며 하나씩 머리를 잘랐다.[25] 오나라 군대가 놀라며 의아해하는 사이 월나라 군대가 갑자기 공격했다. 곧 오군의 최전방은 혼란에 빠져 미처 대항하지 못하고 황급히 달아났다. 도주하는 길목에 매복해 있던 월나라 군사들의 공격을 받은 오나라 군사는 거의 전멸하고, 오왕 합려도 월나라 장수 영고부靈姑浮에 의해 발가락이 잘리는 부상을 입고 달아나다 상처가 깊어져 오나라 형陘땅에서 죽었다. 그의 아들 부차夫差가 제위를 잇자 오자서는 또 부차를 보좌해 정사를 처리했다. 부차는 오직 복수에만 뜻을 두었다. 매일 잠자리에 들 때 늘 거친 땔나무 위에 누웠으며[와신臥薪], 출입 시에는 언제나 다른 사람에게 "부차야! 너는 설마 월인이 너의 부친을 죽였다는 것을 잊지 않았겠지!"라고 부르게 하고 나갔다.

3년이 지난 주경왕周敬王 26년, 오왕 부차는 드디어 부초산夫椒山에서 월나라를 물리쳤다. 월왕 구천은 잔류병들을 데리고 회계산會稽山에 머물며

---

25 고대에는 전쟁이 시작되면 먼저 자신의 진영에서 가장 영험하다고 생각되는 어린 무녀가 기괴한 복장과 모습으로 등장한다. 이어 눈깔을 뒤집어 까서 상대를 무섭게 노려보며 겁박하는 것으로부터 전쟁의 시작을 알렸다. 이후 전쟁에서 이기면 상대편 무녀를 창끝에 매달아 죽이며 기세를 올렸다. 이와 관련된 한자가 [갑골문에 '멸蔑,薎'로 '목苜,茻'은 눈이 흐릿하여 생기 없어 맑지 않은 모양, '벌伐'은 사람의 목덜미에 칼날이 박혀있는 형상으로 타인에 대해 무기로 베고, 언어적으로 비난하는 모양이다. 멸시蔑視

부차를 향해, 자신은 부차의 신하가 되고, 그의 처자식들은 부차의 비첩이 되길 간청했다. 오자서가 불가하다고 주장했으나 월나라의 뇌물을 받은 백비伯嚭는 부차에게 구천의 사면을 권했다. —백옥 20쌍과 금 천 냥을 주고, 8명의 미녀를 보내 백비가 부차 앞에서 편법을 쓰도록 부탁했다.— 그리하여 오왕은 구천 부부에게는 돌집에 살면서 말을 관리하도록 하였고, 범려范蠡에게는 노예의 일을 하도록 하였다. 부차가 길을 나서면 구천은 그의 말을 몰았고 사람들의 손가락질에 구천은 개의치 않았다. 3년이 지난 어느 날, 구천은 병이 난 부차를 부축해 변소에 갔다. 대변을 보고 난 후, 구천이 "대왕의 심한 병세는 고비를 넘겼으니 며칠 후에는 좋아질 것입니다." 하였다. 어떻게 알았는지를 묻는 부차에게 구천은 "제가 조금 전에 대왕의 변을 맛보고, 냄새를 맡아보니 대왕의 나쁜 병세는 이미 빠져나왔음을 알게 되었습니다.[26] 그래서 말씀드린 겁니다." 하였다. 감명을 받은 부차는 며칠 후 공교롭게도 병세가 호전되자 구천을 풀어주고 귀국할 수 있도록 허락했다. 구천이 월나라로 돌아온 후, 자신이 앉는 자리 위에 쓴 쓸개를 매달아 놓았다. 잠들기 전에 꼭 한 번 핥아 맛보며(상담嘗膽) 스스로 "너는 설마 회계산의 치욕을 잊진 않았겠지!"라며 되물었다. 구천은 장차 국정을 대부 문종文種에게 맡기고 자신은 범려와 같이 병사들을 조련하며 오직 오나라에 반격할 기회만 노리고 있었다. 10여 년간의 절치부심切齒腐心 이후, 제나라와 노나라의 싸움 중에, 오나라는 공자의 제자 자공子貢([군자사관불면君子死冠不免]의 주인공)의 권고로 노나라를 도와 제나라를 공격했다. 이 싸움을 하기 전에 부차는 오자서를 제나라에 출장하게 하였다. 출장에

---

26   문질상분問疾嘗糞, 상분득신嘗糞得信, 상분지도嘗糞之徒(똥도 핥을 놈, 아첨꾼)

서 돌아온 오자서는 오왕의 행실을 보아하니 아무래도 오래 못 갈 것 같은 생각에 자신의 아들 오봉伍封을 친구인 제나라 대부 포식鮑息(목牧)에게 맡겨, 길러 달라고 보낸 적이 있었다. 이후 승전 축하연에서 태재 백비는 오자서가 자신의 계책을 오왕이 채택하지 않았음을 원망해 벌써 아들을 도피시켜 놓았다고 그를 모함했다. 이에 부차는 자서에게 촉루검屬鏤劍을 내려 자살을 명한다.[27] 오자서는 가인들을 불러놓고 말하길 "반드시 나의 묘 앞에 오동나무를 심어다오! 나중에 이 오동이 관을 만들 수 있을 만큼 크게 되면 오나라도 망할 것이다. 그리고 나의 눈을 파서 고소姑蘇의 동문앞에 걸어다오![28] 내 눈으로 직접 월군이 오군을 격파하는 그 날을 보리라!" 했다. 말을 마치자 곧 자살했다. 부차가 오자서의 시신을 '치이'라는 가죽부대에 넣어 장강에 던졌다. 오나라 백성들은 오자서를 안타깝게 여겨 곧 장강가에 사당을 세우고 장차 부근의 산을 '서산胥山'이라 했다.

월나라 군민들이 한마음 한뜻으로 노력해 물건을 모으고 군대를 훈련시켰다. 주원왕周元王 4년, 월나라는 오나라를 공격해 3전 3패 시켰다. 곧 부차는 고소대에 올라 월나라에 화의를 청했으나 범려의 응답이 없었다. 부차는 "내가 오자서를 가서 볼 면목이 없구나!"하였다. 말을 마치자 수건으로 얼굴을 가리고 자진했다.

---

27 소주에 있는 합려의 무덤을 만들 때, 10만명이나 동원된 인부가 울타리를 삼중으로 쌓고 관속에 3,000개나 되는 명검을 함께 묻었다. 합려가 죽고 270년이 지난 뒤 천하를 통일한 진시황이 묘를 파헤치려고 하였다. 목적은 검 3,000자루였다. 오자서를 자살케 한 '촉루의 검'이 있고 또 왕 요를 암살할 때 쓰였던 '어장魚腸의 검劍'이 있었다. 그 밖에 '담노湛盧의 검劍'도 유명하다. 200년도 더 지나 출토된 월왕 구천의 검도 녹 하나 슬지 않아 사람들을 놀라게 하였다 한다. 당시 오, 월의 합금기술은 진秦을 훨씬 앞서 있었다.
28 결목현문抉目懸門, 사불명목死不瞑目

서시|西施

서시, 본명은 시이광施夷光이다. 월나라 소흥紹興 제기諸曁 저라촌苧蘿村에서 아버지는 나무를 팔고, 어머니는 완사에서 빨래를 해주며 살아가고 있었다. 이마을은 동서로 나누어져 있었다. 시이광은 서쪽에 살았다 하여 '서자西子', 또는 '서시西施', 어릴 때 완사가에서 빨래하던 어머니 곁을 따랐다 하여 '완사녀浣紗女'란 이름을 얻었다. 그녀는 타고난 미인으로 미의 화신이자 대명사였다. 월왕 구천이 오나라에 전쟁에 패한 다음, 문종의 미인계 전술을 채택해 전국의 미녀를 찾던 중, 저라 산 아래에서 '서시'와 '정단鄭旦' 두 사람을 얻었다. 곧 미녀궁을 짓고 가무와 예의, 화장과 걸음걸이 등 모든 교태의 재주를 가르쳤다. 3년 후, 이 둘을 오왕에게 헌상했다. 부차가 너무 좋아하며 고소대를 쌓고 관왜궁館娃宮을 지어 이 두 여인을 초화椒花의 방에 안치하고 주색에 탐닉하기 시작하며 국정은 황폐해져 갔다. 정단보다 서시를 더욱 총애한 부차는 결국 망국의 죄를 자결로 마감한다. 이후, 서시에 관한 수많은 전설이 구전되고 있으나, "범려를 따라 오호五湖를 건너가 종적을 알 수 없다, 오나라 백성들이 완강에 던져 버렸다, 다시 완사로 돌아왔다, 혹은 산림에 들어가 종적을 모른다!"는 등의 이야기가 전한다. 한편 정단은 서시와의 총애 다툼에서 밀려나자 이미 울화병으로 죽었다고 한다.

어느 때 위장이 좋지 않았던 서시가 얼굴을 찡그리며 가슴을 쓰다듬자[서시봉심西施捧心] 동쪽 마을(동시東施)의 추녀가 그 모습까지도 아름답게 여겨 따라 했다는 '[동시효빈東施效顰, 한단지보邯鄲之步]'과 동시가 서시처럼 얼굴을 찡그리며 마을을 돌 때, 그 마을의 부자들은 문을 닫고 나오지 않았으며, 가난한 사람들은 처의 팔을 끌고 들어가 눈살을 찌푸렸다는 뜻의 '빈축顰蹙'이라는 고사가 있다. 또 어머니가 빨래하던 물가에 그녀가 나타나면 잘 놀던 물고기도 부끄러워 강바닥으로 숨어버렸다는 '[침어沈魚]'의 주인공이기도 하다.

월국이 오국을 멸망시키자 범려는 곧 월왕 구천을 떠났다. 아울러 대부

문종에게 편지를 보내 "월왕의 상을 보니 목이 길고 입이 뾰쪽하게 튀어나온 것이 꼭 까마귀 부리 같다.[29] 이런 부류의 얼굴을 한 사람들과는 환난을 함께하기 어렵고 또한 안락도 함께하기 어렵다. 그런데 당신은 어찌 일찍 떠나지 않는가!"하였다. 이에 문종이 칭병하며 조정에 나아가지 않자 어떤 사람이 문종이 반란을 모의한다고 헐뜯었다. 구천은 한 자루의 보검을 내려 자진케 했다.

범려가 휴대하기 쉬운 보옥들을 챙겨 가인, 종자들과 함께 배에 올랐다. 태호太湖, 장강을 지나 바닷길을 따라 제나라에 이르자 범려는 성명을 바꾸어 자칭 '치이자피鴟夷子皮[30]'라 했다. 부자 두 사람이 가산을 일궈 수만금이 쌓였다. 제나라 사람들이 그가 현능하다고 여기자 제왕은 그를 재상에 임명했다. 그러자 범려가 탄식하며 "집에는 천금의 재산이 쌓여 있고 나가면 벼슬이 경상에 이른다는 것은 보통의 백성으로서 이룰 수 있는 지극한 경지이다. 그러나 오랫동안 부귀와 명성을 누리는 것은 결코 좋은 일이 아니다!" 하며 곧 경상의 보인을 돌려주고 물러났다. 그리고 전 재산을 많은 사람들에게 나누어 주고 자신은 오직 몇 가지 진귀한 보물만 가지고 샛길로 떠났다. 그가 '도陶'라는 땅에 이른 다음 자칭 '도주공陶朱公[31]'이라 했다.

---

29   장경오훼長頸烏喙
30   범려는 오왕이 자서를 죽여 가죽 부대에 말아 장강에 던진 것은 바로 자신에게도 책임의 일단이 있다고 여겼다. 또한 치이는 돌돌 말아 주머니에 넣어 다닐 수 있을 만큼 수용성이 있다. 이에 세상을 살아가는 데 있어 긴장과 이완을 병행하며 신축적으로 살아가겠다는 의미로 이 이름을 취했다.
31   범려는 도陶땅에 살면서 막내아들을 낳았다. 막내아들이 청년이 될 무렵 둘째 아들이 사람을 죽여 초나라에 갇히게 되었다. 속담에 "살인을 한 자는 죽어 마땅하다. 그러나 천금을 보유한 사람의 자식은 기시棄市당하지 않는다 했다!" 이에 막내에게 황금 천일千鎰을 주며 구명하게 했다. 막내가 떠나려 할 때 장남이 "장남은 집안일을 살피므로 '가독家督'이라 부릅니다. 지금 장남인 저를 보내지 않고 동생을 보내려 하는 것은 제가 현명하지 않기 때문입니다." 하며 자결을 시도한다. 그러자 어머니가 만류하며 범려에게 "막내를 보내 둘째를 살리려다 첫째를 죽이고, 게다가 둘째를 살려낼지도 모르는 상황에 집안이 폐가하는 일이 생기게 되었습니다." 하였다. 범려가 할 수 없이 초楚나라에 사는 오랜 친구

오래지 않아 가산이 또 수 만금 쌓였다. 노로魯나라 사람 의돈猗頓이 범려를 향해 재산 증식의 비법을 묻자, 범려가 "우牛, 마馬, 저猪, 양羊, 려驢(당나귀) 등 5종의 어미를 길러보시오!" 했다. 10년이 지나자 의돈의 재산도 왕공에 비견할만 했다. 때문에 세상 사람들이 부자라고 말하는 것이 바로 '도주陶朱'와 '의돈猗頓'을 칭한 것이 되었다.

2) 전국戰國 시대 : 피 터지는 건곤일척乾坤一擲, BC452~BC221, 약 231년

전국시대의 어원은 전한前漢, 유향劉向의 『전국책戰國策 : 전투에 임하는 나라의 모사謀士들의 책략』에서 연유한다. 철기시대로 금속의 합금, 담금 기술의 비약적 발전으로 무기의 살상력이 배가되며 전쟁시 인마살상이 많았던 시대이다. 이 시대는 춘추시대에 대국이었던 진국晉國의 한韓, 조趙, 위魏 삼가三哥가 집정자 '지백智伯'을 살해(BC453)해 그 땅을 나눠 가지며 삼국으로 분할된다. 이후 주나라의 영이 먹혀들지 않으면서 동주東周 위열왕威烈王23년(BC403), 그들이 제후로 정식 인정되며 본격적인 약육강식의

인 보장報莊 선생에게 보내는 편지 한 통을 장남에게 건넸다. 그러며 "도착 즉시 선생 댁에 이 황금을 갖다주도록 하고 그가 하자는 대로 따르되 절대 다투어서는 안 된다." 하며 보냈다. 초나라에 도착한 장남은 선생을 찾아본 다음, 자신이 따로 초국의 실세를 만나 추이를 살폈다. 이후, 궁중의 소식에 정통한 실세가 분명 초왕이 사면을 할 것이라는 기미를 보인다는 전언에 바로 보장선생을 다시 찾아갔다. 천기를 들먹이며 왕을 설득해 사면령을 내리게 했던 보장 선생은 내심 불쾌해하며 받아두었던 돈을 그대로 돌려준다. 곧 궁에 들어가 왕을 만나 "자신이 천기를 잘못 보았다."며 사과하자 사면의 번복과 함께 죄인들의 빠른 형 집행이 이루어진다. 이후 동생의 시신을 끌고 집으로 돌아온 장남을 보며 범려는 "큰애는 어려서부터 나와 함께 고생했고, 살기 위해 고난을 겪어 함부로 돈을 쓰지 못한다. 그러나 막내는 태어나면서부터 내가 부유한 것만 보았으니, 돈이 어떻게 생기는 줄 알겠는가! 그래서 막내는 쉽게 돈을 쓰고 아까워하지 않았다. 막내를 보내려 한 것은 이 때문이다. 큰애는 성장배경이 막내와 달라 도저히 그같이 할 수 없었다. 이치가 이러하니 굳이 슬퍼할 것이 없다. 나는 오히려 둘째의 시신이 오기를 기다렸다." 하였다.

시대로 돌입한다. 이 시대는 보통 진시황의 통일(BC221)까지로 보지만 이전, BC256년, 주周나라 35대 난왕赧王이 진시황에게 항복하고, 남은 나라들은 강진强秦에 대항해 생존을 모색하는 건곤일척乾坤一擲의 숨막히는 시대였다. 이 중 춘추 때부터 내려오던 옛 제후국(진秦, 초楚, 연燕, 제齊)과 신생 제후국(한, 조, 위) 일곱 나라의 제후를 '전국칠웅七雄'이라 부른다. 전국 말기엔 부국강병이라는 기치로 제후국의 4공자(군자)—제齊(맹상군孟嘗君, 전문田文), 위魏(신릉군信陵君, 위무기魏無忌), 조趙(평원군平原君, 조승趙勝), 초楚(춘신군春申君, 황헐黃歇)—들이 왕이나 제후 이상의 영향력을 행사하던 시절이었다. 이들은 왕실의 종친이나 친인척으로 임금에 버금가는 부와 권력을 소유하며 수많은 유세객을 거느리며 중원을 합종과 연횡으로 강진에 대항하며 자신의 힘을 과시했다.

예양豫讓

예양은 본래 진晉나라 사람으로 범씨范氏와 중항씨中行氏를 섬겼다. 범씨는 그를 마부로 부렸고 중항씨는 일개 보졸로 취급했다. 진의 대부 지백智伯은 범씨와 중항씨는 멸문했지만 예양은 살려둬 빈객으로 우대했다. 이에 감동한 예양은 "나같이 마부나 보졸에 속한 하찮은 사람도 어쩌면 적일 텐데 그런 나를 빈객으로 우대하다니! 나는 이제 그를 위해 목숨을 바쳐 보은하리라!"며 맹세했다. BC453년, 지백이 한, 위와 연합해 조나라를 정벌하려 했다. 그러나 조나라 제후 조양자趙襄子가 오히려 한, 위의 대부를 꾀어내 역습에 성공한다. 곧 지백은 거열형에 처해지고 일족은 모두 몰살당하며 지백의 땅은 삼등분된다. 그래도 분이 안 풀린 조양자는 지백의 수급首級에 옻칠을 해 자신의 음기(陰器:요강)로 만든다. 한편, 천행으로 살아난 예양은 산으로 달아나 슬

픔의 눈물을 흘리며 가슴에 '조양자'를 새기며 "선비는 자신을 알아주는 사람을 위해 죽을 수 있고, 여자는 자신을 기쁘게 해 주는 사람을 위해 용모를 꾸민다! [사위지기자사, 여위열기자용 士爲知己者死, 女爲悅己者容]는데, 나는 비겁하게 이렇게 달아나다니, 반드시 이 원수를 갚은 후에 죽겠다! 그래야 내 혼백이라도 부끄럽지 않을 것이다!"라 맹세했다. 곧 무예를 익히기를 2년여~, 드디어 BC451년, 산에서 내려온 예양은 변성명하고 형벌을 받은 사람처럼 꾸며 조양자의 궁중에 잡역부로 일한다. 비수를 품고 기다린 지 2달여 지난 어느 날, 용변을 보러 가던 조양자가 살기를 느끼며 수색을 명한다. 붙잡혀온 예양을 시위들이 죽이려고 칼을 든 순간 조양자의 물음에 예양의 정체가 '은인에 대한 복수의 일념으로 한 행동'이라는 사실에 오히려 천하에 둘도 없는 현인이라며 감탄한다. 이렇게 풀려난 예양은 주막에 들러 사흘 밤낮을 술만 퍼마시며 슬픔을 녹이고 있을 때, 지나가는 사람들의 말소리가 들려온다. "조양자는 정말 도량이 하해와 같은 사람이야! 자신을 살해하려 달려든 사람을 오히려 방면하다니!" 이 소리를 들은 예양은 정신이 번쩍 나며 한없는 치욕감에 몸서리친다. "그럼, 원수의 용서를 받아 구차하게 연명하는 나는 도대체 뭔가!" 이후, 예양은 자신의 몸에 옻칠해 문둥병 환자로 위장하고 자신의 목소리를 바꾸려 숯을 삼켰다. 그리고 시장을 지난다. 도중에 자신의 처도 그를 알아보지 못할 만큼 흉측했으나 친구는 그를 알아보았다. 친구가 울며 "자네의 재능이라면 차라리 조양자의 부하로 들어가 총애를 얻은 후, 계획대로 실행한다면 반드시 일에 성공할 수 있을 텐데, 왜 이렇게 몸을 혹사하면서까지 이런 방식을 택한단 말인가! 이렇게는 아마 성공하기 어려울 것이네!" 하였다. 그러자 예양은 "그게 아니네, 친구! 지금 내가 하고자 하는 일은 무척 어려운 일이네! 하지만 원수에게 거짓 충성을 바쳐 신하로서 두 마음을 품고 그를 죽인다면, 후세에 남의 신하가 되어 이와 같은 짓을 하는 자들이 부끄러움을 느끼도록 하려는 것이네!" 하였다.

①위魏 나라

▌ 문후文侯 이야기

위문후는 춘추 말, 삼가의 난의 세 주역인 위환자魏桓子의 손자로 BC403년, 주나라로부터 정식 봉후를 받았다. 이극李克, 서문표西門豹, 오기吳起 등을 중용해 전국시대 첫 강국으로 올라선다. 특히 이극은 저명한 사상가로 중농重農과 법치가 결합된 사상으로 나중에 상앙商鞅과 한비자에 큰 영향을 미치게 된다. 그래서 일반적으로 그를 "법가法家의 시조"라 한다.

위문후가 이극에게 잘나가던 나라가 망한 이유를 묻자, "잦은 전쟁에 잦은 승리는 군주를 교만하게 만들고, 백성들을 피로로 견디기 어렵게 만든다. 그러므로 교만한 군주가 피로한 백성을 다스리면 반드시 망한다!"는 이른바, '호전필망好戰必亡'과 "나라를 다스리는 데는 무위도식無爲徒食하는 좀 벌레들을 퇴치하며, 공과에 따른 정확한 논공행상이 뒤따라야 한다!"는 점을 강조하며 문후를 보좌한다. 문후가 이극에게 물었다. 선생이 일찍이 과인을 가르치며 "가정이 빈곤하면 좋은 처를 찾을 생각을 하게 되고, 나라가 혼란하고 무질서하면 좋은 재상을 찾을 생각을 하게 된다! 했소 [가빈사양처家貧思良妻, 국난사양상國亂思良相] 지금 내가 재상을 선택하는 데있어 위성魏成(문후의 동생)이 아니면 적황翟璜인데, 이 두 사람은 어떻습니까!" 하자 이극이 "평소에 지낼 때는 그가 어떤 사람을 가까이하는지를 보고, 부귀할 때는 그가 어떻게 베푸는지를 보고, 현달顯達했을 때는 그가 어떤 사람을 추천하는지를 보고, 곤궁할 때는 그가 어떤 일을 하지 않는지를 보고, 빈천할 때는 그가 취하지 않는 물품은 어떤 것인지를 보십시오!³²이 다섯 가지만으로도 족히 한 개인의 품성을 단정할 수 있습니다!" 했다.

② 오기吳起 이야기

손자병법과 쌍벽을 이룬다는 '오자吳子병법'의 저자 오기, 오기는 본래 위衛나라 사람으로 용병술을 좋아했다. 일찍이 공자의 제자인 증자曾子에게서 배우고 노魯나라를 섬겼다. 마침, 제齊나라가 노나라를 공격하자 노나라 조정에서는 오기를 장군으로 삼으려 했으나 그의 아내가 제나라 여자인 것을 의심했다. 이에 기회를 놓치고 싶지 않은 오기는 그 자리에서 아내를 죽여 자신은 제나라와 전혀 무관함을 입증했다. [살처구장殺妻求將] 그리고 제나라를 크게 물리쳤다. 그러자 어떤 사람이 그를 모함해 "오기는 시기심이 강하고 잔인한 사람이다. 그가 젊었을 때, 집에 천금이나 되는 재산이 있었지만 벼슬을 하기 위해 여기저기 돈을 쓰다 보니 모두 탕진하고 말았다." 하였다. 동네 사람들이 그를 비웃자, 그는 자기를 비방한 사람 30여 명을 죽이고 동쪽으로 달아나 위나라 성문을 빠져나갔다. 그는 어머니와 하직할 때 자기 팔을 물어뜯으며 "벼슬에 오르기 전에는 위나라 땅을 다시 밟지 않겠습니다!"라고 맹세했다. 그 후 증자를 섬겼는데 얼마 후 어머니가 돌아가셨는데도 끝내 돌아가지 않자 증자는 박정한 인간이라며 그를 내쳤다. 그 후 아내를 죽이면서까지 장수가 되려 했다. 그런데 위나라와 노나라는 그 뿌리를 거슬러 올라가면 형제 나라다. 그러다 보니 노나라 조정에서는 위나라 출신인 오기를 중용하기를 꺼렸다. 하지만 제나라를 물리치는 데 큰 공을 세운 오기로서는 서운했다. 마침 이 무렵 위문후가 뛰어나다는 소문을 듣고 문후를 섬기고 싶다는 뜻을 밝혔다. 이에 문

---

32   거시기소친居視其所親, 부시기소여富視其所與, 달시기소거達視其所擧, 궁시기소불위窮視其所不爲, 빈시기소불취貧視其所不取

후는 재상 이극에게 물었다. "오기는 어떤 사람인가?" 하자 "탐욕스럽고 여색을 밝히지만 병사를 다루는 일만은 누구도 따라갈 수 없습니다!" 하였다. 문후는 오기를 받아들였고 오기는 위나라 장군이 되어 강대국 진秦나라를 쳐 성 5개를 무너트렸다. 병법에도 뛰어났지만 장군으로서 병사들을 다루는 법에 그의 승전의 비책이 있었다.

『사기史記, 오기열전吳起列傳』에서 사마천司馬遷은 이렇게 적고 있다.

"오기는 장수가 되자 신분이 가장 낮은 병사들과 똑같이 옷을 입고 밥을 먹었다. 잠을 잘 때에도 자리를 깔지 못하게 하고 행군을 할 때도 말이나 수레를 타지 않고 자기가 먹을 식량은 직접 가지고 다니는 등 병사들과 함께 고통을 나누었다." 한 번은 종기가 난 병사가 있었는데 오기가 직접 입으로 종기를 빨아주었다. 병사의 어머니가 그 소식을 듣고는 소리 내어 울었다. 어떤 사람이 까닭을 묻자 이렇게 말했다. "예전에 오공께서 우리 애 아버지의 종기를 빨아준 적이 있는데 그 사람은 자기 몸을 돌보지 않고 용감히 싸우다가 적진에서 죽고 말았습니다. 오공이 또 제 자식의 종기를 빨아주었으니 그 아이도 언제 어디서 죽게 될지 모릅니다."[33] 이후, 오기는 위나라를 떠나 초나라로 갔다. 초나라 도왕悼王은 오기를 바로 재상에 봉했다. 그러나 오기의 개혁정책에 봉록을 빼앗겨 원한을 품은 초나라 왕족들은 도왕이 죽자 내란을 일으켜 오기를 쳤다. 달아나던 오기는 마침내 도왕의 시신위에 엎드렸다. 오기를 뒤쫓던 무리들이 오기를 죽이고 도왕의 시신에도 화살이 꽂쳤다.

---

33   오기연저吳起吮疽, 연저지인吮疽之仁, 연통지치吮痛舐痔, 지독지애舐犢之愛

전국 말, 위문후의 손자인 혜문왕惠文王때, 위魏나라가 한韓나라의 수도 신정新鄭을 포위하고 공격하자 한나라는 제齊나라에게에게 구원을 청했다. 제나라는 전기田忌[34]를 장군으로 삼아 한 구원하도록 보냈다. 위장魏將 방연龐涓은 일찍이 손빈孫臏(손무孫武의 5대손)과 함께 귀곡자鬼谷子[35]의 수하에서 병법을 배웠던 적이 있었다. 위나라에서 장군이 된 후에도 자신의 능력이 손빈에 미치지 못한다고 생각했다. 이에 그는 손빈을 위나라로 오게 꾀어, 혜문왕의 면전에서 간첩으로 모함했다. 그리고 그에게 빈형臏刑을 가해 그의 슬개골膝蓋骨을 파내 앉은뱅이로 만들고 아울러 얼굴에는 죄명을 문신했다. 마침 그때 제나라의 사자가 위나라에 출장 중에 손빈을 인재라 여겨, 그를 몰래 수레에 실어 총총히 사라졌다. 후에 손빈이 제나라의 군사를 맡게 되자 전기에게 위나라의 수도 대량大梁을 공략하도록 권했다. 수도가 위급해지자 방연은 군대를 한나라에서 철수해 위나라를 구하러 돌아오고 있었다. 이때 제나라의 군대는 서쪽으로 향해 서서히 철군하기 시작했다. 손빈은 위나라의 경내에 진입한 부대에 명했다. "진입한 첫날에는 부뚜막을 십만 개를 만들고, 다음 날에는 오만 개의 부뚜막을 만들고, 또 그다음 날에는 이만 개의 부뚜막을 만들라!"[감조지계減竈(灶)之計]고 지시했다. 방연은 제군 숙영지에 부뚜막의 숫자가 변한 것을 본 다음 매우 기

---

34 처음에 제나라 장군인 전기는 손빈의 됨됨이를 알아차리고 그를 빈객으로 대우했다. 그 무렵 제나라 여러 공자들과 말을 빨리 몰면서 활을 쏘는 내기를 하던 전기에게 묘책을 제시해 천금의 상금을 획득하게 한다. 이후 전기는 손빈을 위왕에게 추천했다. 위왕은 손빈과 군사에 관해 이야기를 나누고 그를 군사로 삼았다. 그 후 위나라가 조나라를 치자 다급해진 조나라가 제나라에 구원을 요청했다. 제나라 위왕은 손빈을 장군으로 삼으려 했으나 그는 "불구의 몸으로 장군을 맡는 것은 합당치 않다!"며 사양한다. 결국 전기를 장군으로, 손빈을 군사로 삼아 휘장을 친 수레 속에 앉아서 작전을 전개한다.
35 귀곡자는 왕후王詡, 왕선王禪, 현미자玄微子로도 불린다. 생몰불상生沒不詳이다. 사상가, 군사가, 종횡가이며 지극히 신비하고 기이한 은사隱士이다. 전국 시기 명장, 손빈, 그리고 저명한 책사 소진蘇秦과 장의張儀를 제자로 두었다.

뻐하며 "내가 본래 제군이 겁쟁이라는 것을 알았지만 우리나라 경내에 진입한 지 삼 일째에 벌써 도망병의 숫자가 반수를 넘었구나!" 했다. 곧 위군에게 명하길 "짐을 다 내려놓고 가벼운 경보병만 대동하면 일박이일이면 추격할 수 있다!" 했다. 손빈이 위군의 행로를 추측해 보니 저녁때쯤이면 마릉馬陵에 이를 것으로 예측되었다. 마릉의 길은 협소하고 계곡 양옆은 산새가 험난해 매복하기에 적당했다. 손빈은 마릉의 길 가운데 커다란 나무 하나를 도끼로 찍어 껍질을 벗기도록 하고, 하얗게 노출된 나무 위에 "방연사차수하龐涓死此樹下(방연이 이 나무 아래에서 죽다)"라고 쓰도록 했다. 그런 다음 활을 잘 쏘는 일만 명의 제군에게 마릉의 좁은 길 양옆 높은 곳에 매복하도록 했다. 그리고 약정한 밤, 길 가운데에서 불길이 환하게 일어나면 일제히 시위를 당기도록 명했다. 과연 방연은 밤에 마릉에 도착해 도끼로 껍질을 벗겨 놓은 그 하얀 나무에 이르러 그 위에 적어 놓은 글자를 보았다. 이에 자세히 보려 불을 밝히는 그 순간, 제군의 복병 일만 명이 일제히 화살을 날렸다. 위군은 크게 흔들리며 갈 곳을 잃었다. 이 모습을 지켜보던 방연은 칼을 뽑아 스스로를 찌르며 "결국 이 자식 이름만 날리게 했구나!" 했다. 제군은 위군을 대패시켰고, 혜문왕의 아들 신申도 포로로 잡았다.

③ 서문표西門豹 이야기

위문후 때, 서문표는 현령으로 어느 마을에 부임했다. 부임하자마자 현의 장로長老들을 불러 애로사항을 들었다. 장로들은 황하의 수신水神인 하백河伯을 장가보내는 일이 가장 고통스럽다며 "하백이 1년에 한 번씩 장가를 가는 데 처녀를 바쳐야 풍년이 듭니다. [하백취부河伯娶婦] 그렇지 않으면 하백이 대로해 홍수를 일으키는 바람에 사람들이 모두 마을을 떠나고 있습니다!" 하였다. 이에 서문표가 "누가 맨 처음 하백을 장가보내자고 했소!" 하자 "하백을 섬기는 무당이 처음 주장했으며 이후, 해마다 마을의 삼노三老(세도가, 탐관오리)와 무당이 합세해 하백을 장가보내는데 백성들로부터 수 백만금을 걷어가고 있습니다. 딸을 내주기 싫은 부모는 무당에게 많은 재물을 주어야만 하고, 아니면 딸을 빼앗깁니다!" 하였다. 서문표는 "하백이 장가드는 날 나에게 알려주시오!" 하고 기다렸다. 하백이 장가드는 날, 제물로 바쳐질 처녀와 늙은 무당, 약 20여 명의 새끼 무당, 삼노 등이 백사장에 늘어서 있었다. 이때 서문표가 늙은 무녀에게 다가가 "할멈 지금 당장 들어가 제물(처녀)이 하백의 마음에 드는지 아닌지를 물어보고 나오시오!" 하며 병사들에게 할멈을 물에 던져 버리도록 명했다. 이후 한참을 기다려도 무녀가 나오지 않자 다시, 새끼무당 1, 2 순으로, 또 삼노 중 한 명을 물에 던졌다. 사색이 되어 쥐죽은 듯한 시간이 한참 지난 후, 현으로 돌아온 서문표는 아전, 호장 및 삼로의 재산들을 몰수해 그들에게 착취당한 백성들에게 다시 돌려주도록 했다. 그리고 마을에 장가들지 못한 청년들과 무녀 제자들의 결혼을 성사시키는 등, 현을 다시 활기차게 다스리며 관개시설을 확충해 홍수를 막아 해마다 풍년을 만들었다.

②조趙 나라

■ 혜문왕惠文王 이야기

조나라 역시 삼가의 난 이후 BC403년, 주나라로부터 정식 봉후를 받는다. 이후 무령왕武靈王의 '호복기사정책胡服騎射政策'−당시 중원의 정주민들은 북방 유목민과 다르게 옷을 크게 늘어지게 입어 팔이 거추장스러운 복장이라 말을 타기 불편해 늘 유목민들의 침공에 대처하기가 곤란했다. 하지만 무령왕은 오랑캐라 멸시하던 북방 유목민들의 바지 같은 간편한 복장을 채택해 마상에서도 활을 쏘며 기동성있는 기병대를 육성해, 국방을 튼튼히 하려 하였다— 으로 이룬 개혁 정책의 성과로 중산국中山國을 멸망시키고, 누번樓煩을 격파하며 국세를 크게 신장시켰다. 이후 그의 아들 혜문왕이 등극했다. 혜문왕은 인상여藺相如, 염파廉頗, 이목李牧, 조사趙奢 등의 문무 대신을 기용하며 나라를 부강하게 한다. 혜문왕이 일찍이 초楚나라에서 화씨벽和氏璧[36]이라는 진귀한 구슬을 얻었다. 진소왕秦昭王(진시황의 증조부, 56년간 재위)이 15개의 성과 화씨벽을 교환하자고 제의할 생각을 했으나 혜문왕은 줄 생각이 없었다. 그러나 주면 사기당할 것 같았고, 안 주면 강한 진나라의 공격이 두려워 고민하고 있었다. 이때 환자령宦者令 목현이 "신의 사인使人 인상여가 적임자일 것 같습니다!" 하였다. 왕이 "어떻게 알 수 있는가!" 하자, "신이 일찍이 대왕께 죄를 짓고 몰래 연燕나라로 도망칠 계획을 세운 일이 있었습니다. 그때 인상여가 저를 말리며 '주인님은 어떻게 연왕을 알게 되었습니까?' 하고 묻더이다. 그래서 "일찍이

---

36   춘추시대 초나라 사람 변화卞和가 산에서 박옥璞玉(아직 다듬지 않은 원석)을 습득했다. 그는 진귀한 보물이라 여겨 여왕厲王에게 바쳤다. 옥공이 돌이라 감정하자 임금을 속인 죄로 왼발이 베였다.(월형刖刑, 刖(刂)자르다: 발톱을 깎는 모양, 전前, 전煎, 전剪, 전箭) 후에 무왕武王이 즉위하자 변화는 또 이 박옥을 헌상했다. 그러나 거듭 임금을 속인 죄로 이번엔 오른발이 잘렸다. 시간이 흘러 문왕文王이 즉위했다. 변화는 벽옥을 끌어안고 형산荊山다리 아래에서 울었다. 잘려 나간 두 다리도 아팠지만 이 훌륭한 옥을 알아주지 않는 현실이 너무나 서글프고 아팠다. 문왕이(사연을 듣고) 옥을 잘라 보도록 하자 과연 천하에 둘도 없는 진귀한 보석이 광채를 띠며 나타났다. 이에 문왕은 이 옥을 국보로 삼았다. '화씨벽和氏璧'이다. 이 명옥名玉은 나중에 천하를 통일한 진시황의 손에 들어간다. 그는 이사에게 명해 "수명어천受命於天, 기수영창旣壽永昌: 천명을 받았으니, 영원히 창성하라!"이라는 문구를 옥새玉璽에 새겨넣도록 명한다. 『삼국지주』에 동한 말, 십상시十常侍의 난리 통에 없어진 것을 손견이 낙양에 들어가 종묘를 청소하다가 남쪽 견관정甄官井에서 찾아낸, 바로 그 '전국새傳國璽'이다.

대왕을 모시고 연나라 왕과 국경 근처에서 만난 적이 있었는데 그때 연왕이 내 손을 잡으며 친구가 되자고 말한 적이 있어서 알게 되었고, 이에 그리로 가려고 한다, 하였더니 인상여가 '조나라는 강하고 연나라는 약합니다, 게다가 주인께서 조왕의 사랑을 받고 있기에 연왕이 교제를 맺으려 한 것이지 만약 지금 주인님이 조나라를 도망쳐 연나라로 달아나면 연나라는 조나라가 두려워 주인님을 머물러있게 하지 않을 것입니다. 또한 주인님을 묶어 조나라로 돌려보내게 될 것입니다. 그러므로 주인님은 차라리 옷을 벗고 처형을 청하느니만 못합니다!'하여 신이 그의 말대로 한 결과 대왕께서 신을 용서해 주셨습니다. 이에 저는 인상여가 용사인 동시에 지모가 있는 사람이라는 것을 알았습니다. 사신으로 보내도 틀림없을 것입니다!" 하였다. 그리하여 인상여가 구슬을 가지고 출장을 청하며 "만약 성을 교환하지 못한다면 화씨벽을 흠없이 온전하게 가지고 조나라로 돌아오겠습니다!"[완벽귀조完璧歸趙] 하고 떠났다.

인상여가 진나라에 도착해 화씨벽을 왕에게 주었다. 봤더니, 진소왕은 성을 조나라에 줄 생각이 전혀 없었다. 인상여는 곧 고의로 진소왕을 구슬려 ―구슬은 완벽하지만 하자가 하나 있다고 속여― 화씨벽을 다시 받아들었다. 곧 받아 들자마자 화가 끝까지 치밀어 오른 모습으로[37] 뒤로 물러나 기둥 곁에 붙었다. 그리고 "만약 진왕께서 신의 말을 가로막는다면 신은 이 자리에서 이 화씨벽과 함께 머리를 기둥에 박아 부숴버리겠습니다!" 했다. 이에 진소왕과 다음날 다시 의논하기로 하고 인상여는 숙소로 돌아왔

---

37   노기충천怒氣衝天, 노발충관怒髮衝冠

다. 돌아온 즉시 종자를 시켜 화씨벽을 가지고 지름길로 먼저 조나라로 돌아가도록 보내버렸다. 그리고 그는 진나라의 명령을 기다리고 있었다. 진소왕은 인상여가 매우 현명하다고 여겨 곧 그를 조나라로 돌려보냈다. 그러나 시간이 갈수록 그 대가는 컸다. 다음 해 기원전 282년, 진은 조나라의 2개 성읍을 함락하고, 다음 해엔 한 성읍을 빼앗아갔다. 또 다음 해엔 조나라에 회합을 청했다.

진소왕과 혜문왕이 민지澠池에서 회동을 하는데 인상여가 혜문왕을 보좌했다. 연회를 기다리고 있을 때 진소왕이 혜문왕에게 거문고를 치도록 청하자, 혜문왕은 바로 한 곡을 연주했다. 그러자 인상여도 진소왕에게 부缶(고대 도자기로 만든 악기)를 가지고 진나라의 음악을 연주해 주도록 청했으나 거절당했다. 그러자 "제가 대왕과 다섯 걸음 안에 있어 저의 목덜미의 피를 대왕에게 충분히 튀게 할 수 있습니다!" 하며 외쳤다. 좌우에 따르는 사람들이 그를 베려고 달려들었으나 인상여가 고함을 치자 주춤주춤 물러나 감히 올라오지 못했다. 그러자 진소왕은 부득이하게 부를 한번 두드렸다. 연회 중에 진나라는 시종일관 우위를 점할 수 없었으며 조나라도 변경의 부대들이 엄중하게 진나라 군대에 대비하고 있었으므로 진나라가 감히 행동할 수 없었다. 혜문왕이 돌아간 후, 인상여를 상경上卿에 봉하자 관직의 서열이 대장군 염파廉頗의 위였다. 염파가 "나는 조나라에서 대장을 지내며 전쟁의 공로라도 있지만 인상여는 비천한 출신으로 오직 화술에만 기대 나의 위에 있다. 나의 관직이 그보다 아래 있는 것이 너무 부끄럽다. 내가 인상여를 만나면 반드시 그를 욕보일 것이다." 했다. 인상여가 그소릴 듣고 조회 때면 늘 병을 핑계 삼아 나가질 않았다. 염파와 다투려 하지 않은 것이다. 매번 문을 나서다가 멀리서 염파를 보면 곧 마부에게 명해 방향을 돌려 염파를 피했다. 인상여의 문객들이 이것을 치욕으로 여기자 인상여는 "무릇 진왕의 위세에도 내가 오히려 조당에서 그들을 꾸짖고 그들의 군신들을 욕보였다. 상여가 비록 무능하지만 설마 염파를 두려워하겠는가, 다만 내가 고려하는 것은 강한 진나라 군대가 우리 조나라를 공격해 들어오지 못하는 까닭은 바로 우리 두 사람이 있기 때문인데 만약 지금 두 마리의 범이 서로 싸운다면 그 기세로 보아 반드시 둘 다 생존할 수는 없는 것이다.[38]그래서 내가 이런 이유로 먼저 국가의 위급함을 해결한 다음 두 사람의 사사로운 감정을 풀자는 것이었다!" 했다.[39] 이 말을 들은 염파는 너무 부끄러움을 느껴 곧 상의를 탈의하고 등에 가시나무를 짊어지고 인상여의 집 문 앞에 이르러 사죄했다. [**부형청죄**負荊請罪] 마침내 두 사람은 생사를 함께하는 좋은 친구가 되었다.[40]

혜문왕의 아들 효성왕孝成王이 즉위한 후, 진군秦軍이 한韓나라를 공격했다. 한나라의 요충지인 상당上堂을 지키는 장수가 조나라로 투항했다. 그러자 진군은 군대를 돌려 조나라를 공격했으나 조군趙軍의 주장 염파는 장평長平에 주둔하며 군영을 굳게 지키고 출전하지 않았다. 이에 진나라는 간첩에게 천금을 들여 조나라로 보내 '반간계反間計(이간책)'를 썼다. "진군이 두려워하는 것은 오직 마복군馬服君 조사趙奢의 아들 조괄趙括이 주장을

---

38 양호공투兩虎共鬪, 용호상박龍虎相搏
39 선공후사先公後私, 멸사봉공滅私奉公
40 문경지교刎頸之交, 교칠지교膠漆之交, 수어지교水魚之交, 백아절현伯牙絶絃
    반반: 오집지교烏集之交, 세리지교勢利之交

맡는 것뿐이다!"라는 유언비어를 퍼뜨렸다. 이에 효성왕은 곧 조괄을 염파를 대신해 주장을 맡겼다. 그러자 상여가 "대왕께서는 오직 명성에만 기대어 조괄을 임용하시는데, 이것은 마치 아교를 사용해 현을 조정하는 발을 거문고의 기둥에 붙여놓아 다시는 옮길 수 없도록 하는 것과 같습니다. [교주고슬膠柱鼓瑟] 오로지 조괄은 그의 부친의 병서를 읽기만 했을 뿐, 융통성 있게 변통할 줄은 모릅니다." [지상병담紙上兵談]했다. 그러나 효성왕은 조괄이 어려서부터 병법을 학습해 천하에 병법으로는 그와 견줄 사람이 없는 것으로 여겼다. 그가 일찍이 부친 조사와 용병의 일에 관해 이야기할 때면 조사는 그를 이해시키기 어려웠으며 조괄도 부친이 결코 좋은 점이 많다고 여기지 않았다. 조괄의 모친이 남편 조사에게 그 까닭을 물었다. 그러자 "군사를 데리고 전쟁하는 것은 바로 생사의 문제인데도 '괄'은 이것을 가벼이 쉽게 이야기한다. 만약 조나라가 그를 주장으로 기용한다면 조군은 필패한다!" 했다. 후에 조괄이 주장으로 기용되어 장차 떠나려할 때, 그의 모친이 효성왕에게 상서하며 "조괄은 조군의 주장을 맡기에는 부족합니다!" 했다. 조괄이 장평 군중에 들어간 후, 과연 진국의 대장 백기白起에 의해 사살되었고, 40여만의 조군은 장평에서 투항한 후, 진군에 의해 모두 산 채로 갱살坑殺됐다. [장평대전長平大戰]

2 평원군平原君 이야기

전국시대 사공자중 한 사람인 평원군 조승趙勝은 조나라 무령왕의 아들이며 혜문왕의 막내 동생이다. 여러 공자 중에서 가장 어질고 빈객을 반겼다. 조승아래 모인 빈객들이 몇천 명에 이르렀다. 조승은 조나라 혜문왕과 효성왕 때 재상을 역임했는데, 재상을 세 번 그만두었다가 다시 세 번 재상의 지위에 올랐다. 조승의 집 높은 누각은 민가를 내려다보고 있었다. 민가에서 절름발이가 절룩거리며 물을 길어 나르는 모습을 조승의 애첩이 누각에서 지켜보다가 깔깔 웃었다. 다음날 절름발이는 조승의 집 대문 앞에 찾아왔다. "소인은 군께서 선비를 좋아한다고 들었사옵니다. 선비들이 수천 리를 멀다 않고 오는 이유는 군이 선비를 귀하게 여기고 첩을 천하게 여길 줄 알기 때문입니다. 소인은 다리를 절고 허리가 굽은 불구의 몸인데 군의 첩이 저를 비웃었사옵니다. 소인에게 그 첩의 머리를 주옵소서!" 하자 조승은 웃으며 그렇게 하겠다고 약속했다. 절름발이가 돌아가자 조승은 크게 웃으며 "한번 비웃었다는 이유만으로 내 애첩을 죽이라니 너무하는 거 아닌가!" 하며 애첩을 죽이지 않았다. 그러자 빈객들이 하나둘 떠나더니 1년 남짓이 안 되어 절반 정도밖에 남지 않았다. 조승은 까닭을 알 수 없어 남은 빈객들에게 물어보았다. "내가 여러분들을 대우할 때 예의를 잃은 적이 없소이다. 그런데 어째서 떠나는 사람들이 이리 많소이까!" 하자, 한 사람이 앞으로 나와 말하였다. "군께서 절름발이를 비웃은 자를 죽이지 않은 일을 기억하시는지요, 선비들은 군께서 여색은 밝히면서 선비는 천하게 여긴다고 생각해 떠난 것입니다." 하였다. 조승은 깜짝 놀라 절름발이를 비웃은 첩의 머리를 베어 절름발이에게 직접 건네주고 사과했다. 그러자 다시 선비들이 모여들기 시작했다. 이 무렵 제나라에서는 맹상군이, 위나라에서는 신릉군이, 초나라에서는 춘신군이 서로 경쟁하듯 선비들을 대접하고 있었다!

진秦나라가 조趙나라의 도읍인 한단을 포위하자, 조나라 효성왕은 조승에게 초나라에 가서 구원을 요청하라고 하였다. 조승은 빈객 중에서 20명을 가려 함께 가기로 하였는데 19명은 추려냈지만 나머지 한 명이 마땅치 않았다. 빈객중에 모수毛遂라는 사람이 있었다. 그가 앞으로 나서며 스스로를 추천했다. [모수자천毛遂自薦] "평원군께서는 이번 일을 빈객 20명과 함께 하기로 하고 외부에서는 사람을 구하지 않기로 하였다고 들었습니다. 그런데 한 명이 모자란다면서요? 저를 데려가시지요." 조승은 반신반의하며 물었다. "선생이 나를 찾아온 지 몇 년이나 되었습니까?" 하자 "오늘로 3년이 되었습니다." 하였다. 조승은 고개를 흔들며 "뛰어난 선비는 주머니 속에 있는 송곳과 같아서 아무리 숨기려 해도 뾰족한 끝이 삐져나오는 법이오. [낭중지추囊中之錐], [영탈이출穎脫而出] 지난 3년 동안 나는 선생을 칭찬하는 말을 들어 본 적이 없소. 아마도 선생에게 뛰어난 점이 없기 때문일 것이오. 선생은 그냥 여기 머물러 있으시오!" 했다. 모수는 빙긋이 웃으며 "저는 오늘에서야 평원군의 주머니에 들어가기를 청하는 것입니다. 저를 일찍부터 주머니에 들어가 있도록 하였다면 송곳 자루까지도 튀어나와 있었을 것입니다!" 하였다. 조승은 모수를 데리고 함께 떠나기로 했다. 나머지 19명은 뒤에서 모수를 비웃었다.

초나라에 도착한 조승은 초나라 고열왕과 당위에서 합종을 하려고 협상을 벌였다. 해가 뜰 때 시작된 협상이 한낮이 되도록 지지부진했다. 그러자 모수가 왼손에는 칼을 쥐고 오른손에는 칼자루를 잡은 채 당위로 재빨리 올라가 조승에게 물었다. "합종의 이로움과 해로움은 두 마디면 결정되는 것인데 한낮이 되도록 결정하지 못한 것은 무슨 까닭입니까!" 하자 고열왕이 버럭 소리를 지르며 "무엄하다! 어서 내려가지 못할까!" 했다. 모수는 칼을 만지작거리면서 고열왕에게 "왕께서 저를 꾸짖는 것은 초나라 병사들이 많다고 생각하시기 때문입니다. 그러나 지금 열 걸음 안에는 초나

이지 중국사

라 병사가 없사옵니다. 왕의 목숨은 제 손에 달린 것이지요. 왕께서는 진나라 군대가 도읍을 빼앗고 선왕들의 묘지를 불 지른 일을 벌써 잊으셨사옵니까! 그 일은 당사자가 아닌 조나라조차 수치스러워하고 있사옵니다. 그런데 왕께서는 어찌 수치스러움을 깨닫지 못하십니까! 진나라를 무찌르기 위한 합종은 초나라를 위한 것이지 조나라를 위한 것이 아니옵니다. 왕께서는 어찌 이를 모르시옵니까!" 하였다. 고열왕은 고개를 끄덕이며 "선생의 말이 백번 맞소, 합종하겠소!" 했다. 모수 덕분에 조승은 합종을 맺고 조나라로 돌아갔다. 그리고 모수를 상객으로 삼았다.

③제齊 나라

1 맹상군孟嘗君 이야기

맹상군은 제나라 위왕威王의 막내아들인 정곽군靖郭君 전영田嬰의 서자庶子로 태어났다. 본명은 전문田文이다. 정곽군 전영은 전기와 손빈을 천거할 정도로 안목이 좋았으나 정작 자기 아들인 맹상군 전문의 능력은 알아보지 못했다. 전문은 천출賤出이었는데 하필이면 5월 5일에 태어났다. 전영은 재수가 없다며 전문을 버리라고 명했으나, 전문의 어머니는 전문을 몰래 길렀다가 장성하자 아버지에게 데려갔다. 전영이 왜 안 버렸냐고 고함을 지르자 전문이 나서며 물었다. "설공薛公(설땅을 봉지封地로 받음)께옵서는 어째서 저를 버리려 하십니까!" 하자 "속설에 5월 5일에 태어난 아이는 문설주만큼 자라면 어버이를 죽인다고 하지 않더냐!" 하였다. 그러자 "사람 목숨은 하늘에서 받은 것입니까, 아니면 문설주에서 받은 것입니까, 사람 목숨이 하늘에서 받은 것이라면 걱정하실 필요가 없고, 문설주에서 받은 것이라면 문설주를 높이면 되지 않습니까!" 하자 전영은 대꾸하지 않았다. 자신의 패배를 스스로 인정한 것이다.

어느 날 전문은 전영에게 "현손玄孫의 현손은(곤손昆孫, 6대손) 무엇이냐?"고 질문해 전영이 모르겠다고 하자 누군지도 모르는 먼 후손에게 재산을 물려주느니 충신과 과부, 선비들에게 나눠주는 게 낫지 않느냐고 하였다. 이 말을 들은 전영은 전문을 높이 사 그에게 집안일을 돌보게 하고 빈객을 접대하는 일을 맡겼다. 사람들이 전영에게 전문을 후계자로 삼으라 권했고 전영은 이를 받아들인다. 한번은 맹상군이 자신의 봉지인 '설'에서 문객들과 식사했는데 사람들의 수가 너무 많았다. 비용이 충분치 못해 음식이 정성스럽지 못했다. 형편없는 음식을 먹던 어느 문객이 맛있게 식사하는 맹상군을 보고는 그가 혼자서 따로 맛있는 것을 챙겨서 먹는 것으로 여겨 화를 버럭 내며 말했다. "우리는 맹상군이 천하에 가장 어진 사람이라 생각했는데, 밥 먹는 것조차 차별을 둘 것이라 생각 못 했습니다. 우리 그만 일어납시다!" 하며 자리에서 일어나려고 했다. 이에 맹상군은 다른 사람들과 다르지 않은 자신의 밥그릇을 그에게 보여주었다. 그러자 그 문객은 부끄러운 나머지 칼을 뽑아 자결하고 말았다. 이때부터 맹상군의 명성은 더욱 커져 천하의 선비들이 그에게 몰려들기 시작했다. 맹상군은 문객들과 이야기를 나눌 땐 늘 서기를 뒤에 두고 적도록 하여 문객들의 경조사에 선물을 보냈다. 맹상군은 넓은 도량과 인정이 있어 귀천에 상관없이 먹고 입고 쓰는 것을 자신과 같게 했다. 맹상군의 명성이 날로 커지자 진 소양왕조차도 그를 부러워하는 한편 두려워하기까지 하였다. 이에 소양왕은 맹상군을 초빙했다. 맹상군이 진에 가려 하자 문객들 대부분은 함정에 빠질 수 있다며 반대했지만, 그는 충고를 듣지 않고 떠나려 했다. 얼마 후, 소진[41]이 밖에서 돌아와 맹상군을 알현하며 말했다. 오늘 아침 밖에서 돌아오는데, 토우인土偶人과 목우인木偶人이 서로 싸우는 소리를 들었습니다. 목우인이 토우인에게 "하늘에서 비가 오면 너는 젖어 부서져 진흙이 될 거야!"라고 하자 토우인이 "나는 어차피 흙에서 나왔다가 흙으로 돌아가면 그만이지만, 너는 나무로 만들어져 비가 오면 물에 쓸려 내려가 어디로 갈지 모를 거야!"라고 했습니다. 지금 진나라는 여섯 나라를 병탄하려고 혈안이 되어 있습니다. 공께서 진나라에 가서 돌아오지 못하신다면 토우인에게 조롱당한 목우인 꼴이 되고 말 겁니다!" 하였다. 이에 맹상군은 진으로 가려는 생각을 접었다.

이후 소양왕은 자신의 인질을 제나라 앞으로 보내 맹상군을 만나보게 했다. 그리고 그가 와서 진나라의 재상을 맡아 달라고 요청했다. 맹상군이 진나라에 도착하자 그를 잡아 가두어 죽여서 아예 후환을 제거하려 하였다. 그러자 맹상군이 사람을 시켜 당시 소양왕의 총희에게 자신이 풀려나오도록 도움을 구했다. 총희는 "당신이 가진 호백구(狐白裘, 흰 여우가죽으로 만든 외투)를 주세요!" 했다. 그러나 맹상군이 가져온 호백구는 이미 왕에게

---

41   소진蘇秦과 장의張儀는 본래 위魏나라 사람으로 합종合從과 연형連衡(연횡連橫)이라는 권모술수로 전국시대를 주름잡았던 책사이다. 소진은 귀곡자 문하에서 하산해 유세를 위해 여러 나라를 돌아다녔지만 알아주는 사람이 없었다. 이후 귀가해 두문불출하며 10여 개의 상자 속에서 태공망 여상의 [음부陰符] -사물의 조짐과 사람의 속마음을 헤아려 군주를 설득하는 비술- 를 완전히 체득해 결국, 6국의 종약장從約長(지금의 유럽연합의 사무총장 정도)을 지낸다. 처음에 거지꼴로 귀향한 그를 형제, 형수마저도 무시, 홀대하다가 이후 귀하신 몸이 되자 땅바닥에 엎드려 고개를 들지 못하는 그를 보며 빈천하면 경시하다가 부귀할땐 경외하는 인간사의 염량세태를 본다. ~영위계구寧爲鷄口, 무위우후無爲牛後, (계구우후鷄口牛後), 소의 꼬리가 되기보다 차라리 닭 대가리가 되어라!~ 장의도 초나라를 여행하다 초나라 재상에게 모욕당하며 만신창이가 된 몸으로 돌아온다. 자신의 부인에게 "나의 혀가 붙어 있는지 보라!"며 두문불출, 절치부심한다. 이후 소진이 자신의 친구이자 경쟁자인 장의를 고의로 자극해 그를 진秦나라로 향하게 하며 소진과 장의의 합종과 연횡이 화려하게 펼쳐진다.

주었기에 다른 호백구는 없었다. 이때 그의 문객 중에 개를 전문적으로 훔 쳤던 개 도둑이 몰래 궁실의 수장고에 들어가 이 호백구를 훔쳐내 왕의 총 희에게 주었다. 총희가 소왕의 면전에서 맹상군을 변호하기 시작하자 왕 은 곧 맹상군을 석방했다. 맹상군은 풀려나자마자 바로 진나라의 도성 함 양을 떠나 이름을 바꾸고 한달음에 달아나, 한밤중에 함곡관函谷關에 이르 렀다. 진나라의 법 규정에 따르면 새벽에 닭이 울어야 비로소 문을 열어 줄 수 있었다. 맹상군은 소왕이 후회하고 추격병을 보내면 그가 체포될 수 있다고 근심하고 있었다. 이때 그의 문객 중에 닭 울음소리를 잘 흉내 내 는 자가 울음소리를 내자 부근의 모든 닭들이 일제히 따라 울기 시작했다. **[계명구도**鷄鳴狗盜**]** 마침내 통관 문서가 나왔고 곧 함곡관을 빠져나갔다. 한 식경食頃쯤 지나자 과연 진나라의 추격병이 함곡관에 나타났다. 그러나 맹상군을 쫓을 수는 없었다.

맹상군이 제나라로 도망쳐 돌아오자, 제왕은 매우 기뻐하며 그를 재상 으로 세웠다. 맹상군이 실권을 장악하자 문객의 숫자도 점점 많아졌다. 수 가 많아져 다 먹여 살리기가 어렵게 되자 등급을 나누었다. 1등급은 생선 과 육류로 된 식사를 제공받고, 외출할 땐 마차를 부릴 수도 있었다. 2등 급은 생선이나 육류는 제공됐지만 마차는 탈 수 없었다. 3등급은 마차는 당연히 제공되지 않았으며 음식도 변변치 않았다. 3등급의 문객 중 '풍환 馮驩[42]이라는 사람이 있었다. 풍환이 맹상군의 식객으로 머문 지 일 년이 지났을 때, 맹상군은 자신의 고향 땅인 설에 1만 호의 식읍食邑을 가지고 있었다. 맹상군은 3천여 명의 식객을 데리고 있었기 때문에 봉토에서 거 둬드리는 세금으로는 이들을 대접하기에 턱없이 부족했다. 그래서 맹상군은 식읍 주민들에게 돈을 빌려주고 이자를 받는 등의 대부업을 운영하고 있었는데, 주민들이 돈을 갚지 않자, 누군가를 내려보내 돈을 거둬드리려 했다. 마침, 풍환이 생각나 불러 물었다. "선생은 무얼 잘하시오!" 하자 세금을 거둬들이려는 것을 안 풍환이 "장부 정리를 할 줄 압니다. 세금을 거두면 무엇을 사서 돌아올까요!" 하였다. 그러자 맹상군은 약간 건방지다고 느끼며 "선생이 우리 집안에 무엇이 부족한지 알아서 사 오도록 하시오!" 했다. 설땅에 도착한 풍환은 채무자들을 모두 찾아 만나 상세히 조사하고 나서 상환이 가능한 것과, 불가능한 것들을 나눴다. 그리고 "맹상군은 백성을 자식과 같이 사랑하는데 어떻게 여러분들에게 고리대금업을 할 수 있겠습니까! 상환 능력이 되는 분들은 천천히 갚으시고, 능력이 되지 않는 분들의 채무증서는 이렇게 태워 버릴 테니 안심하시고 생업에 종사하십시오!" 하며 모두 보는 앞에서 증서를 태워 버렸다. 당연히 백성들은 감격의 눈물을 흘렸으며 빈손으로 돌아온 풍환을 본 맹상군은 "선생은 나를 대신해 무엇을 사 오셨소!" 하고 물었다. 그러자 풍환이 침착하게 "공께서는 제

---

42 풍환은 본래 가진 것이 없는 거지 출신으로, 맹상군이 식객을 모집한다는 이야기를 듣고는 먼 길을 짚신 한 짝만 신고 찾아온다. 맹상군이 그에게 "선생은 먼 길을 오셨는데, 저에게 무엇을 가르쳐줄 수 있으십니까!"라고 묻자 "특별한 재주는 없으나, 공이 선비를 잘 돌봐준다고 하니 이 한 몸 의탁하러 왔습니다!"라며 답한다. 그 당시 맹상군은 식객을 세 분류로 나누어 머물게 하며 관리하고 있었다. 맹상군은 그를 식객으로 받아들이고, 식객이 머무는 곳 중 가장 낮고 별 특기가 없는 하객만 머무는 전사傳舍에 풍환을 머물게 한다. 하루는 맹상군이 풍환이 어떻게 지내고 있나 궁금해 전사를 담당하는 자에게 물어보니, 그가 검劍을 두드리며 "장검아, 장검아, 돌아가자! 반찬에 생선이 없어 먹을 게 없구나!"라고 노래를 부르며 불평한다는 소식을 듣는다. 그래서 맹상군을 풍환을 중객이 머무는 행사幸舍로 옮기게 한다. 며칠이 지나고 어느 날, 풍환은 다시 노래하기 시작했다. "장검아, 장검아, 돌아가자! 문을 나서려 해도 수레가 없구나!" 맹상군은 또 그 즉시 식객들 중 가장 높은 상객들이 머무는 대사代舍로 그를 옮기고 다른 식객과 동일하게 수레를 내어준다. 하지만 풍환은 멈추지 않고 또 "장검아, 장검! 우리 집을 부양할 돈이 없구나!"라며 불평했다. 맹상군은 그의 태도가 매우 언짢았으나, 그의 집에 어머니가 있다는 것을 알고 돈까지 내어준다. 이후 풍환은 더 이상 검집을 두드리며 노래를 부르지 않았다고 한다.

게 집안에 무엇이 부족한지 보고 사 오라고 하셨습니다. 제가 보기에 집안에는 부족한 것이 없지만 단지 '의義'가 부족한 것 같아 공을 대신해 '의'를 사서 돌아왔습니다. 이어서 갚을 수 있는 빚은 자연히 갚게 되는 것이고 갚을 수 없는 빚은 사람들을 괴롭히고 그들을 달아나게 할 뿐입니다. 공께서는 어떻게 할 것입니까!" 하였다.

이후 맹상군의 명성이 날로 퍼져나가자 어리석은 제나라 민왕은 초나라와 진나라가 계획적으로 민왕과 맹상군 사이를 이간질하려는 헛소문에 넘어갔다. 맹상군이 높은 공을 세워 본인에게 위협이 될 것을 두려워해 바로 맹상군을 직무에서 면직시켰다. 그러자 맹상군의 휘하에 있던 식객들이 모두 하나같이 줄줄이 맹상군의 곁을 떠나 흩어지며 인정냉온人情冷暖, 염량세태炎涼世態를 보였다. 하지만 풍환만은 그의 곁에 남아 전심전력으로 맹상군을 보필했다.

맹상군은 의기소침한 채로 자신의 봉지인 '설' 땅으로 돌아갔다. 백성들은 맹상군이 왔다는 소식에 연도沿道에 나와 환영해 주었고 술과 안주를 가지고 나와 연호했다. 맹상군이 크게 감동하며 풍환에게 "이것이 바로 선생이 사 온 '의'군요, 내게는 결국 거처할 곳이 생긴 셈입니다!" 하자 그는 "이것은 아무것도 아닙니다, 교활한 토끼는 세 개의 굴을 파 놓는다[교토삼굴狡兔三窟], [풍환삼굴馮驩三窟]는 속담처럼 공께서는 지금은 거처할 곳이 한 곳뿐이지만 아직 많이 부족합니다. 제게 마차를 내주시면 진나라에 가서 공을 중용하도록 유세하겠습니다. 그러면 공은 진의 도성인 함양, 제의 도성인 임치臨淄가 모두 공의 거주처가 될 것입니다!" 하였다.

④진秦 나라

❶ 효공孝公 이야기

진나라의 선조는 본래 전욱顓頊의 후예後裔이다. 전욱의 후예 중에 대업大業이라 불리는 사람이 있었다. 그의 아들 백익伯益이 대우大禹때에 치수의 공로로 순제舜帝에 의해 영嬴이란 성을 받았다. 시간이 흘러 "여희의 난" 때, 당시 강국이었던 진晉나라 태자 신생의 누이를 부인으로 받아들인 목공에 이르렀다. 목공은 영토를 넓혀 나라를 부강하게 했지만, 아직 패후는 되지 못했다.

효공孝公때에 이르러, 황하와 효산崤山 동쪽에 강국이 6국, 약소국이 10여 국, 있었다. 모두 이적夷狄을 대하는 것과 같이 진국을 대해 장차 진국이 각국의 제후들과의 회맹에서 제외될 것 같았다. 이에 효공이 영을 내려 "빈객이나 군신중에 유능하고 기이한 계책을 내어 진국을 강성하게 하는 자에게는 내가 장차 그에게 존귀한 작위도 주고 분토分土도 하여 그와 함께 진국을 다스리고자 한다!" 했다. 이때 위나라 사람 공손앙(公孫鞅, 위앙衛鞅, 상앙商鞅)이 진나라에 들어와 효공의 총신 경감景監을 통해 효공을 만나길 청했다. 효공을 만나자 차례차례 유가儒家의 덕치德治, 도가道家의 무위지치無爲之治, 법가法家의 법치法治, 병가兵家의 역치力治 등 제도帝道와 왕도王道의 법칙을 이야기하고, 이어 이회李悝나 오기吳起의 변법變法을 패도覇道로 삼아 최후엔 강국에 이르는 술책까지 이야기했다. 효공이 듣고 매우 좋아하며 변법을 실행하려고 했으나 다만 나라 안에 반대 의견을 두려워했다. 그러자 공손앙이 "일반 백성들을 너무 깊고 멀리까지 생각하게 만들어

우려를 자아내게 할 필요가 없으며 오로지 결과를 즐기도록 하면 됩니다!"
했다. 곧, 효공이 최종적으로 변법을 결정했다.

공손앙의 신법新法에 규정하길 "전국의 백성들의 호적 편제를 5가家를 오伍로, 10가를 십什으로 하여 서로 감독하게 만들었다. 만약 한 집이 죄를 범하면 십오什伍 안에서 연대해서 처벌했다. 간악한 자를 알리지 않을 때는 요절의 형에 처했다. 간악한 자를 고발하면 적을 참한 것과 같은 상을 주었고, 간악한 자를 숨겨준 자에게는 적에게 투항한 자와 같은 벌을 주었다. 전쟁에서 공을 세운 자에게는 기준에 따라서 포상했고 사사로운 이유로 싸운 자에게는 각자의 경중에 따라 크고 작은형에 처했다. 모두 합심하여 농업에 힘쓰게 하고 수확이 많은 자에게는 그의 부역을 면제해 주었다. 공상에 종사하며 고리를 취하는 자와 게으름으로 인해 가난한 자에게는 전 가족을 관부에서 거두어 노예에 충당한다!" 했다. 신법이 벌써 갖추어졌지만, 아직 공포되지 않았다. 하지만 공손앙은 먼저 도성의 시장 남문에 길이가 석 자 정도의 나무를 세워두고 누군가 장차 이 나무를 북문으로 옮겨 놓는 자에게는 십금十金의 현상금을 준다고 내 걸었다. 백성들이 모두 의아하게 여기고 감히 옮기는 자가 없었다. 다시 공손앙이 "누가 이 나무를 북문으로 옮겨 놓으면 오십금五十金을 주겠다!" 했다. 그러자 어떤 사람이 이 나무를 북문으로 옮겼다. 공손앙은 즉각 오십 금을 그에게 주었다. [사목지신徙木之信] 그렇게 백성들이 관부를 믿게 한 다음 공손앙은 비로소 신법을 반포했다.

태자가 신법에 저촉되는 일을 범하자 공손앙이 "법령이 시행되어 내려

이지 중국사

가지 않는 이유는 바로 국가의 상층부에서 누누이 법을 시험에 들게 하기 때문이다. 장차 나라를 이어 나갈 태자에게 형을 가할 수는 없으니, 그의 우부右傅 공자건公子虔에게 의형劓刑[43]을 가하고 좌부左傅 공손가公孫賈에게 는 경형黥刑을 가하라!" 했다. 이후부터 진나라에서는 상하 모두, 신법이 엄히 지켜졌다. 신법이 추진된 지 10년 후, 진나라의 경내에는 길에 유실된 물건이 있어도 줍는 사람이 아무도 없었고[도불습유道不拾遺], 산에도 숨어 있는 도적이 없었다. 집집마다 의식이 여유로웠고 사람들 모두 생활이 풍족했으며[가급인족家給人足] 백성들은 전쟁에 종사해서는 용감했으나 향리에서의 사사로운 다툼은 두려워했다. 이에 향읍이 크게 다스려졌다. 처음에 신법을 불편하다고 말했던 사람들도 이제는 "신법이 편하다!" 말했다. 공손앙은 "편, 불편을 이야기하는 사람들 모두를 법치를 어지럽히는 백성이다!" 하며 그들을 변방으로 보내 징계를 표했다. 이후부터 진나라에서는 다시 멋대로 신법을 논하는 사람이 없었다. 정전제丁田制를 폐지하고 큰 힘을 들여 황무지를 개간하고 새로운 부세법을 시행했다. 진나라는 점점 부강해졌다. 효공은 상商의 땅 15개의 읍성을 공손앙에게 주었다. 이 때문에 '상군商君' 또는 '상앙'이라 불리게 되었다.

효공이 죽고 혜문왕이 즉위했다. 공자 건虔 등의 무리들이 상앙이 모반을 꾀한다고 고발하자 상앙은 밖으로 나와 달아났다. 도중에 휴식을 취할 생각으로 어느 객점에 잠시 머물렀다. 객점 주인이 "상군의 신법에 신분

---

43   고대중국의 형벌 종류: 의형劓刑: 코를 베는 형벌. 묵형墨刑(경형黥刑,자자형刺字刑) : 이마나 뺨에 문신해 죄명을 새기는 형벌. 궁형宮刑: 생식기를 제거하는 형벌. 월형刖刑(빈형臏刑): 발꿈치나 슬개골膝蓋骨(복사뼈 위)을 도려내는 형벌. 사형死刑(대벽大辟)대개 이 다섯 가지를 주로 사용했다.

증이 없는 사람을 여관에 들일 수 없습니다, 만약 재워주면 주인과 손님이 함께 처벌받습니다!" 했다. 상앙이 탄식하며 "법령을 엄히 시행한 폐단이 마침내 이 지경까지 이르렀구나!" 했다.[44] 상앙이 위魏나라로 달아났으나 위나라는 그를 받아주지 않고 도리어 그를 진나라로 돌려보내 거열형車裂刑[45]에 처하게 했다. 상앙의 신법은 너무 가혹해 토지를 측량할 때 한 걸음이라도 규정한 여섯 자를 넘어가면 징벌했으며, 길에 재를 버린 자도 형을 받았다. 상앙이 일찍이 위수渭水가에서 범죄의 처결을 정하는 문제를 논했는데 죄를 짓고 죽어 위수에 버려진 자들의 피로 위수가 모두 붉은색으로 변했었다.

혜문왕이 죽고 그의 아들 무왕武王이 즉위했다. 무왕은 감무甘茂로 하여금 한韓나라의 의양宜陽을 정벌하게 했다. 그러자 감무가 "의양은 큰 현縣이나 실제는 군郡의 실력을 가지고 있습니다. 예컨대 지금 우리들이 스스로 유리한 지세를 내팽개치고 천리를 행군해 다른 나라를 공격하러 간다면 이것은 어려운데 어려움을 더하는 꼴이 됩니다. 노魯나라에 증삼曾參과 동성동명同姓同名인 살인자가 있었는데 어떤 사람이 증삼의 모친에게 증삼이 살인을 했다고 알렸습니다.[46] 그러나 증삼의 모친은 믿지 않으며 도리어 마음이 흔들리지 않고 의연하게 계속 베를 짜고 있었습니다. 세 사람이 증삼의 모친에게 알릴 때까지 기다린 후에야 비로소 증삼의 모친은 즉

44   작법자폐作法自斃, 자승자박自繩自縛, 자굴분묘自掘墳墓, 자업자득自業自得
45   거열형: 팔과 다리를 각각 다른 수레에 매고 수레를 끌어서 죄인을 찢어서 죽이는 형벌.
      능지처참陵遲處斬: 짊을 실은 소가 언덕을 올라가듯 최대한 천천히 고통을 주며 죽이는 형벌로 일부는 살찜의 일부분을 포를 뜨며 천천히 도륙屠戮하다 결국 거열형으로 끝낸다.
      책형磔刑(磔殺): 사지를 찢어 죽이는 형벌, 일종의 능지처참.

시 짜던 베틀의 북을 버리고 담을 넘어 달아났습니다. 저의 현능함을 증삼에 비할 수는 없습니다만 대왕께서 저에 대한 믿음 역시 증삼의 모친이 증삼을 믿음에 비할 수는 없을 것입니다. 게다가 조정에 저를 회의하는 사람 또한 결코 삼인三人에 그치지 않을 것입니다. 신이 두려워하는 것은 대왕께서도 때가 되면 북을 던질 수 있지 않을까 하는 것뿐입니다. 또 위문후魏文侯가 장군 악양樂羊에게 중산中山을 토벌하도록 명한 지 3년 후에야 겨우 그곳을 함락했습니다. 그가 돌아와 공로를 조사해 상을 줄 때, 위문후가 그를 비방한 서신 한 상자를 그에게 보여주었습니다. 그러자 악양이 재배하고 말하길 '중산을 토벌한 것은 결코 신의 공이 아니옵고 오직 대왕의 공입니다!'했습니다. 예컨대 지금에 저는 각기 타향에서 온 떠돌이 신하에 불과할 뿐입니다. [기려지신羈旅之臣] 저리자樗里子나 공손석公孫奭이 한국을 끼고 신을 농락하면 대왕께서는 반드시 그들의 말을 믿을 것입니다!" 하였다. 무왕은 "과인은 듣지 않을 것이다!" 하며 곧 감무와 함께 식양息壤에서 맹서를 적었다.

---

46 증삼살인曾參殺人, 삼인성호三人成虎: 증삼曾參(증자曾子)의 자字는 자여子輿이다. 부친은 증점曾點(자字,석晳)으로 역시 공자의 제자였다. 지극한 효자로 멀리 있어도 모친이 전하는 바를 가슴으로 느낄 수 있었다고 하며 교지통심(嚙指痛心: 손가락을 깨무니 가슴에 통증을 느낌)의 주인공으로 알려져 있다. 그래서『이십사효二十四孝: 중국 고대 24명의 효자 이야기』중에 맨 처음 등장한다. 증삼은 항상 "오일삼성오신吾日三省吾身: 나는 하루에 세 번, 자신의 행위를 돌이켜 본다."는 수신修身에 치중하며 노력했다.
   *증자살저曾子殺猪: 옛날 증삼의 아내가 시장에 갔을 때, 따라 온 딸이 울음을 터뜨려 시장을 온통 시끄럽게 했다. 증삼의 아내가 다급한 나머지 딸에게 "먼저 집에 가 있으면 엄마가 돼지를 잡아줄게!" 하였다. 얼마 후, 아내가 시장에서 돌아오니 증삼이 돼지를 잡을 채비를 하고 있었다. 아내가 깜짝 놀라 "애한테 농담으로 한 말인데 진짜 돼지를 잡으려고요!" 하자 증삼이 "아이한테 되는 대로 농담을 해서는 안 되오. 아이들은 아는 게 없으니 부모님의 가르침을 받아야 하오. 그러니 당신이 아이에게 거짓말을 하면 아이가 그 거짓말을 배울 게 아니겠소, 또한 당신이 아이를 속이면 아이는 더 이상 당신을 믿지 않을걸요!" 했다. 천진무구天眞無垢한 아이들의 마음은 깨끗한 흰 도화지 같아 어떤 색을 칠하든 아주 쉽게, 깊이 스며든다. 시간이 지나 다른 의견이 생겨 색을 지우려 하지만 흔적을 완벽히 없애긴 어렵다. 그만큼 어릴 때의 교육과 견문은 일평생을 좌우하는 중요한 일이다.

감무가 군대를 통솔해 의양을 토벌했으나 5개월이 지나도 아직 함락시키지 못했다. 그러자 저리자와 공손석, 이 두 사람이 마침내 무왕을 향해 진언하자 무왕이 감무를 의양으로부터 철병하도록 소환할 생각을 했다. 감무가 "식양의 맹서는 어디에 있습니까!" 하며 일깨우자, 무왕이 깜짝 놀라며 확 깨닫고 "식양은 저기에 있소!" 하였다. 무왕은 이에 전 병력이 감무를 도우도록 해 결국 의양을 함락했다. 무왕은 힘이 세고 싸움을 좋아해 역사力士 임비任鄙, 오획烏獲, 맹열孟說 등도 모두 대관大官을 했다. 무왕과 맹열이 솥을 드는 시합을 벌이다가 솥에 깔려 기절하여 죽자, 그의 동생 소양왕 영직嬴稷이 즉위했다.

위魏나라 사람 범수范睢가 일찍이 수가須賈를 따라 제齊나라에 출장한 적이 있었다. 제왕이 그의 언변이 아주 능하다는 것을 알고 그에게 황금과 소고기 그리고 미주美酒를 주었다. 수가는 범수가 몰래 위국의 비밀스러운 일을 제국에게 알렸다고 의심해 돌아간 다음 바로 위국의 재상 위제魏齊에게 고발했다. 위제가 듣고 대로해 시비곡직是非曲直을 가리지 않고 태형笞刑(매로 볼기를 치는 형벌)을 가해 그의 늑골과 치아전부를 부러트렸다. 범수가 죽은 척하자 위제가 멍석으로 그를 말아 측간에 내버려두도록 했다. 취객들로 하여금 방치한 범수의 몸에 오줌을 누도록 해 그를 징벌코자 한 것이었다. 나중에 범수가 측간을 지키는 수위에게 애원하며 매달려 겨우 탈출할 수 있었다. 이후 그는 성명도 장록張祿으로 바꾸었다.

진秦나라의 사자 왕계王稽가 위나라에 출장해 현재를 찾던 중, 범수를 발견했다. 이에 몰래몰래 그를 수레에 태워 진국으로 돌아와 소양왕에게 천거했다. 소양왕이 범수를 '객경客卿[47]'에 임명했다. 범수는 곧 소양왕에게 멀리 떨어져 있는 나라와는 서로 교린을 하고, 가까이 있는 나라부터 차례로 공략해 나가는 외교 술책[원교근공遠交近攻]을 제시했다. 당시 양후穰侯 위염魏冉이 재상을 맡아 조정을 총괄하고 있었다. 범수가 소양왕에게 위염을 내치고 왕권을 강화하도록 권하자, 소양왕은 마침내 양후를 내치고 범수를 재상에 임명해 '응후應侯'라 불렀다.

위국이 수가를 진나라에 출장하게 했다. 범수가 다 헤진 옛날 옷을 입고 좁은 소로에서 수가를 만났다. 수가가 범수를 보자 깜짝 놀라며 "범숙范叔은 진실로 별 탈 없었는가!" 했다. 범수와 식사하며 "범숙은 늘 이렇게 초라한가!"라며 두꺼운 비단으로 만든 도포를 그에게 주었다. 식사를 마치자, 범수는 곧 수가의 마차를 몰아 상부相府로 향했다. 상부에 도착하자 범수가 "제가 먼저 들어가 상군(相君, 재상)에게 통보하겠습니다!" 하며 들어갔다. 수가가 한참을 기다려도 범수가 나오지 않자 상부문의 수위에게 물었다. 수위가 "여기엔 범수는 없고 방금 들어간 사람은 바로 우리나라의 재상 장군張君입니다!" 했다. 수가가 비로소 자신이 속은 줄 알고 바로 꿇어앉아 상부의 범수를 향해 사죄했다. 범수가 위에 앉아 수가에게 "네가 아직도 죽지 않고 살아 있는 이유는 오직 네가 옛정을 생각해 나에게 비단 도포를 보내주었기 때문이다. 이제 우리 사이엔 오로지 친구의 의미만 있을 뿐이다!"며 욕했다. 이어 연회석으로 옮겨 제후국의 손님들을 청했다. 범수는 말 여물용 콩을 남아둔 동이를 수가 앞에 놓아두게 해 수가가 말처

---

47   타국에서 들어와 경상卿相의 위치에 있는 사람

럼 먹도록 했다. 아울러 위국으로 돌아가거든 위왕에게 "속히 위제의 머리를 베어 올려라, 그렇지 않으면 대량(大梁, 수도)을 도륙하겠다!"라고 보고하도록 했다. 수가가 돌아가 위제에게 보고하자 어쩔 수 없이 위국을 떠난 그는 나라 밖에서 떠돌다 마침내 자살했다. 범수는 진국에서 뜻을 얻은 다음, 밥 한 숟가락 얻어먹은 은덕이라도 반드시 갚았으며, 눈 한번 흘긴 것 같은 아주 사소한 원한이라도 반드시 보복했다.

진소양왕이 훙거하고 아들 효문왕 영주嬴柱가 즉위했으나 제위 삼일 만에 죽자 그의 아들 장양왕莊襄王 영자초嬴子楚가 즉위했다. 장양왕이 죽은 후, 왕위를 계승한 것은 바로 영정嬴政[48]이었다. 영정은 마침내 여섯 나라를 병탄하고 진시황제秦始皇帝라 칭했다. 13세에 황제로 즉위해 39세에 천하를 통일하고 50세에 서거한다.

---

48   영정 : 정월正月에 태어났다. 때문에 피휘避諱하여 '정월正月'로 바꾸었다. 영정嬴政→正(진시황秦始皇), 괴철蒯徹→괴통蒯通(徹→通, 한무제漢武帝유철劉徹), 연개소문淵蓋蘇文→천개소문泉蓋蘇文(淵→泉, 당태종唐太宗이연李淵), 대구大丘→대구大邱(丘→邱, 공구孔丘, 공자孔子)

3장

진·한 시대

: 통일 제국의 탄생과 문화의 정립

—

BC221~AD220, 약 440년

EASY CHINA HISTORY

中國史

중국사는 기본적으로 흑해 북쪽에서부터 서 만주까지 이어지는 초원벨트의 유목민족과 황하 및 양자강 유역으로 이루어진 한족 중심의 정주민족 간의 정복과 방어, 교류와 갈등이 지속된 어느 일방의 역사가 아닌 반쪽의 역사이다. 유목민들은 목축으로, 정주민들은 농경으로 삶을 꾸려간다. 하지만 상대를 대하는 시각은 서로에게 야만인 또는 미개인이라 멸시하며 상대의 삶의 방식이 자신들 삶의 방식보다 원시적인 것으로 생각했다. 그렇지만 단순히 대립과 멸시로 끝난 것이 아니라 상호의존적인 관계로 발전하며 중국사의 중요한 축을 형성하였다.

　유목민족의 기원은 기원전 약 4,000년 전으로 처음 말의 아래턱 치열 사이의 틈새에 고리를 끼워(재갈) 말을 통제하는 순화馴化를 시작한다. 처음 가축화된 말들은 화물 운반용으로 부리나가 약 2,500년 전부터 안상을 얹히고, 나중엔 등자(鐙子:승마 시 발 받침)를 올리며 이륜마차가 등장한다. 이후 승마 전투용으로 발전해 정복 전쟁의 획기적인 변화가 시작된다. 최초의 유목집단은 인도 이란계 민족인 '스키타이'로 아랄해 북쪽, 도나우강, 흑해 북쪽, 헝가리, 우크라이나 평원 곡창지대에서 시작되었고, 유라시아 동쪽엔 '흉노匈奴'가 자리 잡았다. 특히 기마와 활의 접목은 결정적인 것으로(전투기에서 기관총을 발사하는 격) 흑해 북쪽의 우크라이나를 시발로 기원전 3세기 무렵, 동쪽으로 전해져 흉노가 강성해진 배경이 되었다. 그러나 이 기술의 약점은 말에서 내리는 것에 있었다. 그 때문에 정주민족들은 차폐시설인 장성을 쌓는다. 오늘날 우리들이 보는 만리장성은 진한시대의 것이 아니고 초원 기마민족인 '원元'을 무너뜨리고 한족 왕조를 부활시킨 명나라 때 장성을 다시 굳건히 재건한 것으로 단순 비교는 어렵다.

흉노는 스키타이보다 약 300년 늦은 기원전 318년에 처음으로 『사기』에 등장해 진시황이 전국을 통일할 무렵부터 강성하기 시작한다. 이후 '평성平城의 치恥'로 '형제지맹'을 맺어 한고조 유방의 조공을 받으며 최고의 전성기를 구가했지만 약 70년이 지나 한무제가 정복전쟁을 시작하며 무너지기 시작한다. 시간이 지나 동한이 멸망하자 서진 정권이 들어서고 진혜제晉惠帝 사마충司馬衷 원년(304년)에 남흉노南匈奴 어부라선우於扶羅單于의 손자이자 유표劉豹의 아들 유연劉淵이 '한왕漢王'이라 자칭하며 등장한다. 이어 '팔왕八王의 난'으로 중원은 흔들렸고 '영가永嘉의 난亂'으로 서진은 멸망한다. 이후 선비鮮卑가 남만주南滿洲와 몽골蒙古 초원에 출현하며 북방의 지배력을 확장한다.

1. 진秦 나라 : 굵고 짧게, 이사의 착각

　통일된 진나라(BC221~BC206, 15년)는 우선 주나라가 무너진 근본적인 원인을 봉건제에서 찾았다. 봉건제는 종실인 주 왕실의 친인척 정도와 공훈의 유무에 따라 분봉해 주는 제도로 마치 뭇 별들이 북극성을 향하듯 주 왕실을 중심으로 일사불란하게 모든 관계가 이루어진다. 하지만 시간이 지나며 제후들이 서로 다투어도 왕실의 영令이 서지 않으며 통제할 수 없는 지경이 된다. 이에 전국을 36개 군과 현으로 나눠 중앙에서 관리를 파견해 직접 황실이 통제하는 군현제郡縣制만이 정권을 영속할 수 있다고 보았다. 오행설에 근거해 검은색을 대표색으로 정했다. 따라서 의복이나 깃발도 검은색을 가장 숭상했으며 일반 백성들을 검수黔首(머리에 아무것도 쓰지 않은 맨머리라는 의미)라 불렀다. 또한 천하가 통일된 마당에 화폐와 도량형을 통일해 길이나 부피의 차이에서 벌어지는 왜곡을 해소하고, 수도 및 전국의 수레바퀴의 폭을 동일하게(거동궤車同軌)[49], 천하의 문자도 동일하게(서

49　궤軌=법도法度: 중앙집권 관료제의 필수항목으로 불궤不軌는 모반이자 패륜悖倫을 의미한다.

동문書同文) 통일해 상호 곡해하지 않도록 했다. 진나라의 기본적인 기강을 잡은 핵심 인물은 이사李斯라 할 수 있으며 최종적으로 그의 계책을 채택해 천하를 병탄했다.

1) 진시황秦始皇 이야기 : 냉혈한冷血漢의 워커홀릭

진시황제 영정은 본래 한단邯鄲에서 태어났다. 소양왕 재위 시에 효문왕孝文王 영주嬴柱가 태자였고 그의 하나뿐인 서자 이인異人(영자초嬴子楚)는 조趙나라에서 인질로 있었다. 이때 양적陽翟 지방의 대상大商 여불위呂不韋가 마침 조나라에서 이인을 보고 "이것은 희귀한 상품이다, 사 놓고 증식될 때까지 기다릴 필요가 있겠다!"[50] 생각했다. 그는 평소에 기회를 찾아 큰일을 해보고 싶었지만, 늘 고생만 하고 성사되는 일이 없었다. 마침 그를 보자 하늘이 내려준 기회로 이 진귀한 보물을 사두면 나중에 큰일을 도모하는 데 유용할 거로 생각해 만약에 성공하면 나라를 사는 것이고, 실패해도 손해 볼 것은 없다고 여겼다. 집에 돌아온 후, 장사 경험이 풍부한 부친에게 조언을 구하기 위해 몇 가지 물었다. "아버님! 땅을 개간하면 몇 배의 이익을 얻을 수 있습니까!", '10배', "보석 장사를 하면 몇 배의 이익을 얻을 수 있습니까!", '100배', "그럼 군주를 세우고 나라를 평정한다면 몇 배의 이익을 얻을 수 있겠습니까!" 하자 "그건 말할 수 없다!" 하였다. 이인을 설득한 후, 여불위가 그에게 "진나라 소양왕이 나이가 많으니 그의 자리는 바로 당신 부친인 안국군安國君에게 돌아갈 것입니다. 당신의 부친이 즉위하

---

50   기화가거奇貨可居, 농단壟斷

면 태자를 세워야 하는데 부친이 가장 총애하는 화양華陽 부인에게는 아들이 없습니다. 지금 당신의 형제는 20명이나 되고 당신은 서얼로 승계 순위가 멀지만[51] 당신이 화양부인에게 효도하면 태자가 될 수 있습니다!" 하자이인이 "내가 지금 이국 타향에서 죽지 않고 살아 돌아가기만 하면 만족하오!" 하였다. 곧 진 나라로 가 태자 영주의 비인 화양 부인의 언니를 통해 영자초가 진나라의 왕위를 이어받을 수 있도록 화양 부인을 설득했다. (이때, 화양 부인은 초나라 사람이기 때문에 이인의 이름을 자초子楚로 바꾸었다)

소문에 "여불위가 자신을 받아들여 이미 임신한 한단邯鄲의 미희美姬(조희趙姬)를 영자초에게 주었고, 나중에 그녀가 영정을 낳았다!"는 것이다. 그렇다면 영정은 실재로는 여씨의 후손이다. 진나라 소양왕이 즉위한 지 56년 만에 죽자 안국군 영주(효문왕)가 계위했다. 그도 즉위한 지 1년 만에 병사하자 태자인 자초가 왕위(장양왕)를 이었다. 황후는 화양 부인이다. 장양왕도 즉위 3년 만에 죽자 당시 13살이던 영정이 진왕이 되고 그의 모친은 태후가 되었다. 자연스럽게 정치는 그의 친모인 태후(조희)와 여불위에게 맡겨졌다. 여불위는 장양왕때에 이미 상국이 되었고, 진왕 영정이 즉위한후에는 문신후文信侯에 봉해졌다. 그는 춘추시대 사공자처럼 삼천 명의 식객을 거느리고 『여씨춘추呂氏春秋』라는 일종의 백과사전을 편찬해 누구라도 잘못된 글자 하나라도 찾아낸다면 천금을 포상하겠다는 방을 내걸 만큼 그의 재력과 권세는 가히 천하를 호령하고도 남았다.

---

51   그는 안국군의 많은 비빈 중 가장 냉대를 받던 하희夏姬의 아들로 20여 명의 아들 중 승계순위가 멀었다.

태후가 또 여불위와 사통私通을 시작했다. 진왕 영정의 나이가 점점 들어가며 여불위와 태후와의 관계를 알아차리게 되자 여불위는 자살했다.[52] 이후 진왕은 태후를 폐위해 별궁에 유치했으나 객경 모초茅焦의 죽음을 무릅쓴 간언으로 진왕과 그의 모친은 다시 화해해 처음과 같이 회복되었다.

이사는 초楚나라 상채上蔡출신으로 젊은 날 초나라에서 벼슬했다. 어느 날 화장실에 갔던 이사는 불결한 것을 먹으면서도 개나 사람이 가까이 가면 놀라 달아나는 뒷간 쥐에 반해 식량창고 속에 쥐들은 큰 지붕 아래에 쌓아놓은 곡식더미 가운데 살면서 개나 사람을 걱정하지 않는 것을 보았다. 이처럼 사람이 살아가는 것도 자신의 몸을 어디에 두느냐에 따라 현賢과 불초不肖가 모두 결정된다는 것을 인식했다.[53] 이에 순경荀卿(순자荀子)[54]을 좇아 제왕의 도를 배운 다음, 진나라에 도착했다. 이때 장양왕이 훙하고, 문신후 여불위의 사인舍人이 되었다. 곧 그의 천거로 진왕에게 유세하자 진왕은 이사를 장사長史로 삼았다. 진왕은 그의 계책에 따라 은밀하게 각국

52 조희가 태후가 되었지만 여불위와의 관계는 여느 부부들과 같았다. 여불위가 나이 들어가며 젊은 조희의 춘정春情(색정色情)을 감당하지 못하게 되자 시정잡배인 노애嫪毐를 자신의 문객으로 불러들여 죄를 짓도록 만든다. 이어 부형腐刑(거세형去勢刑)의 죄를 주어 수염과 눈썹을 밀고 환관의 신분으로 위장하도록 만든 다음, 입궁시켜 조희의 성노리개로 만든다. 조희는 만족해했으며 건장하고 대음인大陰人(생식기가 큰 사람)인 노애도 마치 물 만난 고기 같았다. 오래지 않아 그들 사이에 자식이 생기자 그때마다 신령神靈을 핑계로 거주지를 옮겨가며 사람들의 이목을 피한다. 이후 어떤 사람이 노애는 환관이 아니며 늘 태후와 사통하고 심지어 두 아들까지 두고 있으나 숨기고 있다고 고발한다. 한편, 시황은 나이가 들어가며 짐작하고 있던 차에 마침 노애가 시황의 옥새玉璽와 조희의 인장印章을 도용해 반란을 일으키자 즉시 진압했다. 반란에 실패한 노애는 거열형으로 사지가 찢기고, 태후가 낳은 두 아들은 죽이고 태후는 옹雍지역으로 유배한다. 상국 여불위도 면직해 촉蜀지역으로 내쫓자 이에 불안감을 느낀 여불위는 음독자살로 그 파란만장했던 삶을 마감한다. 나머지 반란 잔류자 중 경범죄자는 귀신형(鬼(蒐)薪刑: 가신家臣 및 죄가 가벼운 자는 종묘 제사에 필요한 땔나무를 3년 동안 하는 형벌)에 처했다.

53 이사는 젊은 날 쥐에게서 지혜를 배워 처세의 본질을 이해했다. 하지만 창고 속에 똬리를 틀고 나라를 망치는 '조고'라는 큰 쥐를 고민하지 않았다. 결국 이사의 지혜는 창고 속 쥐만 못하다는 견해도 있다.

이지 중국사

의 모사들에게 뇌물을 뿌리며 제후들에게 유세하게 했다. 이들 가운데 뇌물로 후릴 수 있는 자들에게는 금, 은 등을 보내 회유해 이간책을 시행해 앞서게 하고, 그렇지 않은 자는 제거해 그 뒤를 무신들이 따르게 했다. 진왕은 곧 이사를 '객경'에 임명했다.

진왕 10년(23세, BC237), 진의 종실 대신들이 논의하길 "기타 제후국의 사인士人들이 진나라에서 관직을 맡는 것은 실제 그들 나라 군주를 위해 유세할 뿐이지 결코 진심으로 진나라를 위하는 것이 아닙니다. 그러니 진은 마땅히 그들 모두를 쫓아 버려야 합니다!" 했다. 이에 진에서 대규모로 외국 사인들을 쫓아내기 시작했다. 이때 객경 이사가 상서했다. "과거 진목공秦穆公은 서융西戎에서 유여由餘를 얻었고, 초국의 완宛에서는 백리해百里奚를 얻었습니다. 송宋에선 건숙蹇叔을 맞아들였고, 또 진晉에선 비표丕豹와 공손지公孫枝를 얻었습니다. 그들 모두가 인재였으며 또한 모두가 전심 전력으로 목공을 보좌했습니다. 이에 진목공은 20개의 국가를 섬멸하고 서융의 패주가 되었습니다. 효공은 상앙을 등용해 변법을 추진해 진국을 강대하게 했으며 제후들 모두가 진에 복종하도록 하며 지금의 강대함에 이르게 했습니다. 혜왕이 장의의 계책을 채택해 산동 여섯 나라의 합종을

---

54 사람을 사랑하는 마음인 '인仁'과 그 마음을 실천하는 '예禮'를 모토로한 유가儒家사상에 있어 '인'은 맹자에 의해 '성선설性善說'을 주창하며 왕도정치의 구현을 강조했으며, '예'는 순자에 의해 '성악설性惡說'을 주창하며 환경과 후천적 학습의 중요성을 강조하였다. 순자는 전국 말, 맹자孟子, 추연鄒衍, 순우곤淳于髡 등 발군의 학자들이 머물렀던 제齊나라 수도 임치臨淄의 직하稷下에 있었던 직하학궁稷下學宮의 원장을 세 번 역임했다. 이사와 한비자는 그의 제자였다.
"학문은 평생 그치지 않아야 한다. 청색은 남색에서 취하나 남색보다 더 푸르다. 얼음은 물이 얼어 생긴 것이나 물보다 더 차다. 학불가이이學不可以已, 청취지어람이청어람青取之於藍而青於藍. 빙수위지이한어수冰水為之而寒於水", 청출어람, 청어람青出於藍, 青於藍『순자荀子, 권학편勸學篇』

와해시켰으며 아울러 이러한 국가들로 하여금 진의 뜻에 복종하도록 했습니다. 소양왕은 범수를 임용하여 진왕실의 권력을 공고히 했습니다. 이 네 분의 선군들은 모두 외국에 인재들을 임용한 것입니다. 이 모두가 이들의 공으로서 이들이 진에 무슨 부담을 주었습니까! 태산이 높고 웅장한 까닭은 바로 미세한 토양이라도 버리지 않았기 때문이요, 하해가 넓고 광활한 까닭 또한 어떠한 작고 가는 물줄기라도 흘러 들어오는 것을 가리지 않았기 때문에 깊어진 것입니다![55] 지금 진이 눈앞에서 이같이 하는 것은 자신의 백성을 포기하고 도리어 적국을 도와주는 것이며 이러한 외국 인재들로 하여금 다른 나라를 위해 일하도록 힘을 보태주는 것입니다. 이것은 마치 강도에게 병기를 빌려주고 도적에게 식량을 도와주는 것과 같습니다!" 했다. 이에 진왕이 이사의 건의를 좇아 그의 관직을 회복시키고 외국 인사를 축출하라는 명령을 폐지했다. [간축객서諫逐客書]

진왕 14년(27세, BC233), 이사는 일찍이 순경에게 수학했으며 한비자와 함께 공부했다. 한비자는 형명(刑名,법가法家사상)에 정통했다. 한비자가 일찍이 한韓나라의 사절로 진에 출장해 진왕에게 상서한 적이 있었다. 이 때문에 진왕이 그의 학식을 매우 칭찬하자 이사의 질투심을 유발했다. 이사의 이간이 적중되자 한비자는 치죄治罪되었다. 곧 이사는 한비자에게 독약을 보내 자살하도록 명했다. 시간이 지나 진왕이 후회하며 사면을 하려 했으나 이미 죽고 없었다. 그는 한韓나라 공자 출신으로 재주는 무궁했으나 심한 눌변訥辯으로 자신의 생각을 잘 전달할 수 없었다. 그래서 『한비자』를

---

55   태산불양토양고대太山不讓土壤故大, 하해부택세류고심河海不擇細流故深

지어 전했다.

형가|荊軻

형가는 본래 위衞나라 사람으로 독서와 격검擊劍을 좋아했다. 위나라에서 기회를 얻지 못하자 연나라에 온 형가는 축筑(고대 악기중의 하나)의 명인인 고점리高漸離, 은사 전광田光선생과 교유하였다. 형가는 술을 즐겨 고점리와 음주하다 취하면 고점리는 축을 타고, 형가는 마치 곁에 아무도 없는 듯[방약무인傍若無人, 안하무인眼下無人] 고성방가하다가 천하에 자신을 알아줄 진정한 지기知己가 없는 듯, 구슬피 울기 시작한다. 전광선생은 그가 보통 인물이 아니라는 것을 알고 연태자 단에게 소개해 형가로 하여금 진왕을 살해하도록 한 다음, 비밀 누설을 우려해 자결한다. 한편 태자 단이 진왕 정을 살해하고자 하는 것은 진왕과 조나라에 인질로 있을 땐 서로 호형호제하던 사이였지만 그가 진왕이 된 후엔, 단은 도리어 진의 인질이 되었다. 그때 진왕 정은 그를 외면했고 소국인 연나라의 상황을 생각해보니 풍전등화와 같았다. 그리하여 진왕을 원망하며 달아난 단은 과거 노나라의 장수 조말이 제환공을 위협한 방법을 차용해 진왕을 살해키로 결심한다. 이에 스승 국무鞠武에게 자문하자 "능욕을 당했다는 것만으로 진왕의 노여움을 사려 하는 것은 역린逆鱗을 건드리는 것"이라며 만류한다. 하지만 진장秦將 번오기樊於期가 연나라에 망명하자 거주지를 마련해주며 숨겨준다. 이때 형가는 진왕을 살해하기 위한 선결 조건으로 먼저 번어기의 목과 연나라 독항督亢의 지도를 제시해야 진왕을 가까이에서 접견해 자신의 목적을 이룰 수 있다는 확신을 가지고 있었다. 태자 단은 천하의 비수匕首를 조趙나라 사람 서부인徐夫人으로부터 황금 1백 근을 지불하고 구해 시험을 마치고, 또한 겁 없는 하룻강아지였던 당시 13세의 살인 경험자 진무양秦舞陽이란 자를 보조해 데려가길 원했다. 함께 출발하던 날, 역수易水가에서 전별餞別하며 고점리가 축을 타고 형가가 화답해 "바람 소리 쓸쓸하고, 역수는 차가운데, 장사 한번 가면, 다시 돌아오지 못하리!" 하고 떠났다.

진왕이 함양궁에서 정중한 예로써 형가 일행을 맞이할 때, 형가는 번오기의 수급이든 목함을, 진무양은 독항의 지도를 들고 한발 한발 다가가 어전의 섬돌 앞에 섰다. 이때 갑자기 진무양이 두려워하며 줄곧 떨기 시작하자 형가가 사죄한 연후에 진무양의 손에 든 지도를 진왕에게 올렸다. 진왕이 천천히 지도를 펼치자, 비수가 번뜩였다. 곧 형가가 재빨리 왼손으로 진왕의 소매를 잡고 오른 손으로 비수를 쥐고 직접 진왕을 향했지만, 진왕이 놀라 몸을 빼 물러나며 소매가 찢어졌다. 황급함에 칼을 뽑지 못한 진왕이 기둥을 돌며 달아나고 형가가 진왕을 쫓는 가운데 대전 아래에 있는 신하들은 발만 동동 구르며 있었다. 진나라의 법에 의하면, 전상殿上에서 왕을 모시는 신하들은 한 치의 조그만 무기라도 몸에 지닐 수 없었으며, 여러 낭중郎中이 무기를 가지고 전하殿下에 늘어서 있었으나, 왕이 부르지 않을 때는 전상으로 올라갈 수가 없었다. 이때 시의侍醫 하무저夏無且가 받쳐 들고 있던 약주머니를 형가에게 던졌다. 곧 진왕이 칼을 등에 지고 마침내 칼을 뽑아 형가를 쳐 그의 왼쪽 다리를 찍었다. 형가는 쓰러진 채 비수를 진왕에게 던졌지만 구리 기둥에 맞혔다. 진왕은 다시 형가를 쳐 여덟 군데의 상처를 입혔다. 형가는 일이 실패했음을 알고 기둥에 기대어 양쪽 다리를 벌리고 앉아 헛웃음 지으며 꾸짖듯이 "진왕을 사로잡아 약속을 받아내 태자에게 반드시 보답하고자 했기 때문에 일이 실패했다."[56]하였다. 거사가 실패한 후, 관련자에 대한 수배령이 전국에 내려지자 고점리는 변성명해 '송자宋子'라는 곳으로 숨어든다. 시간이 어느 정도 지난 어느 날,

---

56   "은혜를 알면 반드시 갚아야 한다!"는 중국 대중문화 정신의 하나로 "은혜를 입고도 갚지 않으면 짐승보다 못하다!"는 것이 민간에 유전되는 그들의 잠언이다.

인근에 어떤 사람이 축을 켜고 있는 것을 보자 마치 가려운데 긁지 못하는 것같이 자신의 재주를 내보이고 싶어 몸이 근지러워졌다. [불각기양不覺技癢] 이에 그의 연주에 참견하다 마침내 그동안 숨겨두었던 자신의 축을 꺼내 연주하게 된다. 사람들의 환호 소리는 마침내 시황의 귀에까지 들어가게 되었다. 시황은 고점리의 연주 솜씨를 아껴 눈만 멀게 만들고 극형은 피했다. 고점리는 나중에 기회를 봐서 축속에 납을 넣어 시황을 내려쳐 살해할 심산이었다. 결국, 축을 들어 시황을 향해 맹렬하게 돌진했으나 실패하고 살해된다. 이듬해, 태자를 죽여 사죄한 연왕 희도 요동遼東으로 달아났지만 결국 왕분王賁에게 사로잡히며 참살된다. (BC222년, 진왕25년)

진왕 26년(39세, BC221), 왕분이 전국칠웅중 마지막 남은 제齊나라를 멸해 천하를 통일하며 약 230년간의 전국시대를 끝냈다.

진왕이 비로소 천하를 병탄하고 스스로를 덕행과 공업이 삼황과 오제를 능가한다고 여겼다. (덕겸삼황德兼三皇, 공과오제功過五帝) 이에 '왕'이라 칭하지 않고 '황제(빛나는 최고의 신)'라 칭했다. 또한 '명命'을 '제制'로, '영令'을 '조詔'로, 황제를 자칭 '짐朕'이라 했다. 타인이 자신을 부를 땐 '폐하陛下'라 했다. 폐하는 천자를 바로 앞에서 지척指斥(웃어른의 말과 행동을 지적하여 탓함)할 수 없는 관계로 계단 아래에서 말하는 것이다. 그가 또 명령했다. "과거에 군왕이 죽으면 사람들은 그의 생전의 행위와 업적으로 그의 시호로 삼는다. 이같이 하는 것은 실재로 아들이 부친을 평가하는 것이며 대신이 군왕을 평가하는 것으로 너무 도리가 없는 짓이다. 지금 이후부터 추가로 시호를 만드는 것을 폐지하라, 짐이 바로 '시始황제'이다. 이후에는 순서에 근거해 2세, 3세, 천만세에 이르러도 무궁히 전승되어 내려가도록 하라!" 했다. 곧 천하의 병기를 수집해 함양咸陽에 모아, 모두 녹여서 종거(鐘鐻, 고대의 악기)를 만들었다. 그리고 12개의 큰 동인銅人을 주조했다. 각 동인의 무게는 일천석一千石이었다. 그리고 천하의 부호들 12만 호를 함양으로 옮기게 한 후 통제했다.

진왕 28년(41세, BC219), 천하통일 후, 태산泰山에 올라 봉선제封禪祭[57]를 행하고 내려오다 심한 비바람을 만나 피신했던 나무를 '오대부五大夫'에 봉하고 내려와 양보산梁父山에서 땅에 제사지내고 비석을 세웠다. 그 비문 가운데 우리들이 익히 아는 "아침 일찍 일어나고 밤늦게 잠자리에 들며 부지런히 애쓰고 노력한다! [숙흥야매夙興夜寐]"는 찬사가 나온다. 시황제는 사람됨이 깐깐하고 고집이 셌다. 국가의 일은 물론 대소사도 모두 직접 결재했다. 심지어 매일 고정된 업무량을 정해놓고 모든 공문서의 무게를 저울로 달았을 정도로 완성되지 않으면 휴식을 취하지 않았을 만큼 워커홀릭(workaholic, 일중독자)이었다.

한韓나라 사람 장량張良의 집안은 5대를 이어 한의 대신을 지냈다. 한이 패망 당시 그는 벼슬을 하진 않았지만, 그의 집에는 하인이 300명이나 있었다. 한이 패망한 후, 줄곧 원수 갚을 생각으로 자금을 모으고 있었다. 심지어 동생이 사망했음에도 장례비로 사용하지 않았을 만큼 각오가 굳었다.

기원전 218년(진시황 29년) 진시황이 3차 순행할 때 박랑사博浪沙일대에 이르자 장량은 역사를 보내 철추로 진시황을 격살하도록 했다. 그러나 철

---

57 제왕이 천지에 지내는 제사 의례로 하늘에 올리는 것을 '봉封', 땅에 올리는 것을 '선禪'이라 하며 시황이 최초의 봉선封禪 제주였다.

추가 빗나가 황제의 다음 마차를 타격했다. 크게 놀란 진시황이 친위병들을 시켜 즉시 역사를 체포해 취조했지만 끝내 근원은 발설하지 않고 눈을 감은 채 크게 꾸짖다 죽었다. 이에 현상금을 걸어 전국에 대규모 수색을 진행했다. 장량은 이름도 바꾸고 철저히 변장한 채, 하비下邳(강소성江蘇省)에 숨어든다. 이때 항우의 숙부인 항백項伯의 집에 숨어 있었다. 그러던 어느 날, 하비의 흙다리 위에서 우연히 초라한 몰골의 한 노인을 만난다. 그는 무료하게 서성이는 장량이 보는 앞에서 신발을 벗어 다리 아래로 떨어뜨리며 "젊은이! 내려가 저것 좀 주워주게!" 하였다. 은근히 화가 난 장량이 때려줄까 하다가 노인을 불쌍하게 여겨 신발을 주워다 주었다. 그러자 이번에는 '신겨라!'하는 게 아닌가! 장량은 어차피 참기로 한 이상 다시 허리를 굽혀 노인에게 신발을 신겼다. 발을 뻗고 이 모습을 물끄러미 지켜보던 노인이 빙그레 웃더니 가버리자 장량은 어처구니가 없이 쳐다보고만 있었다. 그러자 한 100여 보 남짓 걸어가던 노인이 되돌아와 장량 앞에 서며 "이 젊은이는 가르치면 재목을 만들 수 있겠는데! (유자가교孺子可敎)하며 닷새 후, 여기에서 나와 만나세!" 했다. 닷새 후, 장량이 약속에 맞춰 나가니 노인이 이미 그 자리에 와있었다. 노인이 매우 화를 내며 "자네는 어른과의 약속에 이렇게 늦게 나오면 어떻게 하는가!" 하며 다시 닷새 후에 만나기를 약속했다. 장량이 서둘러 나갔지만 노인은 역시 먼저 도착해 노발대발했다. 다시 닷새 후에 만나기로 약속했다. 이번엔 날이 새기도 전에 도착했다. 잠시 후, 노인이 나타나 매우 즐거워하며 장량에게 책을 한 권 건네며 "자네가 이 책을 읽으면 제왕의 사부가 될 수 있을 것이네! 아마 10년 후면 뜻을 이룰 것이고, 13년 후면 제나라 북쪽 곡성산谷城山 아래에서 황석黃石(누런 돌)을 볼 수 있을 것이네! 그게 바로 날세!" 하고 어둠 속으로 사라졌다. 날이 밝아 사물을 분간할 때쯤 장량이 이 책을 펴보았다. 바로『태공병법太公兵法』이었다.[58] 장량이 놀라움을 금치 못하고 밤을 낮 삼아 익히고 외웠다. 이후 유방을 보좌하며 자주 '태공병법'을 유세하였으며 유방은 늘 좋아하며 그의 계책을 좇았다. 그러나 다른 사람에게 '태공병법'을 유세하면 이해하지 못했다. 이후, 유방을 보좌해 천하를 평정했다. 공신의 분봉을 받을 때 유방은 장량으로 하여금 제나라의 토지 3만 호를 골라서 자신의 봉지로 삼도록 했다. 그러자 장량이 사양하며 "신이 맨 처음 폐하와 유현留縣에서 서로 만난 것은 하늘이 바로 신을 폐하에게 보내신 것이니 유현만 해도 만족합니다!" 했다. 후에 장량이 곡성을 지나는데 과연 황석을 보았다. 이에 사당을 건조해 정중히 봉사했다.

진시황 34년, 승상 이사가 상서했다. "과거 제후들이 분쟁하던 시대에는 각국 모두는 유세객들을 우대했지만, 지금은 천하가 이미 안정되어 국가의 법령이 하나에서 나옵니다. 백성들은 농공에 힘쓰고 사인士人들은 법령을 학습하려 합니다. 그러나 어떤 사인들은 당대의 사상이나 문화를 학습하려 하지 않고 오직 고대문화만 전문적으로 학습해 우리들의 지금의 사상과 제도를 비판해 백성들을 혼란하게 만들며 어찌할 바를 모르게 합니다. 조정의 법령이 반포되어 내려가면 이러한 사람들이 곧 자신의 각도로 논의하고 평가합니다. 그래서 그들은 실재 마음속으로는 결코 인정하지

---

58   진한시대의 은사인 황석공은 이상圯上노인, 하비신인이라고 불린다. 장량이 진시황 시해에 실패하고
      하비에 숨어들었을 때, 마침 그곳에 은거하고 있었던 황석공이 그에게 3번을 시험한 끝에 준 책이다.
      그러나 이 책은 강태공이 지었다는 '태공병법太公兵法'이나 '황석공삼략黃石公三略'도 아닌 '소서素
      書'라 하기도 한다.

않으면서 사람들을 초치해 논의를 진행하고 심지어 사람들에게 비평하거나 혹은 조정의 법령을 비방하게 만듭니다. 이러한 정황에 비추어 신이 감히 청하옵니다. 사관을 시켜, 진 나라의 역사서를 제외한 사서 전부를 소각하게 하시고 박사관博士官들이 소장한 역학, 의학, 농업 관련 서적을 제외한 『시경詩經』, 『상서尙書』와 기타 제자諸子서적 모두를 지방 관원들에게 교부해 소각하도록 하십시오. [분서焚書] 그리고 백성들 중에 '시경'이나 '상서'를 담론하는 자가 있으면 기시棄市59에 처하고, 옛것을 빌려와 현 시국을 풍자하는 자는 멸족하고, 다만 의약이나 점복과 식목에 관한 서적만 예외로 하십시오. 만약 법령을 학습하고자 하는 자가 있다면 관원들에게 배우도록 하면 됩니다!" 했다. 진시황이 이사의 의견에 동의했다.

진시황 35년, 방사方士(도사, 신선술을 수련한 사람) 후생侯生과 노생盧生이 함께 진시황을 비방하고 달아났다. 진시황이 매우 분노하며 "노생 등은 내가 매우 존중해 주었고 그들에 대한 포상도 후히 해주었다. 그런데 그들이 도대체 나를 비방할 줄은 생각지도 못했다. 내가 사람을 보내 거기에 있는 함양의 제생(諸生, 문인文人)들에게 물어보니 그들이 허망하고 알맹이 없는 말로 백성들을 속인다[혹세무민惑世誣民] 것을 알게 되었다." 했다. 이에 조정에서 어사를 보내 심문을 진행하고 제생끼리 서로 검거하고 폭로케 했다. 그리고 이 모든 사건에 연루된 자 460여 명(거의가 도사들이다) 모두를 함양에서 구덩이에 파묻었다. [갱유坑儒] 진시황의 맏아들 부소扶蘇가 "제생은 모두가 공자를 존경하고 모범으로 여기며 아울러 공자의 저작들을 외

---

59   사람이 많은 공개된 장소에서 참수해 시신은 길거리에 내버려 두는 형벌.

우며 익히고 있습니다. 만약 준엄한 형법으로 그들을 압제한다면 천하가 이에따라 불안해질까 두렵습니다." 했다. 진시황이 대로해 부소로 하여금 북쪽 상군上郡에서 몽념군蒙恬軍을 감찰하도록 보냈다.

시황제는 함양의 인구가 너무 많고 진국의 역대 선왕들의 궁전은 너무 작다고 여겼다. 이에 위수 남쪽의 상림원上林園 가운데에 백관을 조현朝見할 수 있는 영궁營宮을 짓도록 했다. 먼저 건축된 것이 '아방궁阿房宮'이라 불리는 전전前殿이었다. 동서가 500보, 남북이 50장丈이고, 위로는 만 명이 앉을 수 있고 아래는 5장 정도의 기旗를 세울 수 있었다. 주위엔 말을 달릴 수 있는 각도閣道를 만들어 전 아래에서부터 곧 남산에 이르게 했다. 남산 봉우리에는 성궐城闕을 만들어 표시했고 아울러 복도複道로 만들어 편히 왕래하도록 했으며 아방에서부터 위수를 넘어 함양성에 연결되도록 했다. 이는 북극성을 통해 은하수를 건너 영실성營室星(비마좌飛馬座)에 이르는 천도天圖를 본뜬 것이었다. 아방궁이 아직 완성되지 않았으나 완성되면 다시 좋은 이름으로 바꾸려 했다. 하지만 세상 사람들은 '아방궁'이라 불렀다.

진시황 37년(50세, BC210), 시황이 각지를 순행하며 남쪽 상산에 이르렀다. 마침내 회계산에 오른 뒤 해안을 따라 올라가면서 삼신산[60]의 불사약을 얻고자 하였으나 얻지 못하고 환궁 중에 사구의 평대에 이르러 붕어했

---

60   전설에 의하면 삼신산三神山(봉래蓬萊,방장方丈,영주瀛洲)은 발해渤海에 있다. 선인仙人과 장생불사약長生不死藥이 있다는 이곳은 인간 세상과 멀지 않은 곳에 있지만 절대 발을 들이게 하지 않는다 한다. 멀리서 바라보면 천상의 백운白雲과 같지만 가까이 가면 오히려 수면 아래에 있는듯한데 배가 닿으려 하면 밀쳐낸다는 것이다. 진시황은 여러 번 사람을 보내 동남동녀童男童女를 데리고 나가 찾아오도록 하였으나 실패했다.

다. 이때 승상 이사와 시황제의 작은 아들 호해胡亥및 환관 조고趙高 등이 모시고 동행했다. 당시 군신들은 황제의 사망 소식을 결단코 발표하지 않기로 결정했다. 조고와 이사는 거짓으로 황제의 유조遺詔를 접수했다고 속였다. 곧 호해로 하여금 황제로 즉위하도록 하고 부소는 자진하도록 했다. 그들은 장차 시황의 유체를 밀폐해 창문이 있는 온량거輼輬車에 방치 해두었으며 아울러 약 120근斤의 절인 물고기를 함께 실어 시신에서 나는 냄새를 흐리게 하려고 했다. 어가가 함양에 이르러서야 비로소 발상과 동시에 호해가 즉위했다. 이어 장자 부소를 포함한 17명의 형들 모두 주살했다. 이후 함양 여산酈山에 안장하고 후사가 없는 매우 많은 후궁들은 모두 순장했다. 또 누설 방지를 위해 능陵을 만드는 데 참여한 수많은 사람을 묘도墓道의 가운데로 몰아 문을 폐쇄하고 바깥문을 내려 감금해 버렸다. 이후 풀과 나무를 심어 산처럼 만들었다. 이후 다시 아방궁阿房宮을 짓기 시작하며 법의 집행이 각박하고 엄격해지자 진승陳勝, 오광吳廣 등이 옛 초나라 땅에서 장초張楚(장대초국張大楚國)라 칭하며 반기를 들고 일어난다.

진국의 2세 황제의 이름은 호해이다. 즉위 원년에 동쪽의 각 군현을 순행할 때 조고에게 말하길 "나는 눈과 귀가 바라는 바대로 다해, 내 뜻대로 즐거움을 다하다가 삶을 마감하고 싶소!" 했다. 조고가 "폐하께서는 다만 엄준한 형법으로 시황제의 옛 신하들을 모두 제거하시고 이와 동시에 신을 믿고 임명하시면 곧 죽을 때까지 베개를 높이 베고 뜻대로 하실 수 있을 것입니다."[고침사지高枕肆志] 했다. 호해가 그렇다고 여기고 법을 더욱 심각하고 잔혹하게 적용해 공자나 대신들 거의 모두를 죽음에 이르게 했다. 호해는 조고와 결탁해 몽씨 형제(몽념蒙恬과 몽의蒙毅)를 죽이고 승상 이사를 요참腰斬(요절腰絶)했으며 공자와 공주 등 20명을 살해했다. 이후 국정을 전횡했다.

양성인陽城人 진승陳勝이란 자가 있었다. 자는 섭涉이다. 어릴 때 다른 사람에게 고용돼 농사를 짓고 있었다. 하루는 그가 하던 일을 멈추고 밭둑가에서 사색에 빠져 감개무량하게 말했다. "참으로 부귀해지면 우리 서로 잊지 맙시다!" 하자 품팔이 하던 사람들이 모두 웃으며 "네가 품팔이해서 어떻게 부귀해지겠는가!" 했다. 그러자 진승이 크게 한숨 쉬며 "아! 제비나 참새 같은 작은 새들이 어찌 기러기나 고니같이 높이 날아다니는 새들의 지향志向을 알리오!" [연작안지燕雀安知, 홍곡지지鴻鵠之志] 했다. 이때 ―호해가 조고와 함께 대신들을 잔인하게 살해하고 장차 백성들의 사정이 점점 엄중해지던 시기― 진승은 오광과 함께 기현蘄縣에서 군사를 일으켰다.

당시 조정에서는 빈민들을 징발해 어양을 지키게 했다. 진승과 오광은 이 부대의 소부대장이었다. 마침 큰 비를 만나 길이 막히게 되자 그들은 부대원들을 불러놓고 "여러분들은 규정된 시간을 어겼음으로 법률에 따른다면 당연히 참수당할 것이오, 대장부가 죽지 않으면 모르겠지만 죽는다면 위대한 이름을 남겨야 하오, 그렇다면 왕후장상인들 설마 태어날 때부터 왕후장상의 종자가 따로 있었겠소!" [왕후장상王侯將相, 영유종호寧有種乎] 했다. 모두 그 둘을 따라 봉기했다. 진승은 거짓으로 '공자 부소와 항연項燕의 부대'라 하며 자칭 '대초국大楚國'이라 부르고 자신은 장군으로 오광은 도위都尉라 했다. 이때 대량의 장이張耳와 진여陳餘가 군영의 대문에 도착해 진승에게 절하자 진승이 기뻐하며 스스로를 '왕'이라 하고 국호는 '장초張楚'로 정했다. 각 군현의 백성들이 진국의 법률에 고초를 깊게 받은 관계로 모두 서로 다투어 각 군의 군현 장관들을 죽이고 진승에게 호응했다. 하지만 처음에 파죽지세로 세력을 확장해 가던 '장초의 군대'는 전투 경험이 없었던 오합지졸에 불과했다. 이후, 진의 정규군 장한章邯에게 단번에 패퇴 되자 내부동요로 오광은 부하 장수에게 살해당하고 진승도 그의 마부 장가庄賈에 의해 암살당하며 봉기는 거사 6개월여 만에 실패로 끝난다.

조고와 승상 이사 사이에 틈이 벌어져 있었다. 어느 날 조고가 2세를 모시고 연회를 하는데 궁녀들이 앞에서 춤추고 있었다. 이때 조고가 사람을 보내 이사에게 "일을 아뢸 수 있겠습니다!" 했다. 이사가 2세 황제에게 아뢰자 "승상은 내가 일찍이 매우 한가한 시간이 있었을 때는 품주稟奏(임금에게 아뢰는 것)하러 오지 않고 있다가 지금 막 연회를 시작하니 바로 다가오는가!" 하며 화를 냈다. 이때 조고가 나서 "승상의 장남 이유李由가 바로 삼천군三川郡의 군수인데 도적과 내통하고 있습니다. 게다가 승상은 밖에서의 권력은 폐하보다 중합니다!" 했다. 2세가 심각하게 여기고 이사를 형리의 심문에 넘겼다. 이사에게 다섯 가지 형태의 악독한 형벌이 차례로 가해져 마지막엔 함양시에서 요절나게 되었다. 이사가 옥문을 나서며 고개를 돌려 아들에게 "나는 너와 같이 다시 누렁이를 끌고 상채(이사의 고향)의 동문을 나와 교활한 토끼를 쫓으며 지내려 했는데 어찌 다시 가능한 일이겠느냐!" 했다. 마침내 부자가 함께 통곡했다. 그 후, 삼족이 멸문되었다.

환관 출신 승상 조고가 진나라의 권력을 독단할 생각을 했다. 그러나 군신들이 자신의 말을 듣지 않을까 우려해 먼저 시험을 하나 해보기로 했다.

그는 사슴 한 마리를 끌고 와 2세에게 주면서 "말馬입니다!" 하자 2세가 웃으며 "승상이 틀렸소! 사슴鹿을 가리켜 말이라 하다니!"[지록위마指鹿爲馬]하고는 곧 주위의 대신들에게 물었다. 대신들 중에 어떤 사람은 말했고, 어떤 사람은 침묵하며 말하지 않고 있었다. 조고가 몰래 사슴이라 말한 사람들에게 위해를 가하자 이후, 모든 군신이 조고를 두려워해 감히 그가 틀렸다고 말하는 사람이 없었다. 이보다 앞서 조고가 함곡관 동쪽의 도적들은 거의 능력이 없다고 몇 차례 말했다가 진군이 실패를 거듭하자 2세의 분노가 자신에게 미칠까 두려워했다. 차츰 변란의 정도가 심해지자 불안해진 조고는 2세 호해를 시해하고 그의 조카인 공자 자영自嬰[61]을 진왕으로 세우려 하였다. 그리고 유방의 반란군과 접촉하며 관중을 둘로 쪼개 각자 왕이 되는 방안을 약조하길 원했다. 하지만 이를 거짓으로 생각한 유방이 장량의 계책을 받아들이며 오히려 진나라 장수들을 뇌물로 유혹했다. 그러자 먼저 함양령咸陽令인 자신의 사위 염락閻樂을 보내 호해를 시해하려 하였다. 염락이 망이궁望夷宮에 들어오자 호해가 시신들을 불렀으나 모두 달아나고 환관 한 명이 있었다. 호해가 "그대는 어찌 진작 나에게 고하지 않아 사태가 이 지경에 이르게 되었는가!" 하자 환관이 "신은 고하지 않은 덕에 지금까지 목숨을 보전한 것입니다. 신이 일찍 고했다면 이미 살해되었지 어찌 지금까지 살아 있었겠습니까!" 했다. 곧 염락이 들어와 호해의 죄상을 열거하자 호해가 "승상을 만나볼 수 있겠소!" 하자 "아니 되오!", "그럼, 하나의 고을을 얻어 그곳의 왕이 되고자 하오!", "아니 되오!",

---

61   자영(3세왕, 진시황의 친동생의 아들) 진시황의 실제實弟 영성교嬴成蟜(장안군長安君: 군대를 이끌고 조趙나라를 공격할 때 지방의 병사들을 거느리고 반란했다. 실패하자 자살했다)는 죽었고, 호해의 형 17명은 호해의 등극과 동시에 모두 살해되었으며 자영만은 어려서 제외되었다.

"그럼, 만호후萬戶侯가 되고자 하오!", "아니 되오!", 다시 애원하며 "처자를 이끌고 서민이 되어 공자처럼 어울리고 싶소!" 하자, "모두 아니 되오!" 하며 병사들에게 앞으로 끌어내라 했다. 이내 자진했다.

BC207년, 조고는 자영을 3세 황제로 내세우며 먼저 종묘에 제사를 올린 다음 옥새를 받들도록 했다. 하지만 자영은 그의 흉계를 알기에 아들 둘과 상의해 "조고가 나를 재계齋戒해 사당에서 절하게 하는 것은 사당 안에서 나를 죽이려 하는 것이다. 내가 병을 핑계로 가지 않으면 나를 데리러 승상이 직접 올 것이다. 이 기회를 이용해 그를 없애버리도록 하자!" 하였다. 자영이 마침내 재궁에서 조고를 척살하고 삼족을 멸했다. 이후 보위에 오른 지 46일 만에 장량의 보좌를 받아 도성으로 들어온 유방군에게 항복했다. 진나라는 시황제부터 26년 만에 천하를 통일했고 2세를 지나 3세에 이르러 곧 멸망했다. 황제라 칭한 것은 다만 15년뿐 이었다.

2) 유방劉邦과 항우項羽 이야기 : 적제赤帝의 아들과 해하가垓下歌

한태조 고조 황제는 요堯의 후손이다. 성은 유, 이름은 방, 자는 계季이다. 패현沛縣 풍읍豊邑 중양리重陽里사람이다. 어느 때, 모친이 큰 연못가에서 잠깐 잠이 들었다가 신령한 것과 만나 서로 교합하는 꿈을 꾸었다. 마침, 날씨가 어두워지며 천둥과 함께 큰비가 내리자 마중 나간 부친앞에 모친의 몸 위에 교룡이 엎드려 있는 것을 보았다. 시간이 지나 유방을 낳았다. 그는 뜻이 원대했고 가족을 부양하기 위한 생산 활동에는 종사하지 않았다. 장성한 후, 사상泗上의 정장亭長이 되었다.

유방이 함양에서 요역徭役[62]에 종사할 때 한번은 진시황의 순행에 특별히 백성들이 둘러볼 수 있게 한 적이 있었다. 유방이 이것을 본 다음 매우 감개무량해하며 "아! 대장부는 이처럼 해야만 비로소 이 삶을 저버리지 않는 것이로구나!" 했다. 패현에 현령과 가까운 여공呂公이라는 사람이 있었다. 원수를 피해 현령의 식객으로 있었다. 남의 관상을 잘 보았다. 한번은 유방의 용모를 보고 매우 놀라워하며 "내가 아주 많은 사람들의 관상을 봐 주었지만, 여태껏 이렇게 존귀한 상은 보지 못했습니다.[63] 부디 몸조심하십시오. 바라건대, 나에게 친딸이 하나 있는데 그녀를 데려다가 집안에서 청소하고 윗사람들 부름에 응대할 수 있는[쇄소응대灑掃應對] 처첩妻妾정도라도 써 주셨으면 합니다!" 했다. 그 후 여공은 그녀를 유방에게 시집보냈다. 그녀가 바로 유방 사후 16년간이나 한조를 전횡하며 여씨 천하를 꿈꿨던 중국 역사상 가장 잔인한 악녀이며 아들인 2세 한혜제漢惠帝를 충격에 빠뜨려 시름시름 앓다가 죽게 만든 장본인 여후呂后이다.

유방은 정장으로 있으면서 자주 집에 들렀다. 어느 때, 여후가 두 아이를 데리고 밭에서 김을 메고 있었다. 한 노인이 지나가다 마실 것을 청하자 먹을 것도 주었다. 노인이 여후의 상을 보고 "부인은 천하의 귀인이 될 것이오!" 했다. 곧 두 아이의 관상을 보게 하자 혜제를 보고 "부인이 귀한

---

62   주로 토목공사에 노동력을 무상으로 제공하는 일
63   유방은 콧마루(준두準頭)가 우뚝하고(융隆) 이마가 튀어나온 것이 마치 임금님 얼굴(용안龍顔)을 닮았다는 뜻으로 '용준용안隆準龍顔'이라 했다. 구레나룻이 아름다웠으며 왼쪽 허벅지에는 72개의 검은 점이 있었다. *봉목장준蜂目長準(진시황秦始皇) *융준일각隆準日角(후한後漢 광무제光武帝, 유수劉秀) *용봉지자龍鳳之姿, 천일지표天日之表(당태종唐太宗, 이세민李世民) *용행호보龍行虎步(송태종宋太宗, 조광의趙匡義)

것이 바로 이 아이 때문이요!" 했다. 다시 "노원 공주의 상도 역시 모두 귀한 상이요!" 하고 떠났다. 노인이 떠난 다음, 유방이 마침 옆집에서 나왔다. 여후가 과객 노인이 '자신과 아이들 모두가 귀상'이라 한 이야기를 듣자 유방이 노인의 행방을 물었다. 유방이 급히 뒤를 쫓아 자신의 관상을 물었다. 그러자 노인이 "방금 부인과 어린아이들 관상을 보았는데 모두 그대와 닮았소! 그대의 상은 귀하여 감히 말하기 어렵소!" 하였다. 유방이 감사하며 "훗날 그대의 말과 같이 된다면 내 잊지 않겠소!" 했다. 고조가 된 후, 노인을 찾을 수 없었다. 한번은 노역에 동원된 죄수들을 인솔해 여산으로 가는 중에 많은 죄수가 달아났다. 밤이 되자 모든 죄수들을 풀어주고 자신도 달아나려 했다. 그러나 유방을 따르고자 하는 자 10여 명은 뒤를 쫓아 왔다. 유방이 술을 마신 후, 좁은 늪지 길을 지나는데 선두가 돌아와 "큰 뱀이 앞길을 막고 있어 돌아가는 것이 좋겠다!" 했다. 곧 유방이 다가가 칼로 뱀을 동강내 버린 후, 취기에 길가에 누워버렸다. 뒤에 오던 사람들이 뱀을 동강낸 곳을 지나다 어떤 노파가 울고 있는 것을 보고 그 연유를 묻자 "내 아들은 백제白帝의 아들인데 오늘 적제赤帝의 아들에게 참살당했다!"며 통곡했다. 이후, 날로 주위에서 유방을 더 경외했다. 이것은 유방뿐만 아니라 지구상 모든 역사서에 비일비재한 개국 신화의 일종이며 정권의 정당화와 몽매한 피지배자들에게 군림하기 위한 명분의 하나로 활용된다.

패현인 유방이 패현에서 기병했다. 패현의 부로父老들이 서로 다투어 현령을 죽이고 유방을 영접했다. 그를 '패공沛公'이라 했다. 패현의 연주리掾主吏 소하蕭何와 조참曹參이 패현의 자제병들을 모집해 3,000명이 되었다. 각지의 제후들이 호응했다. 그의 군기는 모두 붉은 색이었다. (적제의 아들)

항량項梁이란 자는 바로 초楚나라 장군 항연의 아들이다. 일찍이 살인했다. 이후 그의 형의 아들 항적項籍과 함께 보복을 피해 오중吳中에 이르렀다. 항적의 자는 우羽이다. 어릴 때 글자를 익히는데 학습에 성취가 없자 배우지 않았다. 다시 검술을 익혔지만 또 학습에 성취가 없었다. 이에 항량이 화를 내자 항적이 "글자를 익히는 것은 다만 이름만 쓸 줄 알면 족할 뿐입니다. 검술도 오직 한 사람을 필적할 수밖에 없으니 배우기에 족하지 않습니다. 저는 만인을 필적할 수 있는 기량을 배웠으면 합니다!" 하자 곧 항적에게 병법을 가르쳤다.

항량이 일찍이 사람을 죽이고 원수를 피해 오나라에 있었다. 당시 회계 군수 은통殷通이 기병해 진승에게 호응할 생각으로 항량을 장군에 임명했다. 항량이 항적에게 은통을 참살하도록 명하자, 장막 안으로 들어가 은통의 머리를 베고 인수印綬(관직을나타내는 끈)를 항량에게 주었다. 이때 관아를 지키던 계포季布[64], 종리매鍾離昧도 항량을 따랐다. 마침내 거병해 오중吳中의 병마 8,000명을 얻고 항적이 부장副將이 되었다. 그때의 나이가 24세였다. 곳곳에서 장사들이 찾아와 따랐는데 그중엔 한신韓信도 있었고 영포英布도 있었다. 영포는 일찍이 죄를 짓고 묵형墨刑을 당한 적이 있었음으로 경포黥布라고도 불렀다. 영포가 범증范增을 천거하자 항량은 계포로 하여금 그를 찾아보도록 했다. 범증은 나이가 70이 넘어 산에서 수양하며 은거하고 있는데 기책奇策을 좋아했다. 심사숙고 끝에 하산을 결정한 범증이 초나라의 부흥을 위해 후사가 될 만한 사람을 찾았다. 이때 진승이 살해되

---

64   본래 항우의 부하였으나 항우가 망하고 유방에게 의탁했다. 사람됨이 호협豪俠하여 신망이 두터워 한 번 승낙하면 반드시 지켰음으로 "득황금백근得黃金百斤, 불여계포일락不如季布一諾, 황금 백 근을 얻기보다 계포의 승락 한 번 받는 것이 낫다."의 주인공이다.

었다는 소식을 듣고 항량은 범증의 건의를 받아들여 초회왕楚懷王의 손자 웅심[65]을 초왕으로 옹립하고 이를 이용해 세력을 키웠다.

처음에 초회왕이 제후들과 약속하기를, 먼저 진입해 관중[66]을 평정한 사람을 "관중의 왕"으로 부르기로 했다. 당시에 진군이 강대했으므로 제장들이 먼저 함곡관에 들어가는 것이 유리하다고 생각하는 사람은 아무도 없었다. 오직 항우만은 진군이 항량을 죽인 것에 대해 원망과 분노를 누그러뜨리지 않고 있어 유방과 함께 먼저 함곡관에 들어가는 것에 동의했다. 회왕懷王 휘하에 노장들 모두가 "항우의 사람됨이 민첩하고 용맹하나 교활하고 잔인합니다. 하지만 패공만은 도량이 넓고 어른다운 기풍이 있어 들여보내도 되겠습니다!" 했다. 이에 회왕이 유방을 함곡관으로 파견했다. 이때 항우는 삼촌 항량이 진장 장한의 습격에 전사한 후, 상장군上將軍 송의宋義의 차장으로서 하루라도 빨리 진격해 원수를 갚고자 했다. 하지만 신중론을 펴며 46일간이나 차일피일 관망하자 그를 살해한다. 곧 자신이 상장군으로서 직접 황하를 건너 거록巨鹿에 도착해 솥을 깨뜨리고 배를 모두 부숴 가라앉히고, 막사를 불지르고 3일 분의 군량만 가져간다. [파부침주破斧沈舟, 소려지삼,燒廬持三] 항우의 무량한 분전에 힘입은 초병들의 일당백의 용감함으로 진군을 제압하자 진군 잔병들은 항우 앞에서 겁을 먹고 모두 바닥에 엎드려 긴 채, 고개를 들지 못했다. 잔병들 모두를 생매장시킨

---

65   성은 미芈, 씨는 웅熊, 이름은 심心으로 '미심芈心' 혹은 '웅심熊心'이라고 불린다. 전국시대 말기, 진에 억류됐다가 죽은 초 회왕의 후손이다. 초 멸망 후, 양을 키우며 숨어 지냈지만, 기원전 208년 항량과 항우가 초를 다시 세운 뒤에 회왕으로 옹립되었다가 뒤에 '의제義帝'로 개칭하였다. 반진 세력의 상징적인 맹주 역을 했지만, 진이 멸망한 뒤 항우에게 살해되었다.

66   옛 진나라 영토로 동쪽엔 함곡관函谷關, 서쪽엔 산관散關이 있다. 이 때문에 관중關中이라 불렸다.

항우는 계속 진국을 공략하던 중, 유방이 이미 함양을 점령했다는 소식을 듣는다. 이에 대로한 항우는 "군대를 돌려 함곡관을 함락하라!"명한다. 이때 유방의 좌사마左司馬 조무상曹無傷이 몰래 항우에게 사람을 보내 "유방이 관중에서 왕을 칭한다!" 했다.

초회왕이 패공을 보내 진을 격파하고 함곡관에 들어가자 진왕 자영이 투항[67]했다. 유방이 진군에게 승리를 거둔 후, 군사를 돌려 패상에 주둔했다. 그리고 진국의 전 백성과 영웅호걸들을 소집하면서 선포했다. "백성들이 진의 가혹한 법으로 고생한 지 오래되었습니다! 나와 제후들이 먼저 함곡관에 들어가는 제후에게 '왕'이라 칭하기로 약정했으므로 이 약정에 따라 내가 관중왕이 되어야 하는 이유입니다!" 했다. 유방은 백성들을 위한 3가지의 법률 즉 '살인한 사람은 죽음에 처하고, 다른 사람을 해치거나 또는 도둑질한 사람은 상응한 죄에 따라 벌을 주어야 한다!'는 것을 제정했다. [**약법삼장**約法三章] 이것을 제외한 나머지 진국의 가학적인 법률은 모두 폐지했다. 그러자 진국의 백성들 모두가 매우 좋아했다.

항우가 제후의 군대를 거느리고 함곡관에 들어가려고 서쪽을 향했다.

67　장량이 패공을 따라 서쪽으로 진군했다. 패공이 진군을 패퇴시키고 함곡관으로 들어갔다. 패상에 이르자 제위한 지 46일밖에 안 된 3세 황제 자영이 흰색 수레에 백색의 말을 끌며 끈으로 자신의 목을 묶은 채 궁문을 나와 지도정軹道亭 옆에서 유방에게 항복했다. 이후 위, 촉, 오로 이어지는 삼국시대, 촉국의 무능한 황제 유선劉禪은 자신의 아들 가운데 끝내 투항을 반대한 유심劉諶 -조부 유비의 묘 앞에서 통곡하며 아내를 죽이고 자살- 을 제외한 태자와 대신 60명을 거느리고 스스로 두 손을 묶고 사람들에게 관을 들게 해 성문 밖에서 위나라 장군 등애鄧艾에게 항복한다. 이후 오나라의 마지막 황제 손호孫皓도 손을 묶고 궁을 나와 서진西晉 군에 투항한다. *항복의 표시- 육단肉袒: 왼쪽 어깨를 드러내는 것, 함벽銜璧: 입안에 구슬을 무는 것, 여재輿梓: 수레 위에 관목棺木을 싣고 가는 것

그러자 누군가 유방에게 관문을 지키고 항우로 하여금 들어올 수 없도록 하라고 권했다. 항우가 도착해 관문이 닫혀 있는 것을 보고 매우 화를 내며 군사들로 하여금 돌파하도록 했다. 이에 희수戱水까지 진격해 들어가 곧 유방을 공격하려 준비했다. 당시 항우의 군대는 40만이었지만 100만이라 부풀렸다. 홍문鴻門에 주둔하고 있었다. 유방의 군대는 10만이었으나 20만이라 부풀렸다. 패상霸上에 주둔하고 있었다. 범증이 항우에게 "유방이 산동에 있을 때는 재화를 탐하고 미녀를 좋아했습니다. 지금 함곡관에 들어온 후에는 재화도 탐하지 않고 또한 미녀도 좋아하지 않습니다. 이렇게 보면 그의 포부가 작지 않음을 알 수 있습니다. 제가 사람을 보내 그쪽의 기운을 살펴보게 하니 '모두 용형龍形으로 오색을 띠고 있다!'했습니다. 이것은 바로 천자의 운기에 속하는 것입니다. 바라건대 공께서 신속히 그를 공격하시어 좋은 기회를 잃지 말기를 바랍니다!" 했다.

항우의 계부季父 항백項伯은 평소에 장량과 사이가 좋았다. 그래서 이 소식을 재빨리 유방의 주둔지에 있는 장량에게 알렸다. 그리고 그와 함께 떠날 것을 권했다. 그러자 장량이 "내가 줄곧 패공을 따라다녔는데 지금 위급한 정황이 발생했다고 내 스스로 달아나는 것은 결코 의로운 행동이 아닙니다." 했다. 이에 장량이 유방의 병영에 들어가 사정을 모두 그에게 고하고 항백을 맞아 서로 상면하게 했다. 유방이 직접 술잔을 들고 항백을 행해 축수祝壽한 다음 아울러 그와 아이들의 혼인을 약속했다. 그리고 유방은 "내가 함곡관에 들어간 후, 아주 작은 물건이라도 추호도 함부로 가까이한 적이 없습니다. 관민들의 호구를 기록하고 각종 창고를 봉함한 것은 바로 항장군을 기다렸기 때문이며 관문을 막은 것도 도적을 대비한 것이었습니다. 청컨대 당신이 장군께 상세히 보고해 내가 절대로 장군의 은혜를 저버리지 않았다는 것을 알려주십시오!" 했다. 항백이 응답하고 나서 "패공께서는 내일 아침 조금 일찍 와서 항장군에게 죄를 청하십시오!" 했다. 항백이 군영으로 돌아가 유방과의 이야기를 모두 항우에게 보고했다. 아울러 "어떤 사람이 큰 공을 세웠는데 그것을 공격하는 것은 도의에 맞지 않으며 차라리 잘 대해주는 것이 낫습니다!"며 유방을 변호했다.

유방이 100기騎의 군사를 이끌고 홍문관으로 왔다. [홍문지연鴻門之宴] 항우를 배견拜見하고 그를 향해 사죄하면서 "신이 장군과 함께 전심전력으로 진나라를 공격했습니다. 장군이 하북河北에서 작전할 때, 신은 하남河南에서 싸웠습니다. 뜻하지 않게 먼저 함곡관에 들어가 진나라를 깨뜨림으로서 다시 장군과 여기에서 만나게 되었습니다. 지금 소인들의 말들로 인해 장군과 신 사이에 틈이 생기게 하고 있습니다!" 했다. 그러자 항우가 "이것은 바로 패공의 좌사마 조무상의 말 때문이오!" 했다.

항우가 유방을 머무르게 하며 함께 음주했다. 범증이 여러 차례 항우에게 눈짓하고 또 차고 있던 옥결玉玦을 3번이나 들어 뜻을 표했으나 항우는 침묵을 지키며 반응하지 않았다. 범증이 일어서 나가며 항장項莊(항우의 종제從弟)으로 하여금 먼저 들어가 축수하도록 했다. 그런 다음 검무를 추며 흥을 돋우다가 기회를 보아 유방을 살해하도록 했다. 항백도 상황을 보고 검을 뽑아 춤추며 늘 몸으로 유방을 가리자 항장이 찌를 방법이 없었다. 장량이 밖으로 나와 형세가 위급하다는 것을 번쾌樊噲[68]에게 알렸다. 그러자 번쾌가 방패를 가지고 재빨리 들어가 눈을 부릅뜨고 항우를 노려보았

이지 중국사

다. 머리카락은 곤두서고 두 눈은 찢어질 듯 했다. 이에 항우가 "진정한 장사로다! 그에게 한 잔 주어라!" 하자 어떤 사람이 그에게 큰 잔으로 한 잔 주었다. 그러자 항우가 "그에게 돼지 다리도 주어라!" 했다. 삶지 않은 날것이었다. 번쾌가 선채로 술을 다 마시고 검을 뽑아 고기를 잘라 씹었다. 항우가 "다시 한 잔 더하겠는가!" 하자 번쾌가 "신은 죽음조차도 피하지 않는데 어찌 치주卮酒[69]정도를 피하겠소, 하지만 먼저 진을 파한 자, 왕으로 삼는다는 약조에 따라 패공이 먼저 함양에 들어갔으나 상을 주지는 못할 망정 도리어 소인들이 도발하는 참언을 믿고 노고와 공이 높은 사람을 살해하려는 것은 바로 망한 진나라를 잇고자 하는 것일 뿐이오, 나는 절대 장군께서 이렇게 하지는 않았으리라 생각하오!" 했다. 이에 항우가 "앉으시오!" 하자 번쾌가 장량을 따라 앉았다. 잠시 후, 유방이 몸을 일으켜 변소로 가며 번쾌를 불러내 샛길을 따라 황급히 패상으로 돌아갔다.

장량이 항우에게 사과하며 "패공이 술을 이기지 못할 정도로 마셔 장군께 고할 수 없었습니다. 그래서 삼가 신하인 저 장량으로 하여금 백벽白璧 한 쌍을 받들어 재배한 다음 족하足下에게 보내고, 옥두玉斗 한 쌍은 재배하고 아부亞父(범증)에게 헌상하라" 일렀습니다. 그러자 항우가 "패공은 어디 있소!" 했다. 장량이 "들으니, 장군께서 자신을 책망하려는 뜻이 있다는 것을 아시고 곧 몸을 빼내 홀로 떠났습니다. 이미 군영에 도착했을 겁니

---

68   유방과는 동서同壻 사이. 여공의 2남 2녀 중 큰딸인 여치는 유방에게, 둘째 여수呂嬃는 재목이 늠름하고 모습이 예사롭지 않은 것을 간파하고 아내로 삼게 했다. 패현 출신으로 개백정이었다. 뒤에 무양후舞陽侯에 봉해진다.
69   치주卮酒 : 한 잔 정도의 술. -화사첨족畵蛇添足 고사故事-

다!" 했다. 아부가 듣고 검을 빼 들고 옥두를 쳐부수었다. 그리고 "이런 풋내기들 하고 큰일을 모의할 수 없구나! [수자부족여모髻子不足與謀] 천하를 빼앗는 장군은 반드시 패공일 것이다!" 했다. 유방은 군영으로 돌아가자마자 조무상을 죽였다.

며칠 후, 항우가 군대를 거느리고 서쪽으로 들어가 진조秦朝의 항왕降王 자영을 죽이고 함양성을 철저히 파괴, 도륙하고 궁전을 불사르니 큰불은 3개월이 지나도 모두 꺼지지 않았다. 또 진시황의 여산릉驪山陵을 파헤쳐 진조의 보배로운 재물과 미녀들을 겁탈하고 고향으로 돌아갈 채비를 갖추고 있었다. 그러자 진국의 백성들 모두가 매우 실망했다.

간의대부諫議大夫 한생韓生이 항우에게 "관중은 험한 산과 물이 두르고 있어 천연의 병풍으로서 사면이 모두 요새이며 또한 토지가 비옥해 도성으로 만들어 패업을 이룰 수 있는 곳입니다!" 했다. 항우가 진조의 궁실은 모두 화재로 파괴되어 견딜 수 없는 지경에 이르렀고 또 생각하니 동쪽의 고향으로 돌아가고픈 생각에 "부귀해지고 나서 고향으로 돌아가지 않는 것은 예컨대, 비단으로 수놓은 옷을 입고 한밤중에 걸어가는 것과 같을 뿐이오!"[금의야행錦衣夜行] 했다. 이러한 감상적인 항우의 처사를 빗대 한생이 "사람들이 모두 초나라 사람들을 쓸모없는 사람들이라 하더니 원숭이가 사람의 모자를 쓴 것과 같이[목후이관沐猴而冠] 과연 그러하구나!" 했다. 보좌에 앉았다가 이 말을 듣고 진평陳平에게 묻자 진평이 "원숭이가 깨끗이 목욕하고 그럴듯하게 의관을 썼지만, 사람의 내면은 갖추지 못했다는 말입니다!" 하자 항우가 곧 한생을 솥에 던져 삶아 죽였다.

이지 중국사

항우가 회왕에게 사람을 보내 보고하자, 회왕이 "이전에 약속한 것에 따라 −먼저 진을 함락하고 함양에 들어간 사람을 왕으로 한다!− 처리하라 했다." 그러자 항우가 매우 화를 내며 "회왕은 바로 우리들 항가 가문에서 옹립한 사람이다. 그가 무슨 공로가 있다고 약속한 것에 따른다며 어찌 이렇게 독단적으로 처리할 수 있는가!" 했다. 이에 항우는 회왕에게 한갓 이름뿐인 존호인 '의제義帝'라 부르고 그를 강남으로 옮겨 침현郴縣을 도성으로 삼도록 했다. 그런 다음 항우는 천하를 분봉해 수하의 여러 장군을 왕으로 삼고 그 자신은 '서초패왕西楚霸王'이 되었다. 또 말하길 "파巴, 촉蜀도 역시 관중 땅에 속한다!" 하며 유방을 '한왕漢王'에 봉하고 파촉, 한중을 통솔하게 했다. 관중은 세 부분으로 나누어 세 명의 진조秦朝에서 항복한 장군(장한章邯, 사마흔司馬欣, 동예董翳)을 왕으로 임명해 한군이 중원으로 진입하는 길을 막아 유방을 견제했다. 그러나 서초패왕이 되어 관중을 장악하고도 자신의 고향인 초나라 지역으로 돌아감으로써 천하를 중앙에서 평정할 절호의 기회를 스스로 포기한 셈이 되었다. 항우는 고향으로 돌아가 안일하게 부귀영화를 누리고자 했던 것이었지만 항우의 금의환향은 천하를 잃고 자신도 잃는 계기가 되었다.

BC206년(한 고조 원년), 벽지에 봉해진 유방이 매우 분노하며 항우를 공격하고자 했다. 소하가 간하길 "원컨대 대왕께서 한중漢中의 왕으로 불리고자 한다면 백성들을 양육하고 어질고 덕있는 인재들을 초빙하십시오! 이와 같이 파촉을 근거지로 삼은 연후에 다시 관중 삼진三秦의 땅을 평정할 수 있습니다. 이 말은 곧 천하를 도모할 수 있다는 말입니다!" 했다. 이에 유방은 (항우의)임명을 받아들이고 소하를 승상에 봉했다. 그리고 다시 항우에게 도전할 뜻이 없다는 표시로 다시 돌아 나올 잔도棧道를 모두 끊어 버린다.

오성五星(金,木,水,火,土)이 동쪽 정숙井宿(고대 중국 신화와 천문학이 결합된 것으로 이 별은 국태민안, 천하태평을 나타낸다)에 모였다. 당초 회음후 한신이 가정 형편이 빈한하여 성 아래에서 낚시하며 살았다. 어떤 빨래하는 아낙네가 한신이 배고파하는 것을 보고 그에게 먹을 것을 주었다. 한신이 감동하며 그 아낙네에게 "내가 다음에 반드시 후히 보답하리라."[70]하자 아낙이 화를 내며 "대장부로서 자신도 부양할 수 없는 너 같은 공자를 불쌍히 여겨 겨우 먹을 것을 주었다만 설마 너의 보답을 바랐겠느냐!" 했다. 회음의 도살업자 중 젊은 사람 하나가 대중 앞에서 한신을 모욕하며 "네가 비록 덩치는 크고 칼을 차고 다니는 것을 좋아한다지만 사실은 겁쟁이일 뿐이다, 또 네가 죽음을 두려워하지 않는다면 칼을 잡고 나를 한번 찔러보라! 죽음이 두렵다면 내 바짓가랑이 밑으로 기어서 지나가라!" 했다. 한신이 자세히 그를 한 번 훑어보고 몸을 꾸부려 땅에 엎드려서 그의 바짓가랑이 밑을 기어 나갔다. [고하지욕胯下之辱] 길에 가득한 사람들이 모두 한신을 비웃으며 겁쟁이라 여겼다.

나중에 항량이 항진抗秦의 군사들을 이끌고 회하淮河를 건너 서쪽을 향해 진군하고 있을 때 한신도 그를 따라가고 있었다. 그가 몇 번 항우에게

---

70   일반천금一飯千金, 일반지은一飯之恩. 나중에 한왕이 된 한신이 곤궁했던 시절, 이 아낙네가 자신에게 밥 한 사발을 준 것에 대해 천금으로 돌려주었다.

계책을 올렸으나 모두 채택되지 않았다. 그러자 그는 한군에 귀순해 치속도위治粟都尉(군량관리)가 되어 여러 번 소하와 이야기를 나누었다. 소하는 그를 기재라 여겼다. 한왕이 남정에 도착했을 때 장사들 모두 동쪽으로 돌아갈 생각이 간절해 많은 사람이 길에서 달아났다. 한신도 소하가 한왕에게 여러 번 자신을 천거했으나 한왕은 줄곧 자신을 중임하지 않는다고 짐작해 달아났다.

소하가 한신이 달아났다는 소식을 듣자, 이 일에 대한 보고가 한왕에게 도착하기도 전에 직접 지름길로 쫓아갔다. 사람들은 "승상 소하가 달아났다!"고 근거 없는 말을 유방에게 보고했다. 유방은 매우 분노하여 마치 두 손을 잃어버린 것 같았다. 시간이 지나 소하가 돌아와 알현하자 "당신이 달아났다는데 어떻게 된 것이오!" 하자 "제가 직접 한신을 추적하러 갔습니다!" 했다. 유방이 "제장이 열 몇 명 달아나도 당신은 전혀 추적하지 않았는데 한신을 추적하러 갔다는 것은 거짓말이 아니오!" 하자 소하가 "그런 장령들은 쉽게 얻을 수 있습니다만 한신같은 인재는 나라에 둘도 없습니다. 대왕께서 만약 한중왕이 되려 하신다면 반드시 그를 등용하지 않아도 되지만 만약 천하를 다투려 하신다면 한신을 제외하고는 큰 계책을 헤아릴 수가 없습니다!" 했다. 유방이 "나 역시 동쪽으로 돌아갈 생각뿐인데 어찌 이런 울울하고 쓸쓸한 곳에 오래 있을 수 있겠소!" 하자 소하가 "대왕께서 만약 동쪽으로 돌아갈 결심을 하셨다면 반드시 한신을 중용하셔야만 그는 비로소 머물려 할 것입니다, 그렇지 않으면 한신은 끝내 달아나려 할 것입니다!" 하였다. 유방이 "내가 그대의 체면을 봐서 그를 장군으로 삼겠소!" 하자 소하가 "한신은 반드시 머무르지 않을 것입니다!" 했다. 유방이 "그러면 그를 대장군으로 삼을까요!" 하자 소하가 "괜찮습니다, 하지만 대왕께선 평소에 오만하고 무례해 장군을 임명해 놓고도 어린아이와 같이 부릅니다, 이런 것이 바로 한신을 떠나게 하는 원인이 됩니다!" 하였다. 곧 하나의 높은 제단을 설치해 놓고 예를 갖추어 의식을 준비하자 장령들 모두 이 소식을 듣고 좋아하며 자신이 대장군이 될 것이라 여기고 있었다. 예식이 거행되길 기다릴 때 비로소 한신을 발견하고 전군 모두가 크게 놀라워했다.

BC205년(한 고조 2년), 이보다 앞서 양무인陽武人 진평이 가정 형편이 곤궁했으나 독서를 좋아했다. 뒤에 향리의 사제社祭를 지낼 때 진평이 사제를 주재하며 매우 공평하게 제사 고기를 나누었다. 마을 어른들이 "잘됐다! 진가의 아이가 사제를 주재하게 되어서!" 하자 진평이 "아! 만약 나에게 천하를 주재하라고 한다면 이 제사 고기를 나누듯이 천하를 공평하게 할 덴데!" 하였다. 진시황이 죽은 후, 반란이 일어나자 처음에 그가 위왕魏 王 구咎를 섬기다 중용되지 못하자 곧 떠났다. 또 항우를 섬기다 죄를 짓고 달아났다. 나중에 위무지魏無知의 추천으로 한왕을 만나 도위都尉, 참승參 乘, 전호군典護軍에 임명되었다. 주발周勃이 한왕에게 말하길 "진평이 비록 관옥冠玉같은 미남이지만 그 속이 차 있다고 할 수 없습니다. 신이 들으니 진평은 집에 있을 때 그의 형수와 사통했고, 위왕을 섬기다가 자신의 의견이 수용되지 않자 달아나 항우에게 귀순했으며 다시 달아나 대왕에게 귀순한 것입니다. 만약 지금 대왕께서 그에게 군중의 장령들을 감찰하도록 하신다면 진평은 제장들에게 뇌물을 받을 것이니 대왕께서는 살펴보시길 바랍니다!" 했다. 이에 한왕이 그를 추천한 위무지를 꾸짖자 위무지가 "신이 말씀드린 것은 그의 재능이었습니다. 그러나 대왕께서 물으시는 것은 그의 품행입니다. 지금 만약 어떤 사람에게 미생尾生[71]과 효기孝己[72]의 품행이 있다고 한들 성패에 무슨 영향을 미치겠습니까! 폐하께서는 한가롭게 어찌 그런 사람을 등용하려 하십니까!" 했다. 이에 한왕이 진평을 호군護軍 중위中尉에 임명하고 장령 전체를 감찰하도록 했으나 제장들은 감히 다시 말하지 못했다.

이후 기원전 200년, 진평은 백등산 전투에서 거의 전멸 위기의 유방을 구한다. 당시 위급한 상황에서 묵돌선우의 비, 알씨(閼氏, 연지)에게 미인도와 함께 뇌물로 꾀어 퇴로를 열어 달아날 수 있게 했다. 뿐만아니라 훗날 여후 일족을 제거하며 주발과 함께 문제를 추대해 문경지치文景之治를 이루며 한나라 건국에 결정적 이바지를 한다.

한왕이 낙양 신성新城에 이르자 삼노三老의 원로 동공董公들이 한왕을 가로막으며 말하길 "도덕을 순응하는 자 창성하고, 도덕을 거역하는 자 패망합니다![73] 출병함에 있어 적당한 명분이 없다면 승리할 수 없는 것과 같이 분명히 토벌하려는 적이 도적놈이라는 것을 밝혀야 적을 비로소 토벌할 수 있는 것입니다. 항우는 도덕을 준수하지 않고 그의 군주를 시살해 강물에 던져버린 천하의 도적입니다. (대역무도大逆無道) 무릇 인仁은 용맹에 기

---

71   미생지신尾生之信: 미생이 한 여자와 다리 밑에서 만나기로 약속했다. 여자는 오지 않고 마침 소나기가 와 물이 불어났다. 그렇지만 약속을 지킨다며 그 자리를 지키다 다리 기둥을 안고 익사했다. 쓸데없는 명분에 사로잡혀 소중한 목숨을 버리는 우둔한 자의 표본과 같은 이야기이다.

72   효기孝己: 은殷 고종高宗 무정武丁의 아들이다. 어질고 효성이 지극했으나 계모의 거짓말로 내침을 당하여 마침내 죽었다. 나중에 효자의 전범典範이 되었다.

73   순덕자창順德者昌, 역덕자망逆德者亡, 순천자흥順天者興, 역천자망逆天者亡

대어 표현하지 않고, 의義는 무력에 기대어 표현하지 않습니다. 이 때문에 대왕께서는 마땅히 삼군을 통솔해 의제義帝[74]를 위한 상복喪服을 입으시고 두루 제후들에게 고한 후, 항우를 토벌하러 가야 합니다!" 했다. 곧 한왕이 의제를 발상하고 천하의 제후들을 향해 "천하 각지의 제후들이 모두 의제를 옹립했으나 지금 항우가 의제를 시살했다. 과인이 관중의 병력을 모두 데리고 삼하三河의 호걸들을 끌어들여 남쪽 강한江漢에 배를 띄워 제후들과 함께 의제를 시살한 초를 격파하고자 한다!"고 통고했다. 절치부심하던 유방은 드디어 격문을 들고 제후 연합군과 함께 팽성(초楚나라의 수도)을 공격한다. 항우가 제齊나라(전영田榮)를 정벌하고 있을 때, 유방은 연합군 56만으로 팽성을 함락했다. 제나라를 공략하던 항우는 급히 정예군 별동대 3만을 징발해 남진했다. 이때 팽성을 점령해 재화와 보물및 미녀를 차지하고 날마다 연회를 베풀던 한군은 황급히 달아나다 곡수穀水와 사수泗水에 빠져 죽은 자만 10여 만에 달했다. [팽성대전彭城大戰]

유방도 가까스로 기병 수십 기를 이끌고 달아날 수 있었다. 패현에 들러 가족을 데려가려 했으나 초군의 기세에 만나지 못하고 도중에 아들 혜제와 딸 노원공주魯元公主를 만나 수레에 태웠으나 초병의 급박에 유방은 그 둘을 수 차례 발로 차 수레 아래로 밀쳐 떨어뜨렸으나 등공滕公(하후영夏侯嬰)이 다시 태우는 일이 세 번이나 반복되었다. 마침내 기병들의 추적에서 벗어나 태공太公과 여후를 찾았으나 찾지 못했다. 이때 유방은 제 한 몸만 겨우 달아나 정도定陶의 척씨戚氏 집성촌集成村(척가장戚家庄) 어느 집에서 숙식

---

74   무오사화의 빌미가 된 '조의제문弔義帝文'의 '의제'이다.

을 제공받게 된다. 당시 붉은 도포와 금 갑옷에 용모와 거동이 범상치 않은 그를 보고 왕공王公인 줄 안 이 집 주인은 외동 딸(18세)을 그에게 주었다. 그가 나중에 여의如意를 낳은 척부인戚夫人이다. 이후 젊고, 아름답고, 다재다능한 척부인의 총애에 수 차례 태자를 교체하려 시도했지만 소하와 상산사호(商山四皓)[75]의 입김으로 결국 실패하고 죽는다. 이후 항우는 유방의 부모와 처자를 붙잡아 군중에 두고 볼모로 삼았다.

BC204년(한고조3년), 항우가 누차 한군의 용도甬道(식량창고)를 쳐 군량을 빼앗자 유방이 두려운 마음에 강화講和를 청해왔다. 지금이 기회로 여긴 범증의 간언으로 항우가 형양滎陽을 포위했다. 그러자 유방은 진평의 계책을 실행 했다. −항우의 사자使者를 보고 놀란 표정으로 범증의 사자인줄 알았다며 음식상을 태뢰太牢(소, 양, 돼지고기)에서 악식惡食으로 바꿔 접대해 항우에게 보고케 만들어 이간했다. 이에 범증이 사표를 낸 뒤, 팽성으로 돌아가던 도중에 등에 생긴 악성 종기로 인해 사망한다− 이후 한신의 활약으로 연전연승하자 항우는 큰 도마 위에 태공을 올려놓고 "지금 항복하지 않으면 태공을 팽살烹殺(삶아 죽임)한다!"고 하자 "나와 그대는 서로 회왕 앞에서 형제가 되기로 약속한 사실이 있다, 그대가 자신의 부친을 삶고자 한다면 나에게도 국 한 그릇 갖다주었으면 한다!" 하였다.

시간이 지나 항우는 천하를 둘로 나누어 홍구鴻溝의 서쪽은 한나라, 동쪽은 초나라에 귀속시킬 것을 약속하며 그동안 볼모로 잡았던 유방의 부

---

75   진말秦末, 폭정을 피해 상산商山에 숨어 살던 수염과 눈썹이 모두 하얀 네 명의 노인.

모와 처자를 돌려보냈다. 항우가 철군해 동쪽으로 돌아갈 때, 유방도 서쪽으로 돌아가려 하였다. 그러나 유방이 장량과 진평의 건의 -[양호유환養虎遺患, 범을 길러 근심을 남기다]- 에 따라 계속 항우에 대한 공격을 늦추지 않는 가운데 회음후淮陰侯 한신, 건성후建成侯 팽월彭越과 함께 초楚를 치기로 했다. 하지만 약속한 기한이 지나도 오지 않자, 장량이 한왕에게 권하여, 초지楚地와 양지梁地를 두 장군에게 상으로 나누어 주어 두 장군을 끌어당길 수 있도록 하자 과연 한신과 팽월, 두 사람이 병력을 대동하고 나타났다. 경포도 대군과 함께 모였다.

항우의 부대가 물러나 해하垓下에 이르자 병력은 줄어들었고 식량은 다 되어갔다. 한신이 이 기회를 이용해 초군을 공격하자 항우가 패하여 물러나 영루로 들어갔다. 한군이 수 겹으로 초군의 잔병들을 포위했다. 항우가 밤중에 사면의 한군 군영에서 초나라의 민요가 울려 퍼지는 소리를(사면초가四面楚歌) 듣고 몹시 놀라며 "한군이 이미 완전히 초나라 땅을 점령했다더냐, 무엇 때문에 초국인들이 이렇게 많으냐!" 했다. 항우가 밤중에 막사에서 일어나 술 마시며 우미인虞美人(우희虞姬)에게 춤추도록 명했다. 이때 항우는 서글프고 분한 마음이 북받쳐 오르는 것을 견디지 못하고 몇 줄기 눈물을 떨어뜨리며 읊조렸다.

힘은 아직 산을 뽑을 만하고 기개는 세상을 덮을 만한데 역발산혜기개세 力拔山兮氣蓋世
시운이 불리하니 오추마저 나가려 하지 않는구나! 시불리혜추불서 時不利兮騅不逝
오추마가 나가려 하지 않으니 어찌할꼬! 추불서혜가나하 騅不逝兮可奈何
우희여! 우희여! 그대는 또 어찌하면 좋을꼬! 우혜우혜나약하 虞兮虞兮奈若何

이지 중국사

항우가 노래 부르고 우희虞姬가 답하는 '패왕별희霸王別姬'가운데 나오는 '해하가垓下歌'이다. 이것은 청대에 지은 역사극으로 허구이다.

오추마烏騅馬는 항우가 바로 평일에 타고 다녔던 준마이다. 좌우의 시자들도 모두 눈물을 떨구었으나 감히 한 사람도 머리를 들고 그를 바라다보지 못했다. 부하 장수 800여 명이 말을 타고 항우의 뒤에 있었다. 어둠을 이용해 거듭된 포위망을 뚫고 남쪽을 향해 나는 듯 달아났다. 항우가 회하를 건너 쌍방향 길을 만나, 어느 농부에게 길을 묻자 왼쪽으로 가도록 하였으나 결국 미로에 들어서며 큰 연못 가운데 빠져 머뭇거렸다. 이 때문에 추격 기병 5,000기(대장 관영灌嬰)가 그들을 쫓아왔다. 아침에 이르자 약 100기가 남았다. 항우는 또 기병을 데리고 달아나 동성東城에 이르렀다. 아직도 28명이 남아 있었다. 항우가 스스로 탈출할 수 없음을 깨닫고 기병들에게 말했다. "내가 군사를 일으킨 지 이미 8년에 이르렀다. 직접 70여 회 싸움을 치렀으나 여태껏 실패한 적이 없었다. 그러나 오늘 여기에서 이 지경을 당하고 보니 이것은 하늘이 나를 망하게 하려는 것이지 절대 작전에 실패한 것은 아니다. (자화자찬自畵自讚, 공치사功致辭) 오늘 진실로 죽음을 결심함으로써 제군들을 위해 싸움을 마무리하고자 한다. 반드시 포위망을 뚫고 적장을 죽여 제군들에게 그것을 –작전이 실패한 것이 아니라는 것– 알려주고 싶다!" 했다. 모두 항우의 말과 같이 되었다.

이제야 항우가 동쪽 오강烏江을 건널 생각을 했다. 오강의 정장亭長이 배를 언덕에 대고 기다리며 "강동江東은 비록 땅은 협소해도 사방이 천 리이고 백성의 수가 십만에 달합니다. 왕이라 불리기에 충분한 땅입니다, 바라건대 대왕께선 속히 강을 건너소서!" 했다. 항우가 탄식하며 "나 항적은 강동의 자제 8,000명과 더불어 강을 건너 서쪽으로 원정길에 나섰소, 그러나 지금 한 사람도 돌아오지 못했소, 설사 강동의 어른들과 형제들이 나를 아껴 왕으로 섬긴다 한들 내가 또 무슨 면목으로 그들을 보겠소, 나 항적은 설마 마음에 부끄럼도 없는 인간인 줄 알았소!" 하며 칼을 뽑아 스스로를 찔렀다.[76] 70여 회의 전투에서 모두 이긴 항우는, 마지막 전투인 해하 전투에서 유방과 한신의 연합군에 의해 단 한 번의 패배를 당하고 하늘을 한탄하며 자결한다. (31세, BC232~202)

돌아오는 도중에 한왕은 군사를 돌려 신속히 제왕齊王 한신의 병영에 진입했다. 그의 군권을 박탈하고 한신을 초왕楚王에, 팽월을 양왕襄王에 세우고 유방은 곧 황제에 즉위했다. (BC202년) 처음에 낙양에서 얼마 후, 장안으로 천도했다.

천여 년이 지나 만당晚唐 시인 두목杜牧(803~852)이 이 오강을 지나며 항우를 회고하며 지은 〈오강정烏江亭〉이란 시이다. 여기에서 그 유명한 '[권토중래捲土重來]'란 성어가 나왔다.

승패는 병가에서 기약할 수 없는 것 승패병가사불기 勝敗兵家事不期

수치를 안고 견디는 것이 진정한 남아이지 포수인치시남아 抱羞忍恥是男兒

---

76 따라오던 기병대와 맞닥뜨린 항우는 "듣자 하니 한은 내 목에 천금의 상과 일만호의 제후를 약속하였다고 하는데 내 그대들에게 은혜를 베풀도록 하겠다며 스스로 목을 찔렀다. 그러자 항우의 몸을 서로 차지하려 다투다가 다친 자가 수십 명이 되었다. 이후 서로 몸뚱이를 맞춰보니 정확히 맞았다. 사지오절四肢五折

강동의 자제들에 준걸이 많다지만 강동자제다제준 江東子弟多才俊

흙먼지 일으키며 다시 돌아올지 알 수 없는 일이로다. 권토중래미가지 捲土

重來未可知

2. 한 나라 : 중화 문명의 기틀을 세운 한족과 한문

1) 서한西漢(전한, 서안西安, 장안長安) : BC202~AD8, 210년

①**고조**高祖(유방劉邦) ～ ⑭**평제**平帝

한나라는 기본적인 것은 거의 진나라의 방식을 따랐으나 수도, 장안은 직할하고 지방은 분봉하는 군국제郡國制를 실시했다. 억압적인 군현제가 지방정부의 반발을 일으켰다고 여겼기 때문이었다.

황제 유방이 낙양의 남궁南宮에서 군신들을 환대하는 연회를 베풀면서 "열후와 각 장군들은 나를 속이지 말고 모두 진심으로 말해주시오! 내가 천하를 얻을 수 있었던 까닭은 무엇 때문이며 항우가 천하를 잃었던 까닭은 무엇 때문인가!" 했다. 그러자 고기高起와 왕릉王陵이 "폐하께서는 사람을 보내 성지를 공략하고 점령한 것에 대해, 공이 있는 사람들에게는 상으로 나누어 주었고 이익 또한 함께 향유했습니다. 하지만 항우는 그렇지 않았습니다. 공이 있는 사람은 모함했고, 현능한 사람은 의심했으며 전쟁에 이긴 사람에게 재물로 상주지 않았고, 적국을 점령해도 토지를 분봉해 주지도 않았습니다!" 했다. 이에 유방이 "그대들은 아직 하나는 알고 둘은 모르오! 큰 장막 속에서 모의하고 책략을 꾸며 천리 밖에서 승부를 결정짓는 일은 내가 장량만 못하고, 국가를 평정하고 백성들을 어루만져 위로하고 군량을 공급하고, 양식이 끊어지지 않게 하는 일은 내가 소하만 못하고, 수많은 병사를 모집해 전쟁하면 반드시 승리하고, 점령하려고 생각하면 반드시 점령하는 일은 내가 한신만 못하오, 이 세 사람이 모두 인걸이오! 내가 그들을 중용했던 것이 바로 내가 천하를 얻을 수 있었던 이유일 것이요, 그러나 항우는 오직 하나 있는 범증의 보좌마저도 도리어 중용하지 않았던 것이 바로 나에게 사로잡힌 이유일 것이오!" 하자 여러 대신들이 진실로 탄복했다.

일찍이 유방이 장군들의 등급을 매기다가 한신에게 물은 적이 있었다. "여러 장군들이 모두 병력을 다소 거느리고 있는데 나 같은 사람은 병력을 얼마나 거느릴 수 있겠소!" 하자 한신이 "폐하는 10만에 불과합니다!" 했다. 유방이 다시 "그대는 얼마나 거느릴 수 있소!" 하자 한신은 "많으면 많을수록 좋습니다. (다다익선多多益善)" 했다. 그러자 유방이 크게 웃으며 "그렇게 많으면 많을수록 좋다면서 어찌 나에게 사로잡혔는가!" 하니 한신이 "폐하는 병사들을 잘 거느리지는 못하지만, 장군들은 잘 거느립니다. 이것이 바로 제가 폐하에게 사로잡힌 이유입니다. 하물며 폐하는 하늘에서 부여받은 것으로 인력으로 미칠 바가 아닙니다!" 했다.

언젠가 괴철이 한신에게 유방을 배신하고 자립을 선언할 것을 촉구하며 유방과 항우 그리고 한신이 천하를 나눠 갖는 이른바 '[천하삼분지계天下三分之計]'를 역설했다. "하늘이 주는데도 이를 취하지 아니하면 도리어 그 허물을 받게 되며, 때가 이르렀는데 행하지 아니하면 도리어 그 재앙을 받는다" 하니 바라건데 임금께서는 깊이 생각해 보기 바라오! 부귀, 빈천은 골상骨相에 달려있고 화안열색和顔悅色은 모습만 보면 안다는데 장군의 상은 앞을 보면 제후요 뒤를 보면 짐작키 어렵습니다!" 하며 설득했다.

BC201년(한고조 6년), 어떤 사람이 초왕 한신이 모반을 획책한다고 고발했다. 여러 장군들 모두 "재빨리 군대를 보내 이 녀석을 생매장시키십시오!" 했다. 이에 유방이 진평에게 묻자 "병력을 보내 공격하는 것은 비교적 위험이 큽니다!" 하며, "옛날에는 천자가 각 지역을 순수巡狩하며 제후들과 회견했습니다. 폐하께서 다음번 나가실 때 거짓으로 운몽雲夢으로 순유한다 하시고 진현陳縣에서 제후들과 회견하십시오, 그리고 이 기회를 이용해 한신을 사로잡는다면 한 역사로도 능히 처리할 수 있는 일에 불과합니다!" 했다. 유방이 그의 계책을 좇았다. 곧 사자를 보내 제후들에게는 진현에서 어가를 맞이하라 통지하고 자신은 운몽으로 순유하려 했다. 진현에 이르자 한신이 유방을 배알했다. 그때 유방은 무사들에게 한신을 묶어 마차 뒤에 싣도록 명했다. 그러자 한신이 탄식하며 "과연 사람들이 말하는 바와 같이 교활한 토끼가 죽으면 달리던 사냥개는 삶기고, 날으는 새가 다 사라지면 좋은 활도 사라지고, 적국이 모두 패퇴 되면 모신을 죽인다 했던가! 지금 천하가 이미 평정되었으니 나는 진작 팽살당했어야 했다!" 하였다. [교토사주구팽狡兎死走狗烹-토사구팽兎死狗烹, 고조진양궁장高鳥盡良弓藏-조진궁장鳥盡弓藏, 적국파모신망敵國破謀臣亡] 그는 묶인 채 서울로 압송되

이지 중국사

었다. 최후에 유방은 그를 사면해 회음후淮陰侯로 낮추었다. 이후 한신은 흉노와 내통하기 시작하고 흉노는 진양晉陽으로 남하했다.

BC200년, 평성平城 부근의 백등산白登山에서 벌어진 한(32만 대군)과 흉노의 묵특선우(모돈冒頓=용감한 자, 선우單于=天子)[77]와의 대전투이다. 문헌상 양측의 병력이 모두 72만으로 언급되는데, 흉노의 완승으로 끝났다. 전투의 발단 자체는 강성해진 흉노의 견제 겸 유방에게 토사구팽당한 후 회음후로 강등되어 흉노의 앞잡이가 돼버린 '한왕 신'을 정벌하려는 유방의 원정이었지만 이에 흉노가 적극적으로 개입하며 양측의 전쟁으로 발전했다. 이후, 흉노에게 포위되어 전멸 위기에서 진평의 기지로 묵특의 부인 - 월씨의 여자(연지閼脂)- 에게 뇌물과 함께 미인도를 보여 주며 꾀인 끝에 흉노가 형이 되고 한이 아우가 되는 화평조약을 맺으며 겨우 풀려난다. [평성지치平城之恥] 이후, 왕실 집안의 공주를 시집보내며 화친정책을 시도한다. [화번공주華藩公主][78] 묵특선우는 유방이 죽자 미망인 여후에게 연서戀書를

---

77   두만선우頭曼單于의 맏 아들 묵특은 본래 태자였으나 부친 두만이 연지(알씨閼氏, 후궁)를 총애해 그
      가 낳은 아들을 태자로 삼기 위해 맏아들인 묵특을 월지에 인질로 보낸다. 이후 두만은 월지를 공격하
      게 되고 화가난 월지는 인질이던 묵특을 살해하려 하였다. 하지만 용케 살아난 묵특은 월지의 명마
      를 훔쳐 돌아오는 용맹함을 보인다. 이에 두만은 묵특에게 태자(좌현왕)의 지위와 함께 1만 명의 기병
      대장에 임명한다. 하지만 그동안의 행적으로 보아 부친이 자신을 인질로 보내 죽게하려 했다는 앙심
      으로 수하에 장졸들을 기묘한 방법으로 조련한다. 먼저 묵특은 명적鳴鏑(뼈화살 위쪽에 구멍을 내 소
      리를 내게 만든 것. 효시嚆矢)으로 자신이 시위를 당기는 방향으로 무조건 따라 쏘도록 강제했다. 만약
      자신의 뜻에 반하면 가차없이 목을 베었다. 그리하여 먼저, 자신이 가장 아끼는 명마를 쏘고, 이어 자
      신의 처를 쏜다. 마지막으로 자신의 부친인 두만을 겨냥해 죽인다. 이어 등극한 묵특은 이웃인 '동호대
      인東胡大人(거란契丹, 오환烏桓, 선비鮮卑의 공동 조상)'이 특사를 보내 먼저 자신이 아끼는 명마(천리
      마千里馬, 한혈마汗血馬)를 요구하자 지체없이 준다. 또 자신의 부인인 연지를 요구해도 이웃 간에 이
      정도쯤이야 하는 식으로 흔쾌히 보내준다. 하지만 쓰지 않고 놀리는 땅을 요구하자 공론에 부쳐 쓸모
      없는 땅이라며 주자는 관원을 모조리 참하고 바로 동호를 급습한다. 이후 동호대인을 살해 하고 그의
      두개골을 요강으로 만들어 모욕을 주는 잔혹함을 보인다.
78   번국藩國과의 화친和親을 위해 정략적으로 출가出嫁시킨 공주

보내 -"과부 혼자 지내기 쓸쓸할 것이니 함께하는 것이 어떠하오!" 하자, "나는 노령으로 도저히 곁에서 모실 수 없습니다."라는 답장을 보냈다.- 희롱하기까지 한다. 시간이 지나 절치부심한 무제의 반격으로 흉노는 동서로 갈라진 후, 서 흉노는 남북으로 갈라져 남 흉노는 한에 복속된다. 이후, 원제元帝 때, 호한야선우好韓邪單于가 한의 사위가 되고자 찾아와 왕소군王昭君이 흉노로 시집가는 일이 생긴다.

진희陳豨가 거록군鉅鹿郡의 태수로 임명되어 회음후에게 작별 인사차 왔다. 이때 주위를 물리친 한신이 하늘을 우르러 탄식하며 진희에게 "그대가 가는 곳은 천하의 정예병들이 모인 곳이요. 또한 그대에 대한 폐하의 신임도 두텁소! 그대가 모반을 했다고 사람들이 밀고해도 폐하는 믿지 않을 것이오. 그러나 다시 밀고하면 폐하는 의심할 것이고, 또다시 밀고하면 반드시 노하여 몸소 정벌에 나설 것이오! 그때 내가 도읍에서 군사를 일으켜 그대와 내응하면 천하를 도모할 수 있을 것이오!" 했다. 평소 한신의 재능을 잘 알고 있던 진희는 "삼가 말씀대로 하겠습니다!" 하였다. 한왕 10년, 과연 진희가 모반을 일으켰다. 왕이 친정에 나섰으나 한신은 칭병하며 따라가지 않았다. 그리고 몰래 진희에게 사람을 보내 "군사를 일으키면 여기에서 그대를 돕겠소!" 했다. 마침내 한신은 가신과 함께 어명이라 속이고 관아에 갇힌 죄수와 노비들을 다 풀어주고 군사를 일으켜 여후와 태자를 습격하기로 했다. 임무를 정한 그는 진희에게서 소식이 오기만 기다리고 있는 사이, 한신의 가신 하나가 한신에게 죄를 짓자 그의 동생이 여후에게 한신의 모반 사실을 알렸다. 여후는 한신이 불러도 응하지 않을 것을 염려해 상국 소하와 상의했다. 그녀는 "폐하에게서 연락이 왔는데 진희가 이미 죽었으니 모든 제후와 신하들은 입조해 경하하라!"고 거짓으로 알렸다. 소하도 한신에게 "병중인 줄은 알지만 억지로라도 입조해 축하의 뜻을 표하시오!" 했다. 이에 한신이 입조하자 여후는 무사들을 시켜 결박한 다음, 장락궁長樂宮의 종루鍾樓에서 참수하게 했다. 마지막 순간에 한신이 탄식하며 "[후회막급後悔莫及]이구나! 괴철의 계책을 쓰지 않아, 끝내 아녀자의 속임수에 넘어갔으니 어찌 천명이라 하지 않을 수 있겠는가!" 했다. (BC196년)

시간이 지나 진희의 군사를 평정하고 돌아온 유방이 소식을 듣고 한편으로 기쁘고, 다른 한편으론 가엽게 여기며 여후에게 "한신이 죽으며 뭐라고 하던가요!" 하자 괴철의 계책을 쓰지 않은 것을 후회하며 죽어 갔다고 했다. 곧 제齊나라에 조서를 내려 괴철을 체포해 "네가 회음후에게 모반하도록 가르쳐 주었느냐!" 하자 그가 "그렇소이다, 제가 가르쳐 주었으나 저의 계책을 쓰지 않았기에 그는 자멸하고 말았습니다. 만일 그가 저의 계책을 썼더라면 폐하께서 어찌 그를 죽일 수 있었겠습니까!" 하자 유방이 성내며 "이놈을 삶아 죽여라!" 했다. 괴철이 한탄하며 "아! 원통하게도 삶겨 죽는구나!" 하자, 네놈이 "한신에게 모반하도록 가르쳐주었는데 무엇이 원통하다는 말이냐!" 했다. 그러자 그가 "진나라의 기강이 무너지자, 산동이 크게 어지러워졌고, 성이 다른 자들이 우수죽순처럼 일어나 영웅호걸들이 까마귀 떼처럼 모여들었습니다. 진나라가 사슴(록鹿:대권大權)을 잃자 천하 사람들이 이를 좇았습니다. (축록逐鹿) 그리하여 재능있고 걸음 빠른 자(유방)가 그것을 먼저 얻었습니다. (득록得鹿) 도척의 개가 요임금을 보고 짖는 것은 요임금이 어질지 못해서가 아닙니다. 개는 자신의 주인이 아닌 까닭에 짖었을 뿐입니다. 그 무렵 저는 오직 한신만 알고 있었을 뿐 폐하는 알지 못했고, 천하엔 정예로운 군사와 날카로운 무기로 폐하께서 앉으신 자리에 오르고자 하는 자들이 많았습니다. 그들은 다만 능력이 모자랐을 뿐입니다. 그렇다고 그들을 모조리 삶아 죽이겠습니까!" 했다. 유방은 그의 죄를 용서했다. 이후 팽월도 여후의 모함으로 죽고, 유방도 이듬해 죽는다. (BC195년)

도척지견盜跖之犬

도척의 개. 일반적으로 먹이만 주면 무슨 짓이든 하는 간신배나 모리배謀利輩를 일컫는다. 한편 사마천은 『사기열전』 첫 머리 '백이숙제伯夷叔弟'를 실었다. 백이와 숙제는 인仁을 행하며 행실이 반듯한 현인이었으나 수양산에서 고사리로 연명하다 결국 굶어 죽었다. 공자가 가장 아낀 제자 안연顏淵(회回)은 학문과 덕행을 실천하며 독실했다. 10철哲의 제자 중에 으뜸으로 공자가 그렇게 칭찬했지만 조강糟糠도 제대로 잇지 못해 공자 나이 61세 때, 31세로 죽는다. 그러나 공자보다 약 100여 년 앞섰던 도척이란 살인강도는 사람을 죽이고, 그 간을 꼬집어내 회를 쳐, 먹었다는데도 일평생 호의호식하며 살다 죽었다. 도대체 그는 어떤 덕행이 있어 끝내 천수를 누리며 살았던가! 사마천은 이상의 예를 들며 "세상에 천도天道는 있는가!" 하며 당시에 자신의 심경을 토로한다. 공자는 또 "차가운 겨울이 온 후에야 비로소 송백松柏이 뒤늦게 시드는 것을 알고, 온 세상이 혼탁할 때라야 비로소 청렴한 자가 드러난다. [세한연후지송백지후조歲寒然後知松柏之後凋, 세한송백歲寒松柏, 거세혼탁청사내견擧世混濁清士乃見] 어찌하여 세인들은 부를 그토록 중하게 여기고 청렴한 자는 경시하는 것인가!" 하였다. 한편, 백이숙제나, 안연은 현인이었지만 공자라는 대성인의 칭찬 후에 그들의 명성이 두드러졌다. 천리마의 꼬리에 붙으면 천리를 가듯이 [부기천리附驥千里, 부기미附驥尾] 공자의 언급이 없었다면 역사에 묻혀 그들을 언급하는 일조차도 드물었을 것이다. 곧 "파리나 모기 같은 자와 종일 계획을 세워도 계단조차 넘기 힘들지만 천리마의 꼬리에 붙으면 1,000리를 가고[창승부기미蒼蠅附驥尾], 기러기 날개에 올라타면 사해四海를 난다!" 바로 '[반홍사해攀鴻四海]'이다. 이처럼 큰 인물이나 큰 세력에 기대야 천하에 이름을 올릴 수 있다. 또 [장자莊子, 도척盜跖]편에 "개를 훔친 자는 베이고, 나라를 훔친 자는 제후가 된다. 일단 제후가 되면 사람들은 그의 가문을 온통 인의仁義로 포장해 도적의 흔적을 지운다! (절구자주竊狗者誅, 절국자후竊國者侯, 후지문侯之門, 인의존仁義存)" 또, "갈고리를 훔친 좀도둑은 베이고, 나라를 훔친 큰 도둑은 부귀를 누린다! [절구절국竊鉤竊國]도 있다.

공신들에게 분봉해주고 나니 찬후酇侯 소하가 받은 식읍食邑이 가장 많았다. 공신들 모두 "우리들은 직접 갑옷을 입고 병기를 잡고 싸우기를, 많게는 백여 차례가 넘고 적어도 수십 번은 싸웠습니다. 그러나 소하는 말이 땀범벅이 되게 쫓아 다닌 것과 같은 혁혁한 공로[한마지로汗馬之勞]도 없이 오직 글재주 하나에 기대어 논란을 불러일으키는데도[무문곡필舞文曲筆] 도리어 우리들의 윗자리를 차지하니 이것은 무슨 경우입니까!" 했다. 그러자 고조가 "여러분들은 사냥을 아는가! 짐승을 쫓아 재빨리 덮쳐 죽이는 것은 사냥개이지만 흔적을 발견하면 사냥개에게 짐승이 있는 곳을 향하게 하는 것은 바로 사냥꾼이네! 여러분은 오직 분주히 달려가 짐승을 잡아 오는 것뿐이니 사냥개의 공로에 불과한 것이지, 그러나 소하는 능히 흔적을 발견해 방향을 지시하는[발종지시發踪指示] 사냥꾼의 공로가 있다 할 수 있을 것이네!" 했다. 군신들이 듣고 다시 어떤 말도 감히 하지 못했다.

유후留侯 장량이 칭병하며 사직하고 물러나 벽곡辟谷의 술術[79]과 도가의 양생술養生術을 배웠다. 그가 말하길 "우리 집은 대대로 한韓나라의 재상을 지냈다. 한국이 멸망한 다음 나는 한을 대신해 진에게 원수를 갚았다. 지금 이 세 치 혀를 놀려 제왕의 사부가 되었고 만호후에 봉해지고 열후의 위치에 올라 있다. 이것은 일개 평민에게는 지고무상한 예우이다. 그러나 내가 정녕 바라는 것은 인간사의 일을 버리고 적송자赤松子(전설 속 신선)를 따라 노닐고 싶은 것이다!" 했다. (장가계張家界, 원가계袁家界) 후일 유방이 붕어하자 여후가 장량의 은덕에 감사하며 억지로 음식을 먹게 하자 "사람의 한 평생은 마치 흰 망아지가 문틈을 지나가는 것처럼 빠르오! [백구과극白駒過隙] 굳이 스스로 그토록 고통스럽게까지 할 필요가 있겠소!" 하며 사양했다.

유방은 미천했던 시절에 맞은 본부인 여후로부터 아들 혜제와 딸 노원공주를 얻었다. 이후 고조는 한왕[80] 시절에 팽성전투에서 패해 달아나던 중, 척부인을 맞았다. 당시 늙고 딱딱한 여후보다 젊고 애교 있는 척부인을 총애해 조은왕趙隱王 여의如意를 낳았다. 역사상의 제왕들의 행태가 그러하지만 유방 역시 총애가 식은 여후 소생의 유약한 혜제보다 척부인 소생 여의가 더욱 자신을 닮았다고 생각해 늘 태자를 폐위시킬 생각을 하고 있었다. 척부인은 유방의 총애를 업고 출정 시엔 늘 멀리까지 배웅하고 틈만 나면 소리 내 울며 자신의 아들을 태자로 세워 자신의 삶을 도모해 주길 바랐다. 이런 척부인과 그의 소생 여의를 극도로 미워한 여후는 유방이

79　오곡五穀을 먹지 않는 도교道教의 일종의 수련술修煉術
80　유방이 진秦을 멸망시킨 BC206년까지는 '패공沛公'이라 부르고, 이후 항우가 유방을 한중 땅에 봉할 때는 '한왕漢王'이라 불렸으며 항우를 멸하고 즉위한 다음에는 '고조高祖'라 불렸다.

죽자마자 척부인을 감금하고 여의를 불러오게 했다. 그러나 조국趙國의 승상 건평후建平侯 주창周昌(심한 말더듬이로 유방 생시에 태자를 여의로 바꾸려는 시도를 앞장서 막았던 인물이다)이 여후의 불순한 의도를 알고 보내지 않는다. 이후 여후가 주창을 먼저 불러들여 여의가 혼자 있는 틈에 사람을 보내 독주를 먹여 죽인다. 곧 척부인의 손과 발을 자르고 눈알을 뽑고, 귀를 태우고, 벙어리가 되는 약(또는 혀를 잘라)을 먹인 후 돼지우리에 던진다. 며칠 후, 혜제를 불러 보게 한다. 어안이 벙벙해진 혜제가 곧 여후의 천인공노天人共怒할 짓임을 알고 실성해 정사를 완전히 포기한다. 한 혜제 원년의 일이었다.[81]

여후는 혜제가 재위 7년 만에 죽자 스스로 제왕이라 칭하며 족보도 불분명한 어린 황제 둘을 곡두각시로 삼아 각 4년씩 8년간 정치를 독단한다. 무려 16년여 여씨 천하를 꿈꾸다 사라진 여걸이었다.

---

81 잔악한 여후의 행동을 보고 난 혜제는 시름시름 앓다가 6년 후 죽고(23세), 어린 소제少帝가 즉위한다. 하지만 그는 혜제의 친 자식이 아니고 여후 집안에 후궁을 들여, 그 후궁은 죽이고 정실부인의 아들로 둔갑시킨 것이었다. 그리고 자신은 수렴청정垂簾聽政을 시작한다. 여후는 고조 유방이 죽은 후에도 4일간 유방의 죽음을 비밀로 하고 발상發喪하지 않았다. 유방의 늙은 부하들을 모두 제거하기 위해서였으나 실패했다. 이후 '유씨'들을 박해하고 '여씨'들을 왕으로 세워 통치집단 내부의 갈등은 심해져 갔다. 하지만 여후가 죽은 후 2달이 되지 않아 태위 주발周勃과 승상 진평이 군사를 일으켜 단박에 여씨 집단을 제거해 버렸다. 여후는 정치 수완이 뛰어난 야심찬 정치가이며 중국역사상 최초로 정권을 잡은 여성이기도 하다. 그러나 그녀의 지나친 잔인함은 도리어 자신의 업적을 가려 후대인들의 많은 지탄을 받았음은 부정할 수 없다.

육가陸賈는 나라 초나라 출신으로 언변이 좋아 각국에 출장을 늘 도맡아 갔다. 유방이 천하를 평정하는 데 일조하며 진언할 때는 언제나 [시경, 서경]을 언급하며 인의의 정치를 주청했다. 유방이 "나는 말 위에서 천하를 얻었다. 시경과 서경 따위를 어디에 쓰겠는가!" 하자, "말 위에서 천하를 얻을 수는 있겠지만, 어찌 말 위에서 천하를 다스릴 수 있겠습니까! (거마상득지居馬上得之, 영가이마상치지호寧可以馬上治之乎), "문무병용文武倂用만이 나라를 보전하는 방법입니다!" 하였다. 유방이 "국가의 성패 사례를 저술해 올리도록 하라!"고 하자 국가 존망의 징후를 약술한 12편의 [신어新語]를 지어 올렸다. 이후 진평 등과 협력해 여씨 일족의 죄를 다스리고 다시 유씨로 돌린 것은 모두 그의 계책이었다.

■1 한무제 이야기 (유철劉徹, 7대, BC156~BC87) : 호색한好色漢의 칭제건원

중국 역사상 칭제를 한 것은 진시황이 처음이나, 연호를 처음 세운 것은 한무제漢武帝 유철이 시초이다. 연호는 '건원建元'으로 '칭제건원稱帝建元'의 약자이다. 등극 몇 년 후, 동중서董仲舒의 건의로 연호제도를 정비하며 군주의 등극 년도에 따른 기년법紀年法을 처음 실시하였다. 연호는 왕조의 나이를 말하는데 보통 왕조에 대한 자부심이나 왕권 강화의 목적으로 사용된다.

동중서는 사상적 통일을 위해 공자의 유학을 관학으로 정하고 분서갱유 이후 사라졌던 서적들을 다시 수집, 제작하였다. 유학을 본격적으로 장려하며 오경박사를 설치하고 명당과 태학에서 많은 인재를 키워냈다. 현량방정賢良方正(어질고 선량하며 행동이 바르다)하고 직언극간直言極諫(정직한 말로 간언을 다하다)하는 선비들을 많이 등용했다. 이후 항우의 함양궁 방화로 소실 되었다가 공자의 고택의 벽에서 발견되었다는 고문류古文類와 무제 당시에 사용하던 금문今文과의 차이를 분명히 분별하기 위해 동한 때, 허신의 『설문해자說文解字』[82]가 나오게 된다. 지금 우리들이 아는 유학 경전이나 '삼 강오륜', '음양오행의 설' 같은 것은 모두 그의 시대부터 비롯된 것이다.

한무제 이전에는 유학이 그렇게 숭상되지 못했지만 그가 유학에 뜻을 두자 동중서를 위시한 여러 제자諸子들이 많이 등장했다. 이중 제齊나라 사람 원고轅固(원고생轅固生)도 90여 세에 이르렀지만 현량賢良에 선발되어 장안에 들어갔다. 원고가 초빙될 때 공손홍도 함께 초빙되었다. 그는 눈동자를 삐딱하게 한 채로 두려운 듯 원고를 바로 보지 못했다. 그러자 원고가 "공손선생公孫先生! 반드시 정학正學(유학儒學)에 근거해 사실을 논해야지! 유학을 왜곡해 당세에 영합하려하면 안 되오! [곡학아세曲學阿世]" 했다.

한고조 유방이 흉노의 묵특에게 평성의 치욕을 당한 지 70여 년, 그간의 굴욕적인 압박을 무제때에 이르러 드디어 보복하기 시작했다. (BC129) 한 무제의 공격을 받은 흉노는 대규모로 북쪽인 시베리아는 피하고, 서쪽 중 앙아시아로 향했다. 이후 이들은 '훈족(투루크계 유목 기마민족)'이라 불리며 수백 년간의 민족이동이라는 도미노 현상을 야기한다. 먼저 중앙아시아의

---

82   한漢나라 문자라는 한문漢文은 중국의 대표 글자이다. 한자漢字의 창제 원리를 설명하고 글자를 풀이한 『설문해자』는 한자의 어원에 관한 최고의 사료로 알려져 있다. 이와 함께 『옥편』이나 『자전』같은 사전류가 한자를 이해하는 기본 교재로 지금껏 사용되고 있으나 완벽하게 한자의 어원을 이해하긴 어렵다. 그것은 청말淸末에 우연히 발견된 '갑골문甲骨文'의 등장 때문일 것이다. 특히, 근래 일본인 학자 '시라카와' 선생은 령靈, 애哀, 형兄, 충衷, 열兌 등의 한자에서 많이 보이는 'ㅁ'는 "신에게 축원하기 위한 글이나 무구를 넣어놓은 함을 가리킨다."고 주장한다.

'쿠샨족(조르아스트교, 배화교拜火敎)'은 훈족에게 밀려 인도로 내려가 대승불교의 위대한 중심지 '쿠샨왕조'를 만들었고, 유럽에서는 '게르만족'의 대이동을 —당시 수렵 채취를 하며 살아가던 게르만 민족은 로마제국의 경계였던 도나우강과 라인강을 넘으며 집단으로 난민화되며 로마제국의 영토로 밀려든다— 일으키며 결국 '서로마제국'이 멸망(476년)하는 계기가 된다.

한무제는 어려운 가운데서도 마침내 흉노를 정복하고 동아시아의 강자로 우뚝 섰다. 당시 오리엔트 지역(서남 아시아)은 주로 도자기, 유리제품, 금속기 등의 사치품이 교역의 주종이었다. 중국은 누에를 키우며 발명한 특산품인 비단을 '실크로드SILK ROAD'를 통한 교역으로 당시 선진국이었던 서역을 따라간다.

한무제는 경제景帝(6대)와 왕씨 부인 사이에 태어나 이복형제를 포함하면 모두 13명 중 11번째였다. 맏형인 유영劉榮이 황태자가 되자 다른 황자들은 지방의 왕으로 봉해지는 관례상 그도 네 살 때 교동왕膠東王에 봉해졌다. 서열상으로 보면 전혀 황권과는 거리가 먼, 자격 자체가 되지 않는 사람이었다. 그러나 일곱 살 때 황제의 명을 받고 장안으로 상경해 갑자기 황태자가 되었다. 이것은 전혀 예상치 못한 일로 황실 내의 권력을 향한 여인들의 격렬한 암투가 빚어낸 결과였다. 경제의 누이 관도館陶 대장공주大長公主(유표劉嫖, 황제의 여형제들에게 붙이는 호칭으로 손위라 대장공주라 부름, 무제의 고모이자 장모)는 진오陳午라는 제후에게 시집가 살고 있었는데 자신의 외동딸인 '아교阿嬌(유명幼名)'를 황태자인 '유영'에게 시집보내 황후로 만들려는 소원을 가지고 있었다. 이에 유영의 생모이며 측실인 '율희栗姬'에게 접근하는 한편, 미녀를 후궁으로 보내 경제의 마음을 움직이려 했으나 실패

이지 중국사

한다. 이에 앙심을 품은 대장공주는 '율희'를 비방하는 한편 지속적으로 유영은 황제의 그릇이 못 된다며 적자의 신분을 폐할 것을 종용했다. 그리고 '유철'을 표적으로 삼아 "황태자 중에서는 가장 총명하다!"며 칭찬하면서 "그의 모친이 유철을 잉태했을 때 태양이 가슴속으로 뛰어드는 꿈을 꾸었다!"는 등의 이야기를 곁들이며 주변 사람들을 지속적으로 포섭하기 시작했다. 결국 황태자 '유영'은 임강왕臨江王으로 폐적廢嫡되고 '율희'는 경제를 만나지 못해 우울해하다가 죽었다. 곧 '유철'은 황태자로, 대장공주의 딸인 '아교'는 황태자비가 된다. 이후 경제가 사망하자 16세의 혈기 왕성한 청년으로 성장한 유철이 보위에 올라 55년간 한 제국을 이끌게 된다.

이후, 진황후陳皇后(아교)와의 사이에 애기가 생기지 않았고 별별 방법을 동원하고 억만의 거금을 들여도 효험이 없자 둘 사이는 점점 벌어진다. 이러한 무제에게 안타까움을 보낸 사람은 첫째 누이 '평양平陽 공주'였다. 그녀는 평양후平陽侯(조수曹壽)와 결혼했는데 자신의 집을 방문한 무제의 기분을 달래주기 위해 처녀 10여 명을 치장해 시중들게 했다. 그중, '위자부衛子夫'[83]라는 가수가 있었다. 그녀의 어머니는 공주의 몸시중을 드는 하녀였으며, '위청衛青'이라는 남동생이 있었다. (동모이부同母異父) 그가 바로 나중에 흉노토벌에 혁혁한 공로를 세운 '거기장군車騎將軍 위청'[84]이다.

---

83 위자부는 생부가 누군지 분명치 않아 위온衛媼(위씨 어멈)이라는 여인의 성씨를 따른 사생아였다. 위온은 위자부와 위청을 낳았을 뿐만 아니라 사생아 몇몇을 더 낳는데 그 가운데 '소아小兒'라는 딸이 있었다. 이 딸이 '곽霍 아무개'라는 인물의 첩이 되어 낳은 아들이 바로 '곽거병'이다. 곽거병은 외삼촌 위청을 닮아 활쏘기와 말타기의 명수였다. 위청이 흉노 토벌에 혁혁한 전공을 세워 제후, 대장군이 되었으며 그의 공으로 기저귀를 차고 있던 어린 세 아들까지도 제후에 봉해졌다. 이후 위청의 명성이 다소 하락할 때 조카 곽거병이 흉노와의 싸움에 혁혁한 공로를 세우며 제후에 봉해진다. 18세였다. 24세에 급사한다.

무제가 패상霸上에서 불계祓禊[85]를 하고 환궁할 때 평양공주의 집을 방문한다. 무제는 당시 귀족들의 관습상 우선 헌중軒中(변소)에 들른 다음, 갱의실更衣室에서 옷을 갈아입었는데 이때 옆에서 시중드는 여인이 '위자부'였다. 갱의실에서 위자부는 은총을 입었다. 이에 평양공주가 등허리를 어루만지며 "가거라! 몸조심하고! 존귀하게 되면 나를 잊지 말아라!"라는 인사를 뒤로, 궁중으로 들어갔다. 하지만 입궁한 지 1년여가 지나도록 더 이상 한무제와의 동침은 없었다. 이때, 무제는 총애받지 못한 궁인들을 집으로 돌려보내도록 했다. 위자부도 귀가를 원했지만 다시 은총을 입고 1남(유거劉據) 3녀를 얻었다. 이후 위자부에 대한 무제의 사랑이 물이 오르자 오빠(위장군), 동생(위청)은 물론 위자부의 언니 소아小兒의 아들인 조카 '곽거병霍去病'도 궁중으로 불러들인다. 그러자 '진황후'가 위자부를 질투한 것은 물론이지만 그 어머니인 관도 대장공주도 격분하며 평양 공주를 원망하였고 화풀이로 그의 동생인 '위청'을 죽이려 하였다. 당시 위청은 평양 공주의 마부로 일하고 있었는데 대장공주가 보낸 자객에게 잡혀 죽을 뻔한 것을 친구가 겨우 구출해 냈다. 이 사실을 안 무제는 그대로 두었다가는 '위청'이 위험하다고 판단해 그를 궁중으로 불러 '태중태부泰重太傅'라는 벼슬을 주었다. 이후 흉노토벌의 혁혁한 공로로 거기장군에 오르며 나중엔 평양공주의 부마駙馬[86]가 된다.

---

84 평양후의 노비인 위온의 사생아로 태어나, 평양후의 집에서 가인으로 있다가 어려서 아버지에게 돌아갔다. 그래서 원래 성은 정鄭이었다. 아버지에게서 양羊을 치는 일을 맡았고, 아버지의 본처 자식들에게서 형제가 아니라 종 취급을 받았다. 장성한 뒤에는 평양후의 기사騎士가 되어 평양후의 부인 평양공주를 모셨다.
85 삼짇날(음력 3월 3일), 물가에 가서 목욕하고 상서롭지 못한 것을 제거하는 일.

2년 후, 미도[87]사건으로 진황후는 쫓겨 나고 위자부가 황후에 오른다. 항간에 "아들을 낳았다고 기뻐하지 말고, 딸을 낳았다고 슬퍼하지 마라. 위자부가 천하를 제패하는 것을 보지 못했는가!"라는 노래가 사람들 입에 오르내렸다. 시간이 지나, 무제는 위황후의 미색美色(아리따운 용모)이 쇠衰해지자 [색쇠애이色衰愛弛: **겉만 보고 좋아한 것은 겉모습이 쇠약하면 사랑도 식는다**] 조趙나라 출신 후궁인 왕王부인을 총애했다. 그녀는 아들(제왕齊王) 하나를 남기고 요절한다. 그도 재위 8년 만에 훙거했다. 또 후궁으로 부인 이희李姬가 있었는데 비록 두 아들을 낳았지만 총애를 받지 못해 우울해하다 죽고, 아들 유단劉旦이 연왕燕王으로 나갔다. 이후 강청의 무고巫蠱 사건 이후 새로운 태자를 세우지 못하고 있을 때 연왕 단이 상서하며 "황제 곁으로 돌아가 숙위宿衛(숙직하면서 지키는 것) 하겠다!"며 야망을 드러내자 그의 사자를 죽인다. 곧, 무제의 오해를 받고 그의 관심에서 사라진다. 이후, 무제가 아끼고 좋아했던 이부인李夫人이 있었다. 이부인은 한무제의 친 누이인 평양공주(개인적으로 전속 악단을 소유하고 있었다)의 주선으로 궁정음악장(협률도위協律都尉)이 된 그의 큰 오빠 이연년李延年 때문에 무제에게 발탁되었다. 이연년은 노래는 물론 작곡, 편곡에도 뛰어난 인물이었다. 당시 무제가 봉선을 거행하던 터라 사마상여司馬相如 등에게 명해 이를 기리는 시와

---

86 유철의 세 명의 누나중 큰누나. 처음에 조참曹參의 증손인 조수曹壽(조기曹畸)와 결혼했으나 나중에 과부가 되어 홀로 지내고 있을 때 어떤 제후가 자신의 남편이 될 것인지 좌우에 상의했다. 모두 대장군 '위청'을 소개하자 평양 공주는 웃으며 "이 사람은 우리 집에서 나의 기사가 되어 나를 호위하며 따라다녔는데 어찌 그를 남편으로 삼을 수 있겠는가!" 했다. 그러자 좌우에 시어侍御가 "현재 대장군의 누이는 황후이고, 세 아들 모두 제후가 되어 그 부귀가 천하를 진동시킵니다!" 하였다. 공주가 혼인을 허락하며 결국, 무제의 매부妹夫(자형)가 되었다. 장수했다.

87 미도媚道(미고媚蠱, 무고巫蠱, 무미巫媚, 매고埋蠱, 염승厭勝) : 자신이 미워하는 사람의 형상을 나무 인형으로 만들어 땅속에 묻어 저주하는 행위. 주로 중국 남방지역에서 아주 지독한 독벌레를 항아리에 넣어 서로 싸우다 최후에 살아남은 벌레를 갈아서 저주할 대상에게 실행했다.

송頌을 짓도록 했다. 이때, 이연년이 불렀다.

북방에 한 아름다운 여인 있어 북방유가인 北方有佳人
절세미인으로 홀로 지낸다네 절세이독립 絶世而獨立
한 번 눈길에 성이 기울고 일고경인성 一顧傾人城
두 번 눈길엔 나라가 기우네 재고경인국 再顧傾人國
어찌 경성과 경국을 모르리오만 영부지경성여경국 寧不知傾城與傾國
가인은 다시 얻기 어려워라! 가인난재득 佳人難再得

당시 묵묵히 듣고 있던 무제가 한숨을 쉬며 "세상에 어찌 그런 사람이 있겠는가!" 하자 곁에 있던 평양 공주가 바로 이연년의 누이동생이 절세가인이라 일러 주었다. 전속악단을 거느렸던 평양 공주는 위황후(위자부)도 소개한 적이 있으며 재색을 겸비하고 가무에 능한 자가 있으면 궁중에 밀어 넣었다. 그러나 이연년은 궁인과 사통하는 음란죄에 연좌되 주살되고 마침 그때 이사 장군으로 흉노 대완大宛을 정벌하러 나갔던 이광리는 살아남았다. 공교롭게도 이광리가 이사 장군에 임명되었을 때 이부인이 세상을 떠났다. 절세미인이었던 이부인은 날 때부터 몸이 약했다. 특히 아들(창읍애왕昌邑哀王)을 낳고 병이 들었다. 그녀가 위독할 때 무제가 찾아왔으나 자신이 낳은 아들과 형제, 친지들을 부탁했으나 이불을 뒤집어쓴 채 결코 얼굴을 보여 주지 않고 벽을 돌아서 울기만 할 뿐이었다. "나는 천한 신분으로 다만 얼굴이 이쁘다는 이유로 폐하의 은총을 입었습니다. 미모로 입은 총애는 미모가 사라지면 총애도 사라지는 것입니다. 폐하가 보고 싶은 얼굴은 옛날의 내 얼굴이지 지금은 아닐 것입니다! 오랫동안 병석에 누워 있

이지 중국사

어 이런 얼굴로는 폐하를 알현할 수 없다!"는 이유였다. 50이 넘은 위자부 대신에 총애하던 젊은 가기 출신인 이부인이 아들 하나만 남기고 죽자 너무나 애통해한 무제는 방사方士를 시켜 저승에서 이부인을 불러내 달라고 부탁할 정도였다. 애통해한 무제는 이부인의 남은 일족들에게 뭔가를 보답하고자 하였으나 평민의 신분인 관계로 일단 작은 공이라도 세워야 작위를 줄 수 있었다. 이에 그의 둘째 오빠 이광리를 이사 장군에 임명해 흉노 토벌의 책임을 맡겼다. 무제는 상대가 약소국이므로 이광리가 쉽게 공을 세울 것으로 생각했다. 그러나 수 차례 실패와 우여곡절 끝에 결국 한혈마汗血馬를 구해 돌아온다. 나중에 이를 불쌍히 여긴 무제가 그를 '해서후海西侯'에 봉한다. 이후, 흉노에 항복한 이릉이 흉노군을 훈련시키고 있다는 잘못된 정보에 의거해 그의 모친과 처자, 형제들 모두를 죽였다. 이에 돌아올 희망을 잃은 이릉은 선우의 딸과 결혼해 흉노의 우현왕右賢王이 되었다. 그때 먼저 억류되어 있던 소무蘇武를 만난다.

이 무렵 20세의 청년 장군 곽거병은 삼촌인 위청의 흉노 토벌에 두 차례 종군하며 많은 전과를 올린다. 이후 기마와 명궁으로 이름난 낭중령郎中令 이광李廣과 함께 출격해 이광은 흉노의 좌현왕左賢王에게 포위되어 전멸의 타격을 입었지만 큰 승리를 거두며 흉노의 서쪽 방비를 무너뜨린다. 이때 세인들의 선망의 대상이 된 곽거병에게 사람들이 몰려들었지만, 사마천의 친구 '임안任安'만은 이러한 풍조를 불쾌하게 여겼다. 이후 전투에 참여한지 3개월밖에 안 된 이광의 손자 이릉李陵[88]이 적진 너무 깊이 들어갔다가 5천의 별동대로 8만의 흉노의 정예병과 조우해 낙마하며 포로로 잡혔다. 모두 자결하지 않은 이릉을 수치스러운 일이라 거론하며 아무도 변론하지 않았다. 하지만 사마천이 과거 이광리가 3만의 병사로 흉노에 원정했으나 이렇다할 전과를 올리지 못하고 돌아왔지만 이릉은 5천의 별동대로 8만의 흉노와 용감히 싸우다 사로잡혔다는 것을 견주며 "삼족을 멸하더라도 자초지종을 알고 천천히 처리하면 될 것"이라 진언한다. 하지만 죽은 이 부인에 대해 애틋한 감정이 아직 식지 않은 마당에 그녀의 일족을 거론한데 대한 불쾌감, 흉노에 항복했다는 왜곡된 정보 등으로 무제의 노여움을 산다.

사마천은 '등용문登龍門'으로 익히 알려진 섬서성 용문현 출신으로 동중서를 사사師事했다. 당시 가장 치욕적인 궁형宮刑(생식기를 제거하는 형벌)이라는 형을 당했으나 그를 비호해주는 세력이나 금전이 많았으면(50만 전의 벌금) 피할 수도 있었다. 하지만 그는 자결을 택하지 않고 절치부심하며 3년을 보냈다. 이후 대사면을 받아 부친 사마담司馬談과 같이 황실 도서를 관리하고 수집하며 천문, 역법 등의 연구를 관장하는 직책인 태사령太史令에 임명되었다. 곧 부친의 유업과 자신의 신념에 따라 불후不朽[89]의 명작『사기』를 완성한다.

사기는 전설의 요순임금에서 시작해 한 무제까지, 약 3천 년의 기록을 차분

---

88 흉노와의 전투에 큰 활약을 한 장수로 상승장군常勝將軍이라 불렸다. 어느 날, 호랑이로 착각하고 쏜 화살이 바위에 명중하며 박힌 중석몰촉中石沒鏃의 주인공으로 정신일도하사불성精神一到何事不成의 전형을 보여준 경우라 하겠다.

89 후朽: 썩다. 우리네 선조들은 일생을 살아가는 데 '삼불후三不朽'라 하여 이 세상을 살다 가더라도 '썩지 않고 영원히 세상에 남아 있는 세 가지'를 삶의 중요한 목표로 삼았다. 첫째는 '입덕立德'으로 덕을 많이 쌓아 수많은 선행으로 사람들로 존경받는 것이다. 둘째는 '입공立功'으로 국가나 사회에 공적을 많이 세워 나라를 구하거나 백성들을 위해 큰일을 이루어 영원히 존경받는 것이다. 셋째는 '입언立言'으로 자신의 견해를 세워 훌륭한 말이나 글로 사람들에게 감화를 주어 오랫동안 영향을 주는 것으로, 혹시 어지러운 세상에 태어나 비록 세상에 공과 덕을 쌓진 못했지만 나름대로 공부를 많이 해 후손들을 교육하거나 자신의 저작著作을 남기는 행위를 말한다.

히 흥미진진하며 생동감있게 기록한 '기전체紀傳體'(인물의 전기 위주)형식으로 역사 저술의 새로운 방식을 제시하였다. 우리나라 『조선왕조실록』의 '편년체編年體'(년대순으로 사건을 정리)역사서와는 체제가 다르다. 사기는 예악禮樂과 산천, 귀신, 인간과의 관계의 변화와 적응에서 [물극필반物極必反, 월만즉휴月滿則虧][90]의 원리를 설명한 〈서書〉8편, 제왕의 행적을 기록한 〈본기本紀〉12편, 권문세족들의 기록인 〈세가世家〉30편, 수많은 미생微生과 호한好漢들의 일생을 기록한 〈열전列傳〉70편, 세계世系와 년대年代를 기록한 〈표表〉10편 도합, 130편의 방대한 기록물을 저작했다.

한 무제는 삼 일간 식사나 잠을 못 자는 것은 견디지만, 하루도 여자 없으면 안 되는 호색한好色漢이라 할 만큼 강건했다. 그는 이 부인이 죽은 다음, 윤첩여尹婕妤와 형부인邢夫人(애칭 경아娙娥)을 동시에 총애했으나 둘이 만나지 못하게 했다. 그러자 윤 첩여가 형 부인을 한번 만나 보자며 간청해 무제가 허락했다. 형 부인이 보통의 복장으로 시종들에게 둘러싸여 나오자 윤 첩여가 다가가 "이 사람은 형 부인이 아닙니다!" 하였다. 무제가 "무슨 근거로 그같이 말하오!" 하자 "그녀의 용모와 자태를 보건데 군주의 배필이 되기에 부족합니다!" 하였다. 이에 무제가 원래 입었던 옷을 입고 걸어 나오게 했다. 윤 첩여가 그 자태를 바라보고 "이제야 정말이구나!" 하며 곧 고개를 숙이고 흐느끼며 자신이 남보다 못한 것을 비통해했다. 속담에 "미녀가 방 안에 들어가면 추녀의 원수가 된다, 목욕은 반드시 강이나 바다에서 해야 하는 것은 아니나 때는 씻을 수 있어야 한다, 말은 반드시 준

---

90   물극필반, 월만즉휴: 모든 사물은 극에 달하면 반드시 반전하며 흥망성쇠를 반복한다. 영즉필휴盈則必虧, 전즉필결全則必缺, 기만즉경器滿則傾, 물장즉노物壯則老, 화무십일홍花無十日紅

마일 필요는 없으나 달리는 것은 잘해야 한다, 선비는 반드시 세상 사람보다 현명할 필요는 없으나 도리는 알아야 한다, 여인은 반드시 귀한 집안 출신이어야 할 필요는 없으나 절개만은 곧아야 한다!" 하였다. 『좌전左傳』에 이르기를 "여인은 아름답고 추하고 관계없이 일단 궁실에 들어가기만 하면 질투를 받고, 선비는 어짊과 못남에 관계없이 일단 조정에 들어가기만 하면 시기를 받는다!" 했다. 아름다운 여인이 추녀의 원수인 것이 어찌 이런 것이 아니겠는가!

　시간이 지나 고령인 무제(66세)는 신선술91에 심취해 위황후가 낳은 첫 아들인 태자 '여戻(유거劉據)'를 죽이게 된다. 혹리인 강충江充은 이전에 태자 '여'의 불법을 적발한 적이 있어 그의 미움을 받고 있었다. 마침 고령인 무제가 병상에 눕는 일이 많아지자 만일 이러다 무제가 갑자기 세상을 떠난다면 자신은 죽임을 당한다고 생각해 태자 '여'를 제거하기로 하고 방사, 무격巫覡의 무리들과 미도媚道사건을 야기해 목우木偶(오동나무로 만든 인형)를 궁중에 묻고 제사를 지내며 무제의 병을 여태자 탓으로 모함했다. 이에 귀가 솔깃해진 무제가 궁중을 수색하도록 지시했는데 공교롭게도 태자가 거처하는 궁전의 땅속에서 목우 여섯 개가 발견되었다. 궁지에 몰린 태자(당시 38세)는 자신을 함정에 빠뜨린 강충을 잡아 처형하는 한편 죄수들을 석방하고 시민을 집합시켜 무기고를 열고 자위력을 갖추고 대비하였다. 이때 감천궁甘泉宮에서 병상에 누워 있던 무제는 이것을 반란으로 착각하고

91　방사 이소군李少君은 부엌 신에게 비는 사조祀竈(竈), 곡기穀氣를 끊고 장수하는 곡도穀道, 선약을 먹고 불로장생하는 각노却(郤)老로 무제를 유혹했다. 이후 소옹少翁(강절강節)은 귀신을 불러들이는 방술로 당시 무제가 총애했던 왕부인을 장막帳幕을 통해 만나게 한다.

진압군을 출동시켜 5일간 전투가 시작되었다. 결국 태자는 장안을 탈출해 교외 어느 가난한 구두공(짚신 장수)의 집에 피신했다가 발각되자 스스로 목을 매었다. 위황후도 지위를 박탈당한 채 자살을 권유받았고, 태자 주변의 많은 사람들이 죽임을 당했다. 사마천의 친구 '임안任安[92]'도 이 사건의 본질이 '강청의 무고'라는 것을 알면서도 눈치 보며 중립을 선 죄로 사형에 처해진다. 이 소식을 들은 사마천은 친구에게 장문의 편지를 보내 이전에 궁형을 받아 든 자신의 심정과 역사적인 사례를 들면서 위로했다. 무고 사건 직후, 무제는 태자의 억울함을 깨달았지만 이미 엎어진 물이었다. 곧 '사자궁思子宮'을 건조해 자신의 불찰과 태자와 위황후의 영혼을 달랬다.

이전, 무제가 하간河間지역을 순행하던 중에 만난 조첩여趙婕妤가 있었다. 조씨는 아들 하나를 두었다. 소제昭帝(8대, 불능弗陵)이다. 소녀 시절, 6년 동안 앓아누운 후, 양손이 오그라들었던(조막손) 그녀를 어느 날, 이 지역을 지나던 황제가 이 소식을 듣고 불렀다. 곧 황제의 손길이 닿자 소녀의 손가락이 쭉 펴지며 옥고리가 나왔다. 하여 권拳 부인 또는 구익鈎弋 부인이라 불렀다. 무제의 나이 63세에 소제가 14개월 만에 태어나자 무제는 옛날 요임금의 어머니가 14개월 만에 요를 낳았다는 고사를 이야기하며 구익 부인을 무척 총애했다. 시간이 지나, 여태자를 폐위한 후, 태자를 다시 세우지 못하고 있을 때 주위를 물리치고 주나라 성왕의 삼촌인 주공 단이

---

92   사마천은 이 사건 이전, 자신의 궁형이 확정되며 친구에게 편지를 보낸다. 이 편지(보임안서保任安書)에서 치욕적인 궁형이지만 삶을 도모해야 하는 자신의 심경을 피력하며 "사람은 누구나 한 번 죽지만 어떤 죽음은 태산泰山보다 무겁고, 어떤 죽음은 새털보다 가볍습니다. 이는 죽음을 사용하는 방향이 다르기 때문입니다!"라 했다. 이어 자신의 뜻을 펴지 못하고 죽는 것은 마치 '구우일모九牛一毛'와 다를 바 없었던 것이 아니냐며 삶의 의지를 내보인다. 창해일속滄海一粟, 태창일속太倉一粟

어린 조카 성왕을 등에 진 모습을 그리도록 화공에게 시킴으로써 자신의 뜻을 알렸다. 좌우의 군신들이 무제의 의중을 간파하고 당시 겨우 8살이 었던 소제를 태자에 봉한다.

며칠 후, 무제는 사소한 트집으로 구익부인을 죽음으로 내몬다. 구익 부 인이 비녀와 머리 장식을 버리고 땅바닥을 치며 살려주길 애원했지만, 무 제는 "가거라! 너는 살아날 수 없다!"며 살해를 지시한 후, 사람을 시켜 구 익 부인을 장사지낸 곳을 표시해두도록 했다. 이때 비바람이 몰아치고 백 성들은 슬픔에 젖었다. 그 후, 무제가 좌우에, 사람들이 그 사건에 대해 무 어라 하는지 물었다. 그러자 "사람들이 자식을 귀한 태자로 세우려면서 어 떻게 그의 어머니를 죽일 수 있는가!"[93]라 말한다 하자 무제가 "그럴 것이 다, 이것은 어린아이들과 어리석은 사람들이 알 수 있는 것이 아니다. 너 희들은 여후呂后의 일을 듣지 못했는가! 옛부터 나라가 어지러운 까닭은 모두 주상이 여리고 그 모후가 군세었기 때문이었다. 여자가 주가 되면 교 만하고 건방지며 음란하고 방자해져 아무도 말릴 수 없어진다!" 하였다. 무제가 낳은 자식은 여럿 있었지만 아들 딸없이 그 모친이 죽음으로 내몰 리지 않은 적은 없었지만 '현성賢聖'이라 불리는 것은 무엇 때문인가! 무제 는 죽음이 임박함을 느끼고 소제를 후사로 정했다. (소제가 황위에 오르자 곧 태후로 복권 시켜 주었다) 그리고 대신 중에서 가장 신뢰하던 두 사람, 곽광霍 光(곽거병의 동생)과 김일선金日磾을 골라 후사를 부탁했다. 소제는 총명했으 나 요절하였고(21세, 사인 불명) 뒤를 이어 곽광의 결단에 의해 태자 '여'의 손 자인 '병이病已'가 보위에 오른다. '선제宣帝(10대)'이다.

93　자귀모사子貴母死

이후, 한원제漢元帝(11대) 경령竟寧 원년元年(BC33년), 흉노 호한야선우呼韓邪單于가 찾아와 "한의 사위가 되고자 한다!"고 했다. 이에 후궁의 궁녀 왕장王嬙을 그에게 주었다. 그녀는 화번공주로서의 역할을 톡톡히 했다. 왕장은 자가 소군昭君이나 사마소司馬昭를 피휘해 사서史書엔 명비明妃라 했다. 어릴 때 이름이 흰 달덩이(호월皓月)로 불릴 만큼 예뻤다. 하지만 수많은 궁녀들 숲에 한원제를 친견할 수는 없었다. 수많은 궁녀를 그림으로 면접하겠다는 원제의 지시로 궁정화가였던 모연수毛延壽의 붓끝에 궁녀들의 명운命運이 달려있었기 때문이었다. 모두 뇌물로 실물 이상의 '뽀샵'을 원했으나 뇌물을 줄 형편이 못 되었던 소군은 원제의 숨결은커녕 그의 그림자도 구경 못 한 채 세월을 보낸다. 이후 곡절 끝에 호한야선우와 함께 혼례를 치르는 모습을 처음 본 원제는 속상해하지만 이미 돌이킬 수는 없었다. 식을 마치고 호한야가 떠난 다음 전모를 안 원제는 모연수를 처형한다. 이후 흉노로 시집간 소군은 호한야선우와의 사이에 아들 하나를 두었으며 그가 죽자 그의 아들 복주루復株累(우일축왕右日逐王)에게 의탁한 후, 모두 11년간 동거하며 딸 둘을 더 낳고 33세에 이 세상을 떠난다. 중국 4대 미녀중의 하나로 호사가들의 입에 잘 오르내리며 '[낙안落雁][94]'이란 성어의 주인공이다. 원제는 왕장을 시집 보낸 그해 41세로 붕어한다.

성제成帝(12대) 영시永始 원년(BC16년), 태후太后(원제元帝의 황후였던 왕王황후)가 어린 성제를 대신해 정권을 잡고, 그의 동생의 아들인 왕망王莽을 신도

---

94   호한야선우와 함께 멀리 변방 흉노 땅으로 떠나는 소군(소군출새昭君出塞)의 모습에 미혹迷惑된 기러기가 그만 날갯짓을 멈추다 떨어진다!'란 성어의 주인공이다. 또 '호지무화초胡地無花草,춘래불사춘春來不似春, 오랑캐 땅엔들 화초가 없겠냐마는, 봄은 왔지만 봄 같지 않구나!'란 시구도 회자된다.

후新都侯에 봉했다. 또 조비연趙飛燕을 황후로 세우고, 그의 동생 조합덕趙合德도 첩여婕妤로 삼았다. 조비연은 신체가 가볍고 춤을 잘 춰 마치 나르는 제비같다고 '비연飛燕'이라 불렀다.[95] 그녀의 여동생 합덕과 함께 10여 년간 총애를 독점했다. 자식이 없었다. 때문에, 후궁 중에 자식을 낳은 자가 있으면 번번이 모략했다. 이때 후궁이었던 반첩여班婕妤[96]도 총애를 잃는다. 한성제가 비연, 합덕 자매의 음란을 이기지 못하고 합덕을 안고 즐기다 복상사腹上死하자 합덕도 울부짖으며 피를 토하고 죽었다. 이어 애제哀帝(13대)[97]가 즉위하자 비연은 황후로 책봉되었으나, 전한의 마지막 황제인 평제 때, 서인으로 떨어진 다음, 북궁에서 홀로 살다 목을 매어 자살했다.

평제平帝(14대)가 등극한다. 그의 이름은 기자箕子이며 나중에 개명해 간衎(즐길 간)이라 불렀다. 바로 중산 효왕孝王 유흥劉興의 아들이며 원제의 손자이다. 원시 4년에 평제가 왕망의 딸을 황후로 삼고 왕망에게는 재형宰衡이란 칭호를 주었다. 이것은 각 제후왕보다 높은 것이었다. 이듬해 왕망이 황제를 독살했다. 태황태후가 선제宣帝의 현손 유영劉嬰을 황태자로 삼고

---

95 환비연수肥燕瘦: "조비연趙飛燕은 약간 수척瘦瘠하고 양옥환玉環(양귀비)은 좀 통통하다!"는 말로 당시 옥환을 시기 질투하던 어떤 여자가 그녀를 "뚱뚱보 계집"이라 하였다.

96 성제의 총애를 받아 '첩여'가 되었으나 조비연 자매의 등장으로 무고誣告로 쫓겨 나자 [원가행怨歌行]이라는 원망의 시를 지어 자신의 심경을 부채에 비유해 노래했다. "무더운 시절, 임의 품속과 소매를 들락거리며 부드러운 바람 일으키며 사랑받다가, 서늘한 가을바람 불어오면 폐기돼 궤짝에 던져지는 합환선合歡扇(양면을 붙인 부채처럼 남녀가 부부가 되어 기쁨을 누리며 오래도록 함께하자는 의미)과 같은 처지를 가을 부채에 부쳐 자신의 서글픔을 드러냈다." 그녀는 [한서漢書]를 편찬한 반고班固의 동생이자 서역을 개척한 반초班超의 고모 할머니이다. 추선秋扇, 추풍선秋風扇: 철지나 쓸모없이 된 물건이나 총애를 잃은 여자를 비유한다.

97 성제의 양자養子, 26세에 죽음, 애제가 미소년 동현董賢을 좋아해 함께 "낮잠을 자다 먼저 깨어났지만 동현이 깰까 봐 자신의 용포 소매를 잘랐다.(단수지벽斷袖之癖)"는 고사의 주인공이다. 용양지총龍陽之寵(춘추시대 위왕魏王과 용양군龍陽君), 분도分桃(춘추시대 위영공衛靈公과 미자하彌子瑕, 나중에 애정이 식으며 여도지죄餘桃之罪로 단죄한다.)와 같이 동성애同姓愛(남총男寵)를 상징한다.

유자영孺子嬰이라 불렀다. 왕망이 대리 섭정하며 가황제(임시황제)라 불렀으나 신하와 백성들은 '섭황제攝皇帝'라 불렀다.

이후 3년의 섭정 끝에 왕망이 정식으로 천자에 즉위했다. 국호를 고쳐 '신新'이라 불렀다. 왕망은 왕만王曼의 아들이다. 효원孝元황후의 여덟 형제 중에서 왕만은 일찍 죽었다. 봉후封侯는 없었다. 왕망의 유년은 고아였으나 그의 형제 모두가 장군으로 오후五侯의 아들이 되었다. 이들은 사치한 생활을 하며 날마다 마차를 꾸며 요란스럽게 돌아다니고, 서로 경쟁하듯 방탕한 생활에 열중했다. 그러나 왕망은 검소하고 공손, 근신하며 널리 배워 일반 유생들과 똑같은 복장으로 자신의 신분을 낮추었다. 밖에 나가서는 영걸, 준재들과 교유했고, 집안에서는 여러 숙부나 백씨들을 잘 섬겼다. 완곡하면서도 생각이 두루 미쳐 빈틈이 없었으며 예의도 있고 뜻도 있었다. 겉과 달리 속으로 장래를 준비하는 주도면밀함이 있었다. 왕망의 꿈은 최초의 국가 사회주의의 유교적 이상 국가 실현이었다. 모든 토지를 국유화해 매매를 금지하고, 관에서 주요 물품(소금, 철, 술 등)을 전매, 통제하고, 화폐개혁을 실시했다. 하지만 호족들의 강력한 저항과 물가 폭등, 많은 종류의 화폐로 인한 불편함을 초래했다. 이후 민심 이반을 초래하고 적미赤眉(피아 식별을 위해 눈썹에 붉게 칠함), 녹림군綠林軍(녹림산이 근거지)으로 대표되는 반란이 전국을 휩쓸었으며 이후 황건적黃巾賊의 난으로 발전한다. 결국 전한 경제景帝의 6세손이라는 것을 제외하면 지극히 평범한 유수劉秀 형제가 호족들의 지지를 업고 서기 25년, 동한東漢을 건국하며 왕망의 '신국'은 16년 만에 역사상으로 사라진다. 신국의 역사는 중국 정사正史에 포함되어 있지 않다.

2) 동한東漢(후한後漢, 낙양洛陽) : 25~220(조조 사망), 195년

①광무제光武帝(유수劉秀,穗) ～ ⑭헌제獻帝

■ 광무제 이야기 : 조강지처糟糠之妻와 신新나라

세조世祖 광무황제의 이름은 유수, 자는 문숙文叔이다. 부친 유흠이 남돈에서 유수를 낳았을 때, 한 줄기에 이삭이 아홉 개가 달린 벼가 나타나는 상서로운 조짐이 있었다. 이 때문에 아들의 이름을 수穗[98]라 했다. 유수가 마침내 백수白水[99]에서부터 봉기했다. 유수는 콧마루가 우뚝하고 이마 가운데가 두드러진 것이 마치 해가 솟아오르는 형상이었다. (융준일각隆準日角) 유수는 몰락한 황족으로 소년 시절에는 포의布衣에 불과했다. 일찍이 장안에서 공부할 때 마침 길에서 집금오執金吾(궁정호위 관리)가 지나가는 것을 보았다. 그 장면이 너무나 장관이었으며 호사스러웠다. 이에 감탄하며 "벼슬을 하려면 집금오요! 처를 맞으려면 음려화陰麗華[100]다!"라며 의지를 다졌다. 이 말은 널리 퍼져 난세의 용맹한 영웅들의 공감을 불렀다. 결국 그는 음려화를 맞았다. 그녀는 무척 아름다웠으며 성품이 관대하고 어질었

---

98   수秀는 벼 이삭이 늘어져 빼어났다는 의미의 수穗 (禾+惠:이삭)와 통용됨.

99   왕망이 돈을 '화천貨泉'-재화가 샘솟듯 한다는 의미-이라 하자 사람들은 화천는 인亻과 진眞으로 천泉은 백白과 수水로 파자破字해 백수진인白水眞人이라 불렀다. 그러자 유수가 좋아했다. 그의 고향이 백수향白水鄕로 당시 백수진인에게 멸망한다는 참언讖言이 있었기 때문이었다.

100   이전에 음려화의 미모에 대해 알고 마음은 있었지만 여건이 되지 않았던 유수가 왕망의 토벌군에 합류해 능력을 인정받아 장군으로 임명된 후, 음씨 집안에 구혼을 청해 허락을 얻는다. 음려화 나이 19세였다. 처음 유수가 아직 등극하지 않았을 때 음려화가 따라 시중을 들었다. 전장戰場에서 2세 황제 유장劉莊을 낳았다. '음려화'라는 이름은 조선 시대 쌍천雙泉 성여학成汝學의 골계집滑稽集『속어면순續禦眠楯, 관부인전灌夫人傳』에 보인다. "관부인의 본적(소속)은 옥문玉門이며 그 부친은 영음후潁陰侯요 어머니는 음려화陰麗華라!" 하였다. 여기서 부친인 '영음후'는 전한, 유방 세력의 최고의 기병 대장인 '관영灌嬰'으로 최후의 항우를 쫓던 인물로 비유했다. 이른바 '진서眞書'한다는 사람들끼리 돌려 읽으며 '낄낄 껄껄'하지 않았을까 생각한다.

다. 유수는 호족 세력의 지원으로 왕망 토벌에 나서며 그녀와 거의 떨어져 지냈다. 나중에 유수가 즉위하자 그녀를 귀인貴人으로 삼았다. 이후 우여 곡절 끝에 황태후가 되었다.

황제는 또 고상하고 절개높은 선비들을 중용했다. 황제가 은사 주당周黨을 불렀다. 주당은 경성에 도착한 후에도 굴복하지 않고, 알현할 때는 몸만 부복하고, 머리는 땅에 부딪치지 않고 배알만 했다. 어떤 사람이 그를 헐뜯자, 황제가 "예로부터 현명하고 성스런 군왕 아래에는 반드시 복종하려 하지 않는 사인이 있는 것이오!" 하며 그에게 비단을 하사해 고향으로 돌려보냈다. 또, 처사 엄광嚴光(자릉子陵, 이름이 장莊이었으나 2세 황제, 명제(유장劉莊)를 피휘함)이 일찍이 황제와 함께 유학遊學했는데 황제가 제齊나라에서 그를 찾았다. 엄광은 양피 옷을 입고 큰 못에서 낚시하며 지냈다. 황제가 그를 경성으로 불렀지만 따르지 않았다. 황제가 엄광과 함께 한 침상에서 잠을 자는데 한밤중에 엄광이 다리를 펴서 황제의 배위에 올렸다. 다음날 천문을 관측하는 관원인 태사령이 아뢰길 "어젯밤 어떤 객성客星이 아주 흉포하고도 사납게 황성皇星을 범한 것으로 보이는데 별고 없으신지요!" 하니 황제가 "친구 엄광과 함께 잠을 잤을 뿐이다!" 했다. 황제가 엄광에게 간의대부의 벼슬을 내렸지만 엄광은 받아들이지 않고 경성을 떠나 밭 갈고 낚시하며 부춘산에 은거했다. [각자무치角者無齒]¹⁰¹라는 성어를 남겼다. 한 왕조 전체에 끊임없이 청렴, 고결한 사인들이 많았던 것은 여기에

---

101 화는 늘 머무르는게 아니고, 복 또한 늘 한 곳에만 있는 것이 아니다. 사물 모두 각자 화복의 한 쪽만 가지고 태어났으니, 비늘이 있는 짐승은 날개가 없고, 부리가 있는 짐승은 어금니가 없고, 뿔이 난 짐승은 송곳니가 없는 법이다.

서부터 시작된 것이었다.

건무建武 22년, 흉노가 화친을 청해왔다. 광무제가 사자를 보내 흉노의
청을 받아들였다. 호한야선우는 성제成帝가 병사한 이후부터 그의 후세들
몇 세대 모두 한조에서 벼슬했다. 평제때에는 왕망이 조례를 반포했다. 말
하자면 중원의 대한大漢은 2자의 이름을 사용한 풍습이 없었다며 선우를
풍자해 그들의 호칭을 고치길 요구한 것이다. 이에 왕망이 한조의 정권을
탈취한 이후에 한조가 선우에게 주었던 옥새를 '장章'이라 바꾸어 불렀다.
선우가 원한을 품고 수차례 변경의 군현을 침입했다. 건무년 이래로 흉노
가 노방盧芳을 도와 한조를 침입했다. 나중에 또 수 차례 오환烏桓, 선비鮮
卑와 합병해 침입했다. 이때 이르러 비로소 흉노가 한조와의 화친을 청하
게 된 것이다. 이후 북 흉노가 쇠락해지며 곤란한 지경에 이르렀다. 장궁
藏宮, 마무馬武 등이 군대를 동원해 그들을 소멸시켜, 장차 대한 군대의 위
엄이 이오伊吾 이북에까지 휘날리게 하자고 상소했다. 광무제가 황석공의
〈포상기包桑記〉[102]를 인용해 "유연함은 능히 강경함을 이길 수 있고 약소함
은 능히 강대함을 이길 수 있다!"[103]했다. 이 이후부터 제 장군들이 감히 군
대를 동원하자고 하지 않았으며 서역에서 옥을 수입하면서 붙여진 이름인
옥문관玉門關을 폐쇄하고 교통도 끊었다. 이에 공신들을 보전하기 위해 다
시 그들을 군사적인 업무에는 투입시키지 않았고 장령들도 모두 후작의
신분을 주어 자신의 저택에 돌아가도록 했다. 광무제는 행정적인 일들은

---

102   "뽕나무와 같이 근본이 든든하면 그 가지와 잎은 저절로 번성한다. 땅을 넓히려 노력하는 자는 거칠어
       지고, 덕을 넓히려 노력하는 자는 강해진다!"는 등의 내용.
103   유능승강柔能勝剛, 약능승강弱能勝强

삼공三公의 책임으로 맡기고 공신들은 행정적인 일을 보지 못하게 했으며 제장들은 공신의 이름으로 편안히 살다 세상을 떠나게 했다.

공신 중에 마원馬援이 죽었을 때, 유독 황제는 그에 대한 은총을 끝까지 지속시킬 수 없었다. 마원이 일찍이 "대장부는 마땅히 싸우다 죽어 그 시신은 말가죽에 말려서 고향으로 돌아가야지, 어떻게 아녀자들의 손 위에서 죽음을 맞을 수 있겠느냐!" 했다. 교지군交趾郡이 반란을 꾸미자 그가 복파장군伏波將軍이 되어 그들을 평정했다. 무릉武陵에 만민蠻民들이 반란을 꾸밀 때도 그가 또 자청해 나갔다. 황제가 그가 늙었음을 애처롭게 여기자 그는 갑옷을 입고 말에 올라 자신의 좌우를 돌아보며 아직도 얼마든지 싸울 수 있다는 자신감을 보였다.[104] 황제가 웃으며 "정말 원기 왕성하고 용맹함이 남다른 늙은이일세!" 하며 그를 파견했다. 이에 앞서 황제의 사위 양송梁松이 일찍이 마원을 찾아와 그의 상 아래에 꿇어앉아 정중히 절을 하자 그는 스스로를 부친의 친구로 여겨 어떤 예의도 갖추지 않았다. 그러자 양송은 마음속으로 불만을 품었다. 마원이 교지군에 있을 때 일찍이 그의 조카에게 편지를 보내 훈계하기를 "내가 너희들에게 하고자 하는 말은 너희들이 다른 사람의 과실을 들으면 곧 부모님의 이름을 들은 것과 똑같이 여겨라. 다만 귀로는 들을 수밖에 없겠지만 입으로는 절대 말하지 마라. 다른 사람의 장단점을 논의하고 법령의 시비를 비평하는 행위는 내가 자손 모두에게 바라지 않는다. 용백고龍伯高의 사람됨이 인정은 두텁고 두

---

104   노당익장老當益壯, 궁당익견窮當益堅: 남자는 나이가 들어가더라도 기상은 더욱 씩씩해야 하며, 비록 곤궁함에 처한다할지라도 지조志操는 늘 굳건히 가져야 한다. '노익장老益壯'

루 신중했으며 매사에 겸손, 검소했다. 나는 그를 존중하고 있다. 바라건 대 너희들이 그를 본받아라. 두계량杜季良의 사람됨은 기상이 호쾌하고 의 기가 두터워 협객의 풍모가 있다. 그는 다른 사람의 근심을 나의 근심으로 여기고 다른 사람의 즐거움을 나의 즐거움으로 여긴다!" 하였다. 부친상 을 당해 주변 여러 군에서 사람들이 모여들자 "나는 그를 사랑하고 존중한 다. 하지만 너희들이 그를 본받으라고 하지는 않겠다. 용백고를 본받지 못 하더라도 근신하면 스스로 삼가는 사람은 될 수 있을 것이다. 이것이 바로 이른바 고니를 새기다 잘못되면 오리 비슷하게라도 보일 수 있지만,(각혹불 성刻鵠不成, 상류목야尚類鶩也) [각혹류목刻鵠類鶩] 두계량을 본받다 잘못되면 바 로 천하에 경박한 사람이 된다, 이른바 범을 그리다가 잘못되면 도리어 개 가 되는 것(화호불성畵虎不成, 반류구야反類狗也) [화호류구畵虎類狗]과 같은 이치 이니 심각히 생각하기를 바란다!" 했다.

광무제가 등용한 군신들은 모두 송홍宋弘과 같이 중후하고 순박, 정직하 여 아첨을 몰랐다. 황제의 큰 누이 호양湖陽 공주가 일찍이 과부가 되자 황 제는 송홍을 마음에 두고 있었다. 송홍이 입조해 광무제를 알현할 때 공 주는 병풍 뒤에 앉아서 보고 있었다. 황제가 "속담에 부유해지면 친구를 바꾸고, 존귀해지면 본처를 바꾼다는데 [부역교富易交, 귀역처貴易妻] 이것 이 바로 인지상정이겠지요!" 하며 속마음을 떠보자 송홍이 "빈천할 때 사 귄 친구는 잊을 수 없고, 함께 고난을 겪으며 살아온 부부는 버릴 수 없습 니다!" [빈천지교불가망貧賤之交不可忘, 조강지처불하당糟糠之妻不下堂, 조강 지처糟糠之妻] 했다. 이때 광무제가 머리를 돌려 누이에게 '이 일은 어렵겠 다!'하며 눈짓했다. 이후, 호양 공주의 가노가 사람을 죽이고 공주의 관사

이지 중국사

에 피해 있어 관리가 함부로 들어가 그를 잡아들일 수 없었다. 낙양의 수령 동선董宣이 공주가 문을 나설 때까지 기다렸다가 뒤에 탄 살인범 가노를 큰소리로 꾸짖고 호통을 치며 끌어내려 바로 참수해 버렸다. 그러자 공주가 궁에 이르러 광무제를 향해 울며 호소하자 광무제가 매우 화를 내며 동선을 몽둥이로 때려죽일 생각으로 불렀다. 동선이 말하길 "공주가 자신의 가노가 살인을 한 것을 놓아두고 폐하께서 다스리지 않는다면 그러면 또 무엇으로 천하를 다스리려 하십니까! 폐하께서 몽둥이로 내려치실 필요 없이 내 스스로 죽겠습니다!" 하며 머리를 기둥에 박아 온 얼굴이 피로 덮였다. 황제가 환관에게 명해 그를 데리고 나가 공주에게 머리를 조아리고 사죄하게 시켰으나 동선은 두 팔을 땅바닥에 대고 버티며 끝까지 머리를 조아리지 않았다. 황제가 "고집불통이구나!"[강항령強項令] 하며 그를 데리고 나가도록 명하고 금 30만을 강직한 것에 대한 상금으로 주었다.

효명孝明황제의 원래 이름은 유양劉陽이다. 그의 모친은 음陰씨 이다. 광무제의 첫 번째 황후인 곽郭황후가 폐위되자 음귀인陰貴人이 황후가 되었다. 유양이 황태자가 되자 이름을 장莊으로 바꾸고 때가 되어 즉위했다. 명제明帝(2대)이다.

영평永平 17년(AD74년), 명제가 이전에 서역과 중원의 단절되었던 관계를 회복하기 시작하며 서역도호西域都護, 무기교위戊己校尉를 설치하였다. 처음에 "무제武帝처럼 서역을 개통해 흉노의 오른 팔을 끊어 놓아야 합니다!"며 주청하자 명제가 가사마假司馬 반초班超[105]를 서역에 출장시켰다. 반

---

105   형은 전한前漢의 역사를 서술한 대학자 반고班固이다.

초가 선선국鄯善國(누란樓蘭)에 이르자 국왕이 주도면밀한 예절로써 그를 접대했다. 그러나 흉노의 사자가 온 다음부터 선선국왕은 잠시 소홀히 대했다. 이에 반초가 관리, 사병 모두 36인을 모아놓고 "호랑이 굴에 들어가지 않고 어떻게 호랑이 새끼를 얻을 수 있겠는가!"[불입호혈不入虎穴, 부득호자不得虎子]한 다음 급히 흉노국 진영에 들어가 사자와 종자從者 30여 명의 목을 베자 선선국 전체가 공포에 떨었다. 이후 다시 흉노와 사이좋게 지내지 못하게 했다.

이후, 효화황제孝和皇帝(화제和帝, 4대) 유조劉肇가 서역에 나가 있던 반초를 서울로 소환했으나 돌아와 얼마 지나지 않아 죽었다. 반초는 서생에서 출발했지만, 붓을 던져 버리고 무공을 세워 만 리 밖 이역에서 제후 노릇을 할 마음이 있었다. [투필종융投筆從戎] 일찍이 한 관상을 잘 보는 사람이 "턱은 제비와 같고 머리는 범과 같아 모습이 위풍당당하다. 날면서 고기를 먹으니 바로 만 리 제후의 상이다!" 했다. 반초가 가사마라는 관직으로 서역에 들어가 장제章帝(3대)때, 서역의 장병장사將兵長史가 되었다. 화제和帝 때에는 서역 도호都護, 기도위騎都尉에 임명되어 서역 각국을 평정했다. 반초가 서역에서 생활한지 30년 만에 결국 정원후定遠侯에 봉해졌다. 이때 반초가 나이 들어 이제는 고향으로 돌아와 옥문관 안에서 살다가 죽기를 애원하자 화제가 허락했다. 임상任尙이 반초를 대신해 도호에 임명되자 반초를 향해 가르침을 청했다. 반초가 "공은 성질이 급하고 엄격하오, 물이 너무 맑으면 큰 고기가 살지 못하는 것[106]과 같이 공은 어떤 것에도 얽매이지 말고 간단하고 쉬운 정책부터 시행해야 할 것이오!" 했다. 임상이 개인적으로 다른 사람에게 "나는 반초가 무슨 기이한 비책이 있는 줄 알았는데

이지 중국사

그가 오늘 이렇게 말하는 것을 보니 거저 평범할 뿐이네!" 했다. 나중에 임상은 서역과의 화평이 끊어지고 반초의 예언과 같이 되었다.

  태위太尉 양진楊震이 자살했다. 그는 관서 출신으로 당시 사람들이 "관서의 공자 양백기(楊伯起)"라 불렀다. 양진이 제자들을 가르치고 있는데 어떤 사람이 대청 아래에 전어鱣魚 세 마리를 갖다 놓았다. 관장은 이것을 양진이 삼공의 위치에 이를 수 있다는 징표로 여기고 전어를 양진에게 주면서 "선생님은 이제 곧 승진하실 겁니다!" 했다. 뒤에 양진은 군수를 지낸 적이 있었다. 한번은 어떤 하급 현령이 황금을 가지고 와 양진에게 주면서 "한밤중이라 이 일을 아는 사람이 아무도 없습니다![모야무지暮夜無知]" 하자 양진이 "하늘이 알고, 땅이 알고, 당신도 알고, 나도 아는데, 어떻게 아는 사람이 없다고 하는가!" 했다.[107] 이 현령이 매우 부끄러워하며 곧 가지고 온 황금을 들고 나갔다. 이후 양진이 삼공의 반열에 오르자 환관과 안제安帝(6대)의 유모 왕성王聖이 전권을 일삼으며 일만 생기면 모두 양진에게 도움을 구했으나 양진은 일체 응하지 않았다. 또, 안제 주위의 시종들이 여러 차례 중상모략하고 음해하자 안제가 양진의 관직과 인수를 거두었다. 이에 양진은 임금의 은혜를 입고서도 간신들을 척결하지 못한 자신의 잘못을 통감하며 마침내 스스로 목숨을 끊었다. 장례葬禮하는 그날, 명망가들이 모두 왔다. 마침 한 길이 넘는 큰 새 한 마리가 양진의 묘 앞에 날아와 구푸리다가, 바라보다가 눈물을 흘린 후 떠났다.

106　수지청즉무어水至淸則無魚, 인지찰즉무도人至察則無徒 : 물이 너무 맑으면 물고기가 없고, 사람이 지나치게 살피면 무리가 없다.

107　천지天知, 지지地知, 자지子知, 아지我知, 하위무지何謂無知(사지四知)

왕망의 '신국' 이후에 들어선 호족 세력을 등에 업고 탄생한 동한 정권은 초기엔 그런대로 안정을 찾아 결실도 많이 있었다. 하지만 말기에 가면 또다시 어린 황제를 등에 업은 외척의 발호가 시작된다. 그래서 유방 사후, 여후의 발호와 이를 인식한 무제 유철의 '자귀모사' 사건이 그것이다. 그러나 어렸던 황제가 성장하면 외척의 지나친 간섭에 따른 반작용으로 측근인 환관에 의지하게 된다. 이러한 외척과 환관의 전횡이 반복되면서 나라는 망해가며 관료나 사대부들의 불만은 커진다. 한무제가 유교를 국교화한 이후 전국 사숙이나 태학에서 관리로 등용을 꿈꾸는 유자들이 줄을 서 있는 마당에 '당고黨錮의 화禍'가 1, 2차 발생한다. 당고란 환관들에게 잘못 보이면 영원히 관리 '임관권리'를 박탈당해 관료사회에 아예 발을 붙이지 못하게 하는 것이었다. 그러자 당시 3만이 넘었다는 태학생과 전국의 유자들이 반 환관운동을 시작하고 때마침 홍수, 가뭄 등의 대기근으로 대규모 민심 이반이 일어난다.

삼국 시대

: 한족들의 골육상쟁骨肉相爭

—

220~280, 60년

삼국三國 시대라 하면 조조, 유비, 관우, 장비, 제갈량, 사마휘 등 기라성 같은 인물들이 등장한 군웅할거의 멋진 시대로 볼 수 있겠지만 사실은 피비린내가 등천하고 통일전에 비해 인구의 약 60%가 감소한 무지막지한 세월이었다. 삼국 시대는 조비가 헌제를 핍박해 선양한 220년부터 동오東吳가 서진西晉의 사마씨에게 멸망하는 280년까지 60년간이다.

『삼국지』는 동한東漢 사람 진수陳壽가 동한에서 시작해 서진 말까지 약 97년간의 역사를 서술한 것이다. 이후, 위진남북조 시기 남조南朝 송宋나라 사람 배송지裴松之가 진수의 『삼국지』에 주석注釋한 것이 『삼국지주三國志注』이다. 이후, 원말명초元末明初 사람 나관중羅貫中이 『삼국지통속연의三國志通俗演義』라는 소설을 발표해 화제를 모은 것을 우리는 통상 '삼국지'라며 읽고 있다. 3할의 사실에 바탕한 픽션이다. 그 첫머리에 "천하대세天下大勢, 분구필합分久必合, 합구필분合久必分(천하대세는 분리된 지 오래되면 반드시 통합되고, 통합이 오래되면 반드시 분리된다)의 주장으로 이는 불교의 '[회자정리]會者

定離, 거자필반去者必反]'(만남에는 결단코 정해진 이별이 따르고, 떠난 것은 분명히 다시 돌아오게 되어 있다)의 논리와 상통한다. 이어서 주말周末 전국칠웅戰國七雄이 패권을 다투다 진秦에 병탄 되었고, 진의 멸망 후엔 초, 한이 다투다가 한에 병탄 되었다. 한 고조가 백사白蛇를 참하고 기의起義한 후, 천하를 통일하였다. 이후, 광무중흥光武中興을 이루었으나 헌제에 이르러 마침내 삼국으로 나누어졌다!" 하였다. 또, 섬찟하며 실감 나는 표현으로 조조가 여포를 칠 때 하후돈夏侯惇이 왼편 눈에 화살을 맞는다. 이때, 하후돈이 손을 들어 꽂힌 화살을 확 잡아 빼내니 눈알이 함께 나온다. 곧, 큰 소리로 '부모정혈불가기父精母血不可棄'라 외치며 빼어진 눈알을 입에 넣고 씹으며 다시 적진으로 내달린다. 『명심보감明心寶鑑』에 "[신체발부身體髮膚는 수지부모受之父母이니, 불감훼상不敢毀傷 효지시야孝之始也라. 입신행도立身行道하고 양명어후세揚名於後世하여 이현부모以顯父母가 효지종야孝之終也라]! 우리 몸의 피부나 머리털 하나까지도 모두 부모님의 정혈精血로 만들어진 것이니, 눈곱만큼이라도 훼손하지 않고 잘 유지하는 것이 효의 시작이며, 뜻을 세우고 바른 도를 행해 후세에 이름을 날려 부모님의 낯(체면)을 세워 주는 것이 바로 효를 이루는 것이다!" 하였다. 성리학性理學의 영향이다. 이처럼 진수의 『삼국지』에는 조조를 정통으로 그리고 있으나 나관중의 소설 『삼국지통속연의』에서는 조조를 천하에 간사한 찬역자로 묘사한다. 하지만 어린 시절 조조는 매우 영민하고 기지가 뛰어난 아이였다. 커가며 한때 방탕했지만, 음악을 좋아했으며 인재를 보는 눈은 정확했고 임기응변과 권모술수에 능했다. 특히 병법 연구에 심혈을 기울여 『손자병법孫子兵法』[108]을 손에서 놓지 않았다. 황건적의 난에 고향(진류陳留)에서 군사를 모았고, 동탁이 권력을 잡고 농단하자 원소를 맹주로 한 연합군에 합류했으나 내분으로 성과를 이루지 못한다. 이후 본격적으로 자신의 세력을 확장한 조조는 결국 관도 대전에서 원소를 물리치고 중원의 패권을 장악한다.

---

108   손자병법의 사실상의 저자인 조조는 『손자약해孫子略解』를 지었다. 핵심은 '궤도詭道'로 이른바 상대 방이 전혀 눈치 채지 못하게 속이고, 준비되지 않은 곳을 공격하는 '공기불비攻其不備'이다.

1. 위魏 나라 : 지략과 야망으로 삼국을 지배한 중심 세력

①문제文帝(조비曹丕) ～ ⑤원제元帝(조환曹奐) : 220～265, 45년, 허창許昌

동한 말, 장각張角이 '태평도太平道'라는 요술을 무리에게 가르쳤다. 그는 주문을 외운 부적을 물에 넣고 병을 치료하며 제자들을 사방에 보내 끊임없이 사람들을 현혹했다. 병을 치료하는 대가로 쌀 다섯 말을 바쳤다는 오두미교五斗米道 등의 도교적 신흥종교도 유행병처럼 번져나가며 기아와 질병 속에 시달리던 농민들의 마음을 사로잡았다. 뒷날 도교의 뿌리가 된 장각의 태평도는 불과 10여 년 만에 수십만의 신도를 얻었다. 184년에 일어난 황건적의 난은 이 태평도의 각 지부가 군사 조직으로 전환되어 일어난 대규모 농민봉기이다. 장각은 36방方을 설치해 대방은 일만여 명, 소방은 육칠천 명, 매방마다 각 거수渠帥(두목) 한 명을 두었다. 그들은 한꺼번에 각지에서 기병해 머리엔 황색 두건을 두르고 이르는 곳마다 불을 지르고 약탈을 감행했다. '황건적黃巾賊'이다. 후에 동탁 등의 토벌군에 의해 궤멸당한다.

영제靈帝가 붕어했다. 재위 22년에 건령建寧, 희평喜平, 광화光和, 중평中平으로 연호를 네 번 바꾸었다. 그의 아들 유변劉辨(소제少帝, 13대)이 즉위하자 하태후何太后가 섭정하고 태후의 오빠 대장군 하진何進이 상서尚書의 일을 주관했다. 원소袁紹가 하진에게 환관들을 죽이라고 권하자 태후가 동의하지 않았다. 이에 원소 등이 천하의 맹장들을 소집해 그들에게 경성에 들어가 하태후를 위협하도록 했다. 곧 동탁의 군대도 불렀으나 군대가 미처 경성에 도달하기 전에 하진은 환관에 의해 피살되었다. 원소가 병력을 데리고 들어가 환관들을 붙잡아 노소를 가리지 않고 모두 죽였다. 총 2,000여 명 이상으로 그중에는 수염이 없어 오인되어 죽은 자도 있었다. 동탁이 도착한 후, 사건의 연유를 묻자 유변은 말은 했지만, 논리나 순차가 없었다. 그러나 진류왕陳留王은 일일이 답하며 빠뜨리는 것이 없었다. 동탁은 유변을 폐하고 진류왕을 황제로 세울 생각을 하게 되었다. 원소가 안 된다고 하자 동탁이 매우 화를 냈다. 이에 원소는 곧 낙양을 빠져나왔다

동탁이 소제를 폐하여 홍농왕弘農王으로 삼았다가 곧, 하태후何太后와 함께 살해하고 영제의 어린 아들(8세)인 진류왕 유협劉協을 세웠다. 한의 마지막 황제 효헌孝憲황제(헌제, 14대)이다. 함곡관 동쪽의 주군들 모두 동탁 토벌군에 합류했다. 원소를 맹주로 추대한 토벌군이 낙양을 향하자 동탁은 낙양의 궁전과 사당을 불지르고 도성을 장안으로 옮겼다. 이전에 동탁이 자신의 봉지인 미현郿縣에 작은 형태의 성을 만들어 놓고 그 속에 30년 동안 충분히 먹을 수 있는 식량과 금, 은, 비단 등 갖가지 기호품을 산 같이 쌓아 두었다. 그리고 그는 "큰일을 이루면 곧 천하를 점거할 것이고, 이루지 못하면 이곳을 지키다 죽을 것이다!" 했다. 동탁이 미오성郿塢城 순시

를 떠날 때, 그를 전별하려 모든 벼슬아치가 장안성밖에서 연회를 준비하고 있었다. 이때 동탁은 공포 분위기를 조성하기 위해 문무백관들을 불러 놓고 투항한 반군 병사들을 삶아 죽이는 등 갖가지 잔학한 행위를 한 다음 그 인육人肉[109]을 신하들에게 나누어 주도록 했다. 순간 사람들 모두는 두려움에 몸서리쳤지만, 그는 술과 음식을 들며 태연자약했다. 이런 아비규환의 생지옥을 곁에서 본 왕윤王允은 비록 동탁에 의해 사도司徒로 중용되었지만 그를 죽이지 않으면 자신은 물론, 사직이 위험하다는 것을 느끼고 비밀리에 동탁을 죽일 계획을 세운다. 이후 동탁은 태사관太史官의 "측근에 의해 피살될 수 있다!"는 말에 평소 자신과의 관계가 좋지 않았던 장온張溫을 '원소와 내통한다!'는 무고로 타살한다.

중랑장中郎將 여포呂布[110]가 체력이 보통 사람을 넘어서는 것을 보자 동탁은 그를 신임하고 좋아했다. 동탁이 일찍이 자기 마음에 들지 않은 일로 인해 창을 뽑아 여포에게 던진 일이 있었다. 여포가 겨우 피해 목숨을

109 [삼국지三國志, 동탁전董卓傳]에는 동탁이 타인에게 '인육탕人肉燙'이나 '혈주血酒'같은 것을 먹도록 만들었다는 사실은 있지만 그가 인육을 먹었다는 기록은 없다. 예로부터 전쟁이나 대기근을 맞이하면 인간 사회를 구성하는 기본적인 인지상정은 사라지고 생존을 위한 야성만이 번뜩이는 것이 어쩌면 인간의 본성일지도 모른다. 중국인의 식인 풍습은 오래된 것으로 '상육想肉(그 맛이 좋아서 생각이 난다는 의미)', 혹은 '양각양兩脚羊(양고기와 비슷한 맛으로 '두 발 달린 양'이란 의미)'이라 부르며 팔았다 한다. 송宋, 장작莊綽의 [계륵편鷄肋編]에는 늙고 수척한 남자의 인육은 '요파화饒把火(불에 오래 익혀라)', 부인이나 젊은 여자의 인육은 '부선양不羨羊(양고기가 부럽지 않다)', 어린아이의 인육은 연하다는 의미로 문드러질 '란爛'자를 써 '화골란和骨爛(뼈 채로 먹어도 괜찮다)'이라 하였다. 특히 유교 전통 사회에서 죽어 가는 부모님을 구명한다는 차원에서 자신의 넓적다리를 베어 봉양했다, 자신의 손가락을 깨물어 떨어지는 피를 부모님 입에 떨어뜨리는 것 등은 우리가 알고 있는 옛 효자 이야기의 일부이다.
110 "인중여포人中呂布요, 마중적토馬中赤兎(장수 중엔 여포가 최고이고, 말 중에는 적토가 최고이다)"라는 속담이 있을 정도로 걸출했다. 처음에 정원丁原의 비장裨將에서 동탁의 꼬임에 빠져 정원을 죽이고 동탁의 양아들이 되었다. 동탁을 죽인 후, 최후엔 조조의 손에 죽는다. 사도 왕윤이 초선貂嬋의 미인계로 여포가 동탁을 살해하게 했다는 것은 소설이며 미녀 초선은 가공인물이다.

건졌다. 왕윤이 여포와 서로 교제하면서 몰래 서로 협력하기로 약속했다. 어느 날 동탁이 조정에 들어가는데 왕윤이 보낸 용사들이 북액문北掖門에 매복해 있다가 들어오는 동탁을 찔렀다. 동탁이 수레에서 떨어지자, 여포가 크게 고함을 지르며 "황제의 조령詔令[111]을 받들어 적신을 토벌한다!" 했다. 여포가 동탁을 향해 욕을 다 뱉어내기도 전에 손에 잡은 쇠창으로 그를 찌르려 하며 아울러 사병들에게 그의 머리를 베라고 재촉했다. 그가 죽은 후, 시체는 끌려 나와 대중들 앞에 전시되었다. 동탁은 평소 비만했다. 형장의 관리가 큰 심지를 만들어 그의 배꼽 가운데에 꽂아 두었다. 저녁부터 타들어 간 불이 날이 밝아도 꺼지지 않고 며칠간 탔다. 그러자 동탁의 동당同黨들이 거병해 조정의 다른 문벌門閥들을 공격했다. [동당벌이同黨伐異] 왕윤은 살해되고 여포는 달아났다.

조조의 부친 조숭曹崇은 환관 조등曹騰의 양자였다. 어떤 사람은 조조는 하후씨의 아들이라고도 했다. 조조는 어릴 때부터 영리하고 눈치가 빨랐으며 권모술수가 있었다. 의협심도 있고 호탕하여 어떤 일에도 얽매이지 않았다. 그러나 가업은 돌보지 않았다. 여남汝南사람 허소許劭와 그의 사촌 형 허정許靖이 높은 명망이 있었다. 당시 두 사람은 매달 순서를 바꿔가며 현지의 유명 인사들을 평론했다. 여남 사람들은 이것을 '월단평月旦評'이라 했다. 이때 조조가 허소를 찾아가 "나는 어떤 사람이오!" 하고 묻자, 허소가 입을 닫고 대답하지 않았다. 이에 조조가 위협을 가하자 비로소 "그대는 천하가 태평할 때는 능신能臣이 될 수 있으나 천하가 크게 어지러울

111   천자의 명령은 조詔라 하고 제후, 황후, 태자의 명령은 영슈이라 함

때는 간웅奸雄이 될 것이오!"[치세지능신治世之能臣, 난세지간웅亂世之奸雄]
하자 조조가 웃으며 나갔다. 이후 영제가 황보숭皇甫崇 등을 보내 황건군을
토벌하도록 하자 황보숭과 패국沛國사람 조조가 합군合軍해 황건군을 격파
했다. 조조가 황건적을 토벌하면서부터 이름이 세상에 알려지기 시작했
다. 이전에 조조가 스스로 출병해 동탁을 토벌할 때, 형양滎陽에서 교전했
다. 군대를 물린 후, 하내河內에 진쳤다. 뒤에 동군東郡 태수를 맡고 있으면
서 동무양東武陽에서 군을 다스리고 있었다. 얼마 지나지 않아 조조가 연
주兗州에 들어가 주둔하다 아예 그곳을 점령해 스스로를 자사에 봉하고 나
중에 사자를 보내 연주목을 맡을 수 있도록 상서했다. 헌제가 낙양으로 돌
아온 후, 조조는 조정에 들어가 헌제를 허창으로 옮기게 했다. 이후 천자
를 끼고 제후를 호령하기 시작한다. [협천자영제후挾天子令諸侯]

　여포가 진등陳等을 조조에게 보내 자신이 서주목徐州牧을 맡을 수 있도록
요구했다. 조조가 동의하지 않았다. 진등이 돌아와 여포에게 말하길 "내가
조공을 만나서 '장군을 기르는 것은 사나운 범을 기르는 것과 같아 늘 고기
를 배불리 먹여야 합니다. 만약 배부르게 먹이지 못하면 주인을 물어 버릴
수 있습니다!'했더니 조공이 '그렇지 않소, 마치 한 마리의 매를 기르는 것과
같아 배가 고프면 사람에게 붙어 있지만 배가 부르면 곧바로 날아가 버릴 것
이오!'라 했습니다!" 했다. 처음에 여포가 관중에서 달아난 다음 원술에게 붙
었다가 다시 원소에 붙었다. 얼마 후 또 원소를 떠났다. 나중에 조조에게 공
격을 당하자 달아나 유비에게 붙었다. 오래 지나지 않아 이번엔 유비를 습격
해 하비를 점거하자 유비는 달아나 조조에게 투항했다. 조조는 유비를 소패
小沛에 주둔하도록 보냈다. 조조가 여포를 공격해 하비성 아래에 이르렀다.

　　　　　　　　　　　　　　　　　　　　　　　이지 중국사

여포가 연전연패하며 하비성이 포위되자 결국 투항했다. 조조가 그를 묶어 놓고 말하길 "묶어 놓은 범이라도 급히 처리하지 않을 수 없다!" 하며 마침내 끈으로 목을 매달아 죽였다. 유비가 조조를 따라 허창으로 돌아왔다.

북방(하북)의 최대 지배 세력이었던 원소는 하남을 수중에 넣은 조조와의 관도官渡에서의 대전으로 그토록 자랑하던 대장 안량安良을 또 2차 전투에서는 문추文丑를 관우에 의해 잃었다. 이후 군사참모 허유許攸의 "조조의 식량창고인 허창을 기습하자!"는 제안에 대해 다른 이유를 들먹이며 오히려 면박한다. 이후, 변심한 허유가 조조의 영채를 밤늦게 찾아간다. 원소와의 오랜 대치 끝에 군량 부족에 직면해 있던 조조는 버선발로 맞이하며 곧 자신이 처한 현 상황을 고백한다. 이에 허유는 원소의 군량 창고인 오소烏巢의 허실을 말한다. 곧, 오소 습격으로 10만의 원소 군의 7할이 전사하고 궤멸하자 원소는 화병으로 사망하며 조조의 천하가 된다.

처음에 조조는 연주목兗州牧으로서 조정에 들어가 승상을 담임하게 되었다. 후에 또 기주목冀州牧을 겸임했다가 위공魏公에 봉해졌다. 업성鄴城에 동작대銅雀臺를 건조하고 오래지 않아 위왕魏王에 봉해져 천자의 거마와 복식을 사용하고 출입 시에는 경필警蹕[112]을 했다. 그의 아들 조비曹조도 왕태자가 되었다. 조조가 죽은 다음 조비가 위왕이 되자 스스로 승상과 기주목이 되었다. 그러자 위의 군신들이 "위왕은 반드시 한조漢朝를 대체해야 한다!" 하자 조비는 헌제를 핍박해 선양하게 만들고 그를 산양공山陽公에 봉했다. 헌제의 재위 기간은 모두 31년이었으며 건안 원년에서 25년까지는

112　임금이 거동할 때 앞에서 통행을 금지하는 일

모두 조조가 정권을 잡고 있었던 때이다. 선위 후, 14년이 지나 붕어했다.

위국의 군주 조비는 패국 초현 사람이다. 부친 조조가 바로 위왕으로 계위하자 맨 먼저 구품관인법九品官人法의 제도를 설립했다. 주와 군에는 모두 구품중정九品中正의 직위를 설치해 인물의 우열을 구별하고 그 고하를 평정했다. 이후, 한 황실을 찬탈해 스스로 황제가 된 다음 조조를 태조 무武황제로 추존하고 개원改元해 '황초黃初'라 했다.

조비가 세상을 떠났다. 참칭하며 제위한 지 7년이었다. 시호는 문文황제이다. 그의 아들 예叡가 즉위했다. 명제明帝이다. 조예의 모친이 피살된 후, 조비가 일찍이 조예와 함께 사냥을 간 적이 있었다. 어미 사슴이 새끼를 데리고 있는 것을 보고 조비가 어미를 사살한 다음 조예에게 새끼를 쏘도록 했다. 그러자 조예가 울면서 "폐하께서 이미 어미를 죽였는데 제가 어떻게 잔인하게 다시 새끼를 죽이겠습니까!" 하였다. 조비가 측은하게 여겼다. 이쯤, 조예가 태자로 즉위했다.

위국魏國 사마소가 앞서 구석九錫[113]의 예를 받고 뒤에 또 진급해 진왕晉王이 되었다. 사마소가 죽은 후, 그의 아들 사마염司馬炎이 자리를 이었다. 위국의 황제 조환趙奐이 참위僭位(찬탈)하여 6년간 2번 연호를 바꾸어 경원景元, 함희咸熙라 했다. 사마염이 조환을 핍박해 선위케 하고, 조환을 진류왕陳留王에 봉했다. 나중에 조환이 죽자 진晉나라 사람들이 그의 시호를 원황제元皇帝라 했다. 위국은 조비에서부터 조환에 이르러 모두 5대 45년 만에 멸망했다.

---

113   천자가 제후나 대신 등, 특별한 공로가 있는 사람에게 하사하는 아홉 가지 예물

2. 촉蜀 나라 : 이상과 의리의 지도력

①소열제昭烈帝(유비劉備) ～ ②후주後主(유선劉禪) : 221~263, 42년, 성도成都

소열황제의 이름은 유비이며 자는 현덕玄德이다. 한경제漢景帝의 아들 중 산정왕中山靖王 유승劉勝의 후예이다. 유비가 가슴에 큰 뜻을 품어 말 수는 적었으며 기쁨과 슬픔의 표정을 얼굴에 나타내지 않았다. 그는 키가 칠척 오촌七尺五寸[114]이며 양손을 늘어뜨리면 무릎을 넘었고 귀는 매우 커서 돌아보면 자신의 귀를 볼 수 있었다. 하동河東 사람 관우關羽[115], 탁군 사람 장비

---

[114] 유비의 신장을 현재의 기준으로 환산하면 225cm(1尺=약 30cm)이지만, 진한, 삼국 시기의 기준(1尺:23.1cm~24.2cm)으로 환산해보면 약 173~182cm(7尺5寸), 항우는 약 189~198cm(8尺2寸), 한신은 약 196~206cm(8尺5寸)이다.

[115] 중국 최다 신앙대상은 공자, 석가모니, 예수, 마호메트, 옥황상제가 아닌 '관우'다. 유불도 3교 공히 그를 숭배한다. 관우는 충성과 신의의 상징으로 무신武神, 재신財神, 문신文神, 농신農神이다. 공자를 모시는 제사는 전국적으로 주나 현 단위로 주관하는 데 반해 관우를 모시는 제사는 위로는 황궁에서부터 아래로는 촌락에 이르기까지 가리지 않고 때가 되면 향을 피운다. 공자 숭배를 초월한다. 보통 무덤의 규모나 사자의 생전의 신분과 지명도에 따라 일반적으로 묘墓, 총塚, 능陵, 임林으로 명명하는데, '임'은 고대엔 가족 묘원으로 조성되었다 하며, 보통 성인의 묘를 지칭한다. 문성文聖은 '공림孔林', 무성武聖은 '관림關林'으로 각각 공자와 관우를 모셔 숭배한다.

張飛와 유비가 서로 사이가 좋았다. 유비가 군사를 일으키자 두 사람이 그를 따랐다. 하루는 조조가 유비에게 현세의 영웅에 대한 생각을 묻자, 머뭇거리며 말을 하지 않는 유비를 보고 자신의 '영웅론'을 이야기한다. 무릇 영웅이란 것은 "가슴엔 큰 뜻을 품고, 뱃속엔 권모술수가 있어 우주의 기틀도 끌어안을 수 있고 천지의 기운도 마음껏 삼켰다 토해낼 수 있는 자이여야만 하오!" 하였다. 그러며 "예컨대 지금 천하의 영웅은 오직 당신과 나뿐이오!" 하자 당황한 유비가 마침 무엇을 먹고 있다가 수저를 떨어뜨렸다. 때맞춰 하늘에서 천둥이 쳤다. 유비가 이 기회를 타고 "공자가 말하길 '천둥과 폭풍을 만나면 사람들의 안색이 변한다.'는데 정말 이와 같군요!" 했다. 순간적인 기지를 발휘해 조조의 번뜩이는 예봉을 피해 나가는 『삼국지연의』의 한 장면이다.

조조가 유비를 보내 원술을 막도록 했다. 이 기회를 타고 서주로 달아난 유비는 마침내 군사를 일으켜 조조에게 반기를 들었다. 조조가 유비를 공격하자 유비는 먼저 달아나 기주에 들렸다가 뒤에 다시 병력을 데리고 여남에 이르렀다. 그 후 또 형주의 유표에게 의탁했다. 유비가 일찍이 유표를 찾아간 적이 있었다. 그때, 측간에 갔다 돌아와 슬피 탄식하며 눈물을 흘렸다. 유표가 괴이하게 여기며 그 까닭을 묻자 "제가 평시엔 말안장을 떠나지 않았기에 넓적다리 안쪽엔 살이 전혀 없었습니다. 하지만 지금 다시 말을 타지 않았더니 넓적다리에 살이 붙었습니다. 세월은 흐르는 물과 같고 사람도 빠르게 늙어갈 것입니다. 그러나 이루어 놓은 공이나 업적은 없으니 바로 이것이 슬플 뿐입니다!"[비육지탄髀肉之嘆] 했다.

이지 중국사

유비가 사마휘司馬徽를 찾아 명사를 구하자 그가 말하길 "시무(時務, 당면한 시대적 급선무急先務)를 잘 아는 자가 바로 준걸이오! 여기 양양襄陽에 복룡伏龍과 봉추鳳雛라는 두 준걸이 있는데 바로 제갈공명諸葛孔明과 방사원龐士元이오!" 했다. 모사 서서徐庶도 유비에게 "제갈공명이 바로 와룡臥龍이오!" 했다. 120회분으로 구성된 『삼국지연의』의 36회, 37회에 그동안 우여곡절로 제대로 자리를 잡지 못하고 떠돌던 유비가 드디어 제갈량을 만나게 되는 장면이다. 이어 모친이 조조에게 인질이된 서서는 유비와 눈물을 뿌리며 작별한다. 총총히 사라지는 서서를 보고 말에 오른 유비가 "장차 나는 어떡하냐?"며 눈물을 머금을 때 다시 돌아온 서서가 잊었다며 와룡강臥龍岡에 은거하고 있는 복룡 제갈량을 소개한다. 이리하여 삼고초려한 유비(당시47세)를 만난 제갈량(당시27세)이 '천하삼분지계'를 제시한다. "조조는 백만 대군을 손에 쥐고 천자를 끼고 천하의 제후들을 호령하며 '천시天時'를 차지하고 있으니 그와 예봉을 다툴 수가 없습니다. 그리고 손권이 점거하고 있는 강동의 지세는 험난한 요새와 같고 민심은 충심으로 복종합니다. 하여 '지리地利'를 차지하고 있어 그와 더불어 연맹할 수는 있지만 도모할 수는 없습니다. 하지만 형주荊州는 바로 사방이 무력을 사용하기에 편한 곳이요, 익주益州는 사방의 지세가 험난하고 거치지만 중간에 기름진 들이 천 리나 뻗어 있어 바로 천부天府의 땅입니다. 만약 형주와 익주를 점유해 그 요처를 지켜나가다가 천하 형세의 변화가 생길 때를 기다려, 때가 되었다고 판단되면 그때 형주의 군대를 완성宛城과 낙양洛陽으로 발진시키고, 익주에 있던 군대는 진천秦川을 거쳐 중원을 향해 발진시켜 '인화人和'를 차지하면, 백성들이 어찌 소쿠리에 먹을 것을 가득 담고, 호리병에는 술을 가득 담아 [단사호장單食壺漿] 당신을 맞이하러 오지 않겠습니까!"

하며 '[삼족정립三足鼎立]'의 당위성을 역설한다. 이후부터 유비는 제갈량과의 우의가 나날이 깊어지며 "나에게 공명이 있는 것은 고기가 물을 만난 것과 같다!" 했다.

조조가 유표劉表를 공격했다. 유표가 죽자 그의 아들 유종劉琮이 형주를 들고 조조에게 투항했다. 유비가 강릉江陵으로 피하자 조조는 군대를 데리고 추격했다. 유비는 다시 하구夏口로 군대를 물렸다. 조조가 강릉을 점거하자 곧 배를 타고 동쪽 오吳로 내려갔다. 제갈량이 유비에게 "손장군에게 구원병을 청하십시오!" 했다. 제갈량이 나아가 강동江東의 손권을 만나보고 설득하자 그가 매우 좋아했다. 이때 조조도 손권에게 서찰을 보내 "지금 내가 80만 수군을 훈련시켜 장군과 함께 오에서 사냥을 하고자 하오!" 했다. 손권이 조조의 편지를 쥐고 부하들에게 보여 주자 모두 두려운 안색으로 변했다. 장소張昭는 조조를 영접하자 하고, 노숙魯肅은 안된다 하자 손권이 주유周瑜를 불러오도록 했다. 주유가 와서 "저에게 수만 명의 정예병만 주신다면 하구를 향해 나아가 조군을 격퇴시킬 것을 보증합니다!" 했다. 그러자 손권이 칼을 뽑아 앞에 놓아둔 책상을 찍으며 "앞으로 제장이나 관리들이 감히 다시 조조를 영접하자는 말을 한다면 곧 이 책상과 똑같이 될 것이오!" 했다.

마침내 손권이 주유에게 3만 명을 거느리고 유비와 함께 조조를 막으라고 지시했다. 주유가 군대를 진격시켜 적벽赤壁에서 조조와 조우했다. 주유의 부장 황개黃蓋가 "조군은 전선을 모두 묶어 놓아 수미首尾가 서로 연결되어 있습니다, 화공이면 조군을 격파할 수 있겠습니다!" 했다. 이에 공격

이지 중국사

용 쾌속선 10여 척에 마른 풀과 장작을 싣고 그 속에 기름을 부은 다음 겉에는 포장을 둘렀다. 그리고 그 위에 깃대를 꽂아 미리 쾌속선 후미에 매어 두었다. 황개가 먼저 사람을 조조에게 보내 편지를 전하며 황개가 투항할 생각이 있다고 속였다. 때맞춰 동남풍이 갑자기 불어왔다. 황개가 열 척의 공격용 쾌속선을 가장 전면에 앞세워 나아가다 강 중간에 이르자 배의 돛대를 올렸다. 그 나머지 배들은 뒤에서 따랐다. 조군의 경계병들은 모두 배를 가리키며 황개가 항복하러 온다고 말했다. 조군과의 거리를 약 2리 남겨놓고 열 척의 공격용 쾌속선에 불을 동시에 붙였다. 불은 바람을 타고 맹렬히 타올라 마치 화살처럼 앞을 향해 나아가며 조군의 전선 모두를 불태웠다. 곧 짙은 연기와 함께 맹렬한 불길이 하늘을 가렸다. 조군에 불에 타 죽고 물에 빠져 죽는 사람과 말의 숫자는 부지기수였다. 이때를 기다린 주유는 가벼운 무장을 한 정예병들을 인솔해 천지를 뒤흔드는 북소리와 함께 앞을 향해 맹렬히 진격했다. 조군은 대패했다. [**적벽대전**^{赤壁大戰}]

조조가 허창으로 물러난 후, 또 몇 차례 군사를 보내 손권을 공격했으나 모두 성공하지 못했다. 그러자 조조가 탄식하며 "아들을 낳으려면 손중모(孫仲謀, 손권)같은 아들을 낳아야 한다. 접때 죽은 유경승(劉景升, 유표)의 아들은 개, 돼지일 뿐이야!" 했다. 유비가 형주와 강남 이남의 몇 개의 도성을 점령하자 주유가 손권에게 상소해 "유비는 일세의 효웅梟雄이며 게다가 그에게는 웅호熊虎와 같은 맹장, 관우와 장비가 있습니다. 이 세 사람이 강토에 모여 있으면 마치 교룡蛟龍이 구름과 비를 만난 것 같아 끝까지 못 가운데에 머물러있지만 않을 것입니다. 그래서 마땅히 유비를 오군吳郡에 안치시켜야 할 것입니다!" 했다. 그러나 손권은 듣지 않았다.

유비가 촉에서 시작해서 한중을 취하고 자립해 마침내 한중왕이 되었다. 한중왕의 장수 관우가 강릉江陵에서부터 군사를 일으켜 번성樊城을 공격하고 양양襄陽을 점령했다. 허창에서부터 남쪽을 향해 가는 도중에 매우 많은 지방이 관우를 호응해 주었다. 관우의 위명이 날로 온 중원에 진동하자 조조와 군신들이 허도를 옮겨 관우의 예봉을 피할 생각을 하고 있었다. 이에 사마의가 "유비와 손권은 친근한 것같이 보여도 내심 소원하며 관우가 뜻을 얻는 것을 손권의 내심은 결코 바라는 바가 아닐 것입니다, 그래서 사자를 보내 손권이 관우의 후방을 위협하도록 권하고 이에 응한다면 손권에게 강남을 분봉해 주겠다고 승낙하십시오!" 했다. 조조는 그의 건의를 받아들였다. 당시에 노숙은 이미 죽었고 여몽이 그의 관직을 이어받아 또 손권에게 관우를 도모하도록 권유했다. 조조의 군대가 와서 번성을 구원했다. 동오의 장수 육손陸遜이 다시 관우의 후방을 습격하자 관우는 낭패하며 달아났다. 손권의 군대가 관우를 사로잡아 그를 죽였다. 손권은 형주를 평정했다.

223년 여름, 4월에 소열제가 붕어했다. 재위 3년에 연호는 '장무章武' 하나였으며 시호는 소열昭烈황제이다. 태자 유선이 즉위하고 제갈량을 무향후武鄕侯에 봉했다. 태자는 바로 후後황제[116]로 이름은 유선劉禪이며 자는 공사公嗣이다. 소열황제 유비의 아들로 17세에 즉위하자 곧 연호를 건흥建興으로 고쳤다. 승상 제갈량은 소열제의 유지와 조서를 받들어 정사를 보좌했다. 소열제가 임종 전에 제갈량에게 "공의 재능은 바로 조비의 열 배

---

116   뒤에 위국에 항복했으므로 시호가 없고 다만 나중의 황제 즉, 후주後主라 칭함.

이니 충분히 국가를 안정시켜 마침내 천하를 평정하는 대사를 완성할 수 있을 것이오, 만약 유선을 보좌할 수 있으면 그를 보좌하고 만약 보좌할 수 없으면 공이 그의 자리를 취해 대신 이어가시오!"[탁고유명託孤遺命]하자 제갈량이 눈물을 흘리며 "신하가 어떻게 감히 진충갈력盡忠竭力으로 태자를 보좌하지 않겠습니까마는 충절로 신명을 다해 사직을 지켜나가겠습니다!" 하였다.

남만南蠻에 맹획孟獲이란 자가 반란을 일으키자 촉한의 승상 제갈량이 가서 평정하려 할 때 마속이 공명에게 계책을 올린다. "무릇 용병의 원칙은 적의 심리를 공략하는 것이 상책이고, 적의 성을 공략하는 것은 하책이며, 마음으로 싸우는 것을 상책, 병력으로 싸우는 것이 하책입니다! [부용병지도夫用兵之道, 공심위상攻心爲上, 공성위하攻城爲下, 심전위상心戰爲上, 병전위하兵戰爲下]" 하였다. 남쪽의 무식한 오랑캐들은 힘보다는 유화책으로 다루어야 좋겠다는 말이다. 제갈량이 맹획을 생포해 그에게 자신의 군영과 진세를 보여준 후, 그를 풀어주고 그에게 군사를 재정비해 다시 도전하도록 했다. 이렇게 풀어주었다 사로잡기를 7번[칠종칠금七縱七擒] 하며 다시 풀어주자 맹획은 돌아갈 생각을 버리고 "당신은 하늘과 같은 위엄을 가지고 있습니다! 이제 남방 인들은 다시는 배반하지 않을 것입니다!" 했다. 공명은 맹획에게 남만을 다스리도록 명하고 귀국하는 도중에 '노수瀘水'라는 강에서 심한 풍파를 만나 발이 묶인다. 맹획을 불러 이유를 묻자 "이 강 지킴이인 사나운 귀신에게 49개의 사람 머리로 제사를 지내야 건널 수 있다!" 했다. 곧 공명은 밀가루를 빚어 사람 머리처럼 만들어 안에 소와 양, 돼지고기 소를 넣은 49개를 물속에 던지고 무사히 귀환했다. '만두饅頭'의 어원이다.

촉한 승상 제갈량이 제군을 거느리고 북쪽 위국을 쳤다. 출발에 임하여 후주에게 상소하길 "지금 천하가 삼분되어 있으나 익주益州의 촉한이 가장 피폐합니다. 이것은 바로 존망의 때가 다가오고 있다는 것을 말하는 것입니다. 폐하께서는 의당 마음을 비우시고 각 방면의 의견을 청취하여야 할 것이며 충신들의 간언을 막으시면 안 될 것입니다. 궁중宮中과 부중府中은 한 몸입니다. 만약 법률에 저촉된 일을 한 것이 있었거나 혹은 충성을 다해 공을 세운 일이 있었다면 마땅히 유관 부문의 규정에 따라 상이나 벌을 주어 폐하의 명찰을 보여 주시면 됩니다. 현신을 가까이하시고 소인을 멀리하십시오. 이것이 바로 전한이 흥성한 원인이며 소인을 가까이하고 현신을 멀리한 것이 바로 후한이 패망한 원인입니다. 신이 본시 포의로써 남양南陽에서 몸소 밭을 갈며 구차하지만, 난세임에도 성명이나 온전히 보전하려고만 했으며 제후들에게는 이름이 알려지길 원치 않았습니다. 그러나 선제께서 신을 비루하다 여기지 않으시고 외람되게도 스스로 몸을 굽혀 신의 초려草廬에 3번이나 찾아오시어[삼고초려三顧草廬] 신에게 당세의 일을 자문하셨습니다. 이로 말미암아 신은 지극히 감격해 선제의 명에 최선을 다할 것을 다짐했습니다. 선제께선 신이 근신하심을 아시고 임종에 이르러 국가 대사를 신에게 부탁하셨습니다. 신이 선제의 유명을 받은 이래, 아침부터 밤늦게까지 우려하며 탄식한 것은 오직 부탁하신 효과를 이루지 못해 선제의 명철함을 상하게 할까 하는 두려움 때문이었습니다. 이 때문에 5월에 노수를 건너 황량한 불모지대로 깊이 들어갔습니다. 예컨대 지금 남방이 이미 평정 되었고 군사력도 충족되었습니다. 마땅히 장군들을 격려하고 삼군三軍을 통솔해 중원을 평정하고 한실을 회복해 다시 구도(舊都, 낙양)로 돌아가야 합니다. 이것이 바로 신이 선제께 보답하고 폐하에게

충성하는 직분입니다!" 했다. 부대를 통솔해 한중에 주둔했다. [전출사표
前出謝表]

　다음 해, 제갈량이 대군을 거느리고 기산祁山을 공격했다. 군진이 정제
되었고 군령이 분명하고 엄숙했다. 처음에 위국은 소열제가 붕어한 이후
였기에 촉한과는 몇 년간 아무런 기척도 없이 너무나 고요했다. 이 때문에
어떤 책략이나 방비도 없이 지내다가 갑자기 제갈량이 나타났다는 소식을
듣자 위국의 조정과 백성들 모두 두려워했다. 이즈음 천수군天水郡과 안정
군安定郡 등의 군들이 모두 위국을 배반하고 제갈량을 호응하자 관중은 마
치 벼락이라도 떨어진 듯 크게 두려워했다. 위주(魏主, 명제明帝)가 장안으로
가 장합張郃을 보내 제갈량과 맞싸우도록 했다. 제갈량은 장합과 가정街亭
에서 격전을 치르도록 마속馬謖을 보내 대군을 통솔케 했다. 마속이 군령
을 위반해 장합에게 대패를 당하자, 제갈량은 부득이 한중으로 회군했다.
그리고 얼마 후, 후주에게 표를 올려 "한적과는 양립할 수 없으며 왕업도
반쪽인 촉지만으론 안정될 수 없사옵니다. 신이 마음과 몸을 다 바쳐 나랏
일에 힘쓰는 것은 신이 죽은 다음에서야 그칠 것입니다. 승패나 득실은 신
이 예견할 바가 아닙니다!" 했다. 그는 병력을 인솔하여 산관散關에서 출발
해 진창陳倉을 포위, 공격했으나 함락시키진 못했다. [후출사표後出師表]
　제갈량의 병이 위독해졌다. 밤늦게 붉고 긴 꼬리를 한 큰 별이 제갈량의
군영(오장원五丈原)중에 떨어졌다. 오래지 않아 제갈량이 병으로 세상을 떠나
자(54세) 장사長史 양의楊儀가 군대를 정돈해 물러났다. 백성들이 달려가 사
마의에게 보고하자 사마의가 곧 한군을 추격했다.

강유姜維가 양의에게 명해 전기戰旗의 방향을 바꾸고 북을 울려 장차 사마의를 향할 것처럼 하자 사마의가 감히 가까이 다가오지 못했다. 백성들이 그것을 빗대 속된 말로 "죽은 제갈량이 산 중달을 놀라 달아나게 한다." [사제갈주생중달死諸葛走生仲達] 했다. 이것을 들은 사마의가 웃으며 "이것이 바로 내가 제갈량이 살아 있었다면 충분히 짐작할 수 있었겠지만 죽었기 때문에 짐작하지 못했다!" 했다. 제갈량이 일찍이 병법의 원리를 추측, 판단하고 풀어내 '팔진도八陣圖'를 만들었다. 이때, 사마의가 제갈량이 주둔한 영루를 살펴보고 감탄하면서 "진실로 천하의 기재로구나!" 했다. 제갈량은 정사를 처리함에 있어서도 사사로움에 치우침은 없었다. 마속이 줄곧 제갈량의 칭찬을 받았지만 명령을 위반해 군대가 패배자 제갈량이 통곡을 하고 눈물을 흘리며 모진 마음으로 마속을 참했다. [읍참마속泣斬馬謖] 아울러 정성을 다해 그의 가속들을 위로했다. 이평李平, 요립廖立 등 모두 영을 위반해 제갈량에 의하여 폐출되어 집에 있었으나 제갈량이 죽었다는 소식을 듣자 모두 통곡하며 눈물을 흘렸고 마침내 상심이 너무 지나침으로 인해 병을 얻어 죽었다.

촉한의 강유가 여러 차례 병력을 거느리고 위국을 공격했다. 사마소가 그것을 매우 우려해 곧 등애鄧艾와 종회鍾會를 보내 촉한을 공격하도록 했다. 종회가 사곡, 낙곡, 자오곡에서부터 한중을 향해 진격하고 등애는 적도에서부터 감송, 답중으로 달려 들어가며 강유를 견제했다. 강유는 종회가 이미 한중에 들어갔다는 말을 듣고 곧 병력을 대동하고 답중으로 돌아가려 했다. 등애가 뒤에서 추격해 큰 싸움이 벌어졌다. 강유가 패주하며 검각으로 돌아와 종회를 막았다. 등애가 음평에서부터 진군해 무인지경의 땅 700여 리를 달려가 산을 뚫고 길을 열어 다리를 만들고 잔도를 가설했다. 산이 높고 골도 깊은 매우 험난한 곳에서 등애가 모포로 자신의 몸을 감아 뒤집어 산 아래로 굴러떨어지자 병사들도 모두 나무나 절벽에 기어올라 마치 생선을 꿰어 엮어 가는 것같이 앞으로 나아갔다. 등애의 대군이 강유江油에 도달하자 촉한의 장군 제갈첨諸葛瞻에게 편지를 보내 투항을 권했다. 그러자 제갈첨은 사자를 죽이고 면죽성綿竹城 밖에 군대를 진열하고 기다렸다. 촉한 군은 대패했고, 장군 제갈첨은 전사했다. 아들 제갈상諸葛尙이 "우리 부자는 나라의 두터운 은혜를 입었다. 일찍이 환관 황호黃皓를 죽이지 않았기 때문에 나라와 백성을 패망하게 했다. 더 살아남은들 무슨 소용이 있겠느냐!" 하며 말을 몰고 적진으로 뛰어들어 죽었다.

촉한 사람들은 뜻밖에 위나라 군대가 뛰어들자, 성을 지킬 준비가 전혀 없었다. 후주가 사신을 보내 옥새를 받들고 등애에게 투항을 전했다. 황자 북지왕北地王 유심劉諶이 분노하며 "만약 우리의 이치가 궁하고 힘이 모자라 장차 멸망에 이른다면 마땅히 부자, 군신이 함께 성을 등지고 한 번 싸워서 모두 사직을 위하다 죽으면 될 것입니다. 이렇게 할 때, 비로소 지하에서 선제先帝를 보게 될 것인데 뭣 때문에 항복하려 하십니까!" 했으나 후주는 듣지 않았다. 유심이 소열제 유비의 사당에서 통곡하며 눈물 흘리다 돌아와 먼저 처자와 아들, 딸을 죽인 다음 자진했다. 등애가 성도에 이르자 후주가 성을 나와 투항하며 촉한은 멸망한다. 위국이 후주를 안락공安樂公에 봉했다. 이상, 후주 제위 41년, 고高황제 원년 을미乙未에서부터 후後황제 염흥炎興 원년 계미癸未에 이르기까지 모두 26위의 황제, 총 465년으로 한조는 멸망했다.

3. 오吳 나라 : 실용과 유연성의 외교력

①대제大帝(손권孫權) ~ ④오정후吳程侯(손호孫皓) : 229~280, 51년, 건업建業

장사長沙 태수, 부춘富春 사람 손견孫堅이 동탁을 토벌하는 군사를 일으켰
다. 군대가 남양南陽에 이르자 수만 명에 달했다. 원술袁術의 군대와 합세
했다. 원술과 원소는 바로 한 조상으로 이전에 태위太尉 원안袁安의 현손玄
孫이다. 원씨 가문은 4대에 걸쳐 다섯 명의 삼공을 배출한 집안으로 부귀
가 다른 삼공의 가문과는 비교가 되지 않았다. 원소는 체격이 건장하고 위
엄이 있었으며 천하의 명사들과 사귀길 좋아했다. 명사들 또한 사방팔방
에서 찾아와 그와 가깝게 지냈다. 원술도 의협심과 기개가 있는 인물로 이
때 함께 군사를 일으켰다.

손견의 아들 손책과 동생 손권이 부춘에 머물다가 후에 서성舒城으로 옮
겼다. 손견이 죽었을 당시 손책의 나이가 겨우 17살이었다. 원술을 찾아
가 그의 부친에게 남아 있었던 군사를 얻었다. 손책은 열 살 쯤에 벌써 당

시의 유명인사와 친분을 쌓기 시작했다. 서성 사람 주유는 손책과 동갑으로 영민하고 호방했으며 일찍부터 자질이 만들어져 있었다. 이때, 손책을 따라 함께 군사를 일으켰다. 손책이 동쪽 장강을 넘어 전선을 옮겨갔으나 그의 공세를 막을 사람이 없었다. 백성들은 장차 손책이 온다는 소식을 듣자 모두 혼비백산했다. 그러나 손책의 대군은 이르는 곳마다 실오라기 하나도 백성들의 재산을 침범한 것이 없었고 사람을 해치지도 않음을 보자 모두 기뻐했다. 손책이 이미 강동을 평정한 다음 허창을 습격하려 했다. 아직 군사를 일으키기 전이었다. 손책이 이전에 죽였던 원오군原吳郡의 태수 허공許貢의 문객이 손책이 사냥하러 나가는 틈을 타 매복한 다음 그를 화살로 쏘았다. 손책이 심한 부상을 입었다. 곧 아우 손권을 불러 자신을 대신해 부대를 지휘하도록 했다. 그러면서 "나는 강동의 군대를 거느리고 변방에서 결전하며 천하의 영웅들과 함께 서로 겨루었네, 현재를 선발하고 능신을 임용하는 것은 자네는 나에게 미치지 못하네! 하지만 그들에게 충성을 다하게 하고 강동을 지키게 하는 데는 내가 자네만 못하네!" 했다. 이어 손책은 "외치外治는 주유에게 물으라!"며 아우 손권에게 대권을 물려준다. 26세였다. 오왕 손권이 무창武昌에서 스스로 황제라 칭하고 그의 부친 손견을 무열武烈황제로 추존했다. 아울러 그의 형 손책은 장사長沙 환왕桓王이라 했다. 얼마 후, 건업으로 천도했다. 주유가 마침 북방의 조조를 도모하려고 상의하던 중에 병으로 죽자 노숙이 그를 이어 오군을 통솔했다. 노숙은 손권에게 형주의 땅을 유비에게 빌려주어 유비와 협력해 조조에게 맞서자고 권하자, 손권은 노숙의 건의를 들어 주었다.

손권의 장수 여몽呂蒙이 애초에 전혀 공부하지 않았다. 이에 손권이 여몽에게 독서를 권했다. 이후, 노숙이 여몽과 천하대사를 논의할 때가 있었다. 그때 매우 의아하게 말하길 "그대는 이미 이전 오하吳下의 아몽(阿蒙, 아둔한 아이)이 아니오!" 했다. 그러자 여몽이 "선비는 3일만 떨어져 있다가 다시 보아도 눈을 서로 비비고 봐야 할 만큼 늘 자신을 갈고닦아 새로워야 하오." [괄목상대刮目相對)] 했다. 여몽은 손권의 권독勸讀후 [수불석권手不釋卷(손에서 책을 놓지 않다)] 했다.

조조가 손권에게 사자를 보내 관우를 도모하도록 권했다. 이에 조조의 군대와 함께 양면으로 관우를 공격했다. 관우가 달아나다 여몽의 부하 마충馬忠이 던진 그물에 생포되었다. 이어 손권 앞에 끌려온 항우를 본 순간 살려서 자신의 장수로 삼고 싶은 욕심이 들었다. 하지만 여몽이 예전 조조의 일을 들추며 '관우는 절대 다른 주인을 섬기지 않을 인물이라' 말하며 관우의 처형(당시 58세)을 강하게 주장한다. 이후 손권은 형주荊州를 평정했다.

손권은 강동의 지배자가 된 이래로 끊임없이 전쟁을 벌었다. 손권이 죽자 후계자 문제와 함께 권력다툼 등 여러 문제로 정국은 점점 악화되었다. 이후 손권의 손자인 손호孫皓가 등극했지만 덕치를 시행치 않고 폭정으로 일관하자 백성들은 도탄에 빠져들었고 외부 서진의 침공으로 곧 멸망한다.

양진 시대

: 분열 속의 생존

—

265~420년, 155년

中國史

『삼국지연의』에 제갈량이 전장에서 한 번도 제대로 이기지 못했다는 후흑厚黑의 대가大家(처세의 달인)라는 사마의司馬懿(중달仲達)는 위말魏末, 조조 치세에 조비, 조예曹叡, 조방曹芳에 이르는 4대를 섬기며 최고위직까지 오른 인물이다. 명문가 출신으로 형제 모두 총명해 '사마팔달司馬八達'이라 불렸다. 조조가 위왕이 된 후, 태자 조비의 사부가 되었다. 조조는 처음 사마의의 상을 보고 조비에게 항상 경계할 것을 충고했다.[117] 조비가 죽자 사마의는 조예(명제)를 보좌하며 제갈량의 공격(북벌)을 물리친다. 이후, 후사가 없었던 명제가 조상曹爽에게 어린 조방을 부탁하며 임종한다. 조상은 줄곧 사마의를 견제하며 제거하려 했으나 기회가 없었다. 이후 병으로 두문불

---

117 낭고상狼顧相: 이리가 뒤를 돌아보듯이 사람도 몸은 그대로 앞을 향해 가면서도 머리만 돌려 자주 뒤를 돌아보며 살핀다는 의미로 '역상逆相'이다. 사마의가 조비의 부관으로 있을 때 조조가 어느 날 이상한 꿈을 꾸게 된다. 한 개의 말구유에 세 마리 말이 함께 머리를 처박고 있는 꿈이다. 조조가 꿈을 깬후 아무리 생각해 보아도 한 마리는 사마의 같은 생각에 조비에게 넌지시 이야기한다. "내가 암만 생각해 보아도 사마의는 다른 사람의 신하로 있을 자가 아니니 추후 틀림없이 네 일에 끼어들 것이다. 그러니 잘 경계하여야 할 것이다!" 하였다. 이후 40년, '고평릉 사변'을 일으키며 이후 진조晉朝 시대를 연다.

출한다는 소식에 믿음이 가지 않았던 조상은 사람을 보내 그를 살피게 한다. 노환으로 반 정신이 나간 듯 행동한다는 소식에 안심한 조상과 황제 조방(소제少帝) 등이 평제의 능묘(고평릉高平陵)에 제사차 방문한다. 그 소식을 들은 사마의는 즉각 털고 일어나 아들 사마사司馬師, 사마소과 함께 낙양으로 진군한다. 이전에 이런 일을 대비해 그의 아들 사마사는 쥐도 새도 모르게 사복으로 변장한 사병 일만을 낙양성에 이미 대기시키고 있었다. 이후 조상을 살해하고 위나라 권력을 농단하며 "사마소의 마음은 길가는 사람들도 다 안다!"고 하는 일화를 남겼다. 이때 일부 반발하는 조정 신하들과 지식인 집단들이 정치적 부패에 염증을 느껴 세상과 거리를 두며 자연 속에서 독립적인 삶을 추구한 것이 '죽림칠현竹林七賢'이다. 이후 264년, 사마소는 진왕晉王에 등극(진문제晉文帝)하고 아들 사마염司馬炎을 태자로 삼으며 사마씨의 양진 시대를 연다.

이지 중국사

1. 서진西晉 : 희대의 흑심黑心과 천치황제

①무제武帝(사마염) ~ ④민제愍帝 : 265~316, 51년

서진 세조 무武황제 사마염(재위 265~290)은 하내河內사람이다. 그는 사마소의 아들이며 사마의의 손자이다. 사마소가 진왕일 때 세자를 세우는 논의를 했다. 논의하던 사람들이 "사마염은 머리털을 늘어뜨리면 가히 땅바닥을 쓸 수 있고, 양손을 떨어뜨리면 무릎을 넘어서니 이것은 사람의 신하가 될 상이 아니다!" 하여 사마염을 세자로 삼았다. 사마소가 죽자 사마염이 진왕에 즉위했다. 사마염이 황제에 오른 후 사마의를 선宣황제로 추존하고 사마사를 경景황제, 사마소를 문文황제로, 아울러 장차 종실의 대다수를 제후왕에 봉했다.

두예杜預[118]가 병력을 나누어 왕준과 함께 무창武昌을 공격하자 무창을 지키던 군대가 항복했다. 이에 두예가 "아군의 위세는 이미 진작되었다. 비유하자면 칼로 대나무를 쪼개는 것과 같이(파죽지세破竹之勢) 몇 마디를 쪼

갠 다음에 남은 마디는 칼날이 닿자마자 저절로 풀려 버려 다시 힘을 쓸 것이 없는 것과 같다." [영인이해迎刃而解]했다. 그는 여러 부대장에게 전략을 알려주고 바로 진공해 건업建業에 이르도록 했다. 왕준의 팔만 병력이 백 리나 서로 이어진 배에 올라 닻을 올리고 곧 건업으로 향했다. 그리고 북을 치고 함성을 지르며 석두성石頭城에 들어갔다. 오왕 손호는 뒤로 손을 묶은 채 관을 수레 위에 실어 왕준을 향해 투항했다. 진조에서 그를 귀명후歸命侯에 봉하니 마침 "경자년庚子年에 낙양에 들어갈 것입니다!"라는 예언과 부합되었다. 오국은 대제大帝 손권부터 손호에 이르러 모두 4대 황제에 총 51년 후 멸망했다. 거슬러 올라가 보면 손책이 강동을 평정한 이래 총 80여 년이었다.

진조는 위국을 교체한 지 16년, 태강太康 원년(280년)에 이르러 오국을 멸망시켰다. 또 10년이 지나 무제(사마염)가 붕어했다. (55세) 일찍이 무제가 막 즉위했을 때, 태극전太極殿 앞에서 꿩의 머리털로 짜서 만든 값비싼 옷을 태우며 절약을 주장했다. 이후 사치, 방종하며 국가 경영에 장기적인 것이 없었다. 오나라를 평정한 후부터 무제는 천하에 다시 무슨 큰일이 일어나지 않을 것으로 여겨 곧 지방 주군의 군대를 모두 불러들여 해산시켜 버렸다. 관심은 말초적인 쾌락뿐이었다. 사마염은 무지막지한 삼국시대를 마감하고 중국을 통일한 황제이지만 통일 후엔 오직 음주, 가무에 빠져 정사를 내팽개친 암군중의 하나였다. 어느 황제인들 여색을 밝히지 않은 황

---

118 탁월한 병법가, 위·촉·오 세 나라 중 마지막 남은 오를 멸망시킨 천하통일의 공로자. 춘추좌씨전春秋左氏傳을 깊이 탐독하고 연구해 '좌전벽左傳癖'이란 별명을 얻었다.

제가 없었겠지만 사마염 정도의 사람도 많지 않다. 그는 마지막으로 오나라를 멸망시키고 수많은 오나라 미인들 중 오천 명을 골라 입궁시켰다. 기존에 있던 수천의 미인들과 더불어 액정궁掖庭宮엔 궁녀가 거의 일만 명에 달했다. 그렇게 그의 고민은 매일 밤, 누구와 잠자리를 가질까 하는 것이었다. 마치 한 원제가 수많은 궁녀 숲에 둘러싸여 밤마다 자신의 수청을 들 궁인을 선택하는 고민에 빠지자, 궁정 화공(모연수)이 올린 그림을 보고 선택한 것처럼, 그도 양羊의 선택에 맡기는 기발한 발상을 한 것이다. 그는 늘 양이 이끄는 수레(양차羊車)를 타고 양이 멈추는 곳에서 연회하고 잠자리를 가졌다. 그러자 궁인들은 양이 대나무 잎과 소금기를 좋아한다는 것을 알고 다투어 자신들의 창문에 죽엽을 꽂은 다음, 소금물인 염즙을 땅에 부어 황제를 유인했다.

무제는 무려 26명의 아들을 두었다. 그들 중 똑똑하고 용맹한 아들도 많았는데, 장자인 사마궤司馬軌가 요절하자 무지몽매한 차남 사마충司馬衷이 일단 태자에 문제없이 승계했다. 사마염은 사마충이 문제가 많다는 것을 알고 있었지만, 주위의, 특히 총애했던 양 황후의 반대로 교체하지 못했다. 하루는 사마충이 사부인 이희李憙로부터 『맹자孟子』의 사단칠정론四端七情論 중 사단에 관해 공부 중이었다. "측은지심惻隱之心은 인지단仁之端이요, 수오지심羞惡之心은 의지단義之端이요, 사양지심辭讓之心은 예지단禮之端이요, 시비지심是非之心은 지지단서智之端緒입니다! 군주는 반드시 이 네 가지 마음을 잘 길러야 하며 특히, 측은지심(동정심)을 가지는 것이 중요합니다. 측은지심이 있어야 비로소 백성들을 사랑할 수 있고, 수오지심(수치심)이 있어야 선악을 분별할 수 있습니다. 군주가 시비지심(정의감)이 없다면 깨끗한 정치를 할 수가 없고 공사를 몰라 상과 벌을 구분하지 못하게 됩니다. 군주의 근본은 사심 없이 오직 나라와 백성을 위해 공명정대해야 합니다. 특히 공적인 일에 자신의 감정(칠정七情)을 억제하지 못하면 나라를 어지럽히는 원인이 됩니다. 명심하시고, 주공周公의 공적 행위를 본받으시고 은殷 주왕紂王의 사욕이 초래한 비극을 반면교사로 삼아야 할 것입니다." 하였다. 그때 문밖에 비가 추적추적 내리며 사방에서 개구리 울음소리가 들려왔다. 반나절 동안 수업을 받던 사마충은 공과 사를 구별해야 한다는 말 외에는 거의 알아듣지 못했다. 이희는 마지막으로 사마충에게 궁금한 것이 있는지 물었다. 그러자 사마충은 엉겁결에 엉뚱한 말을 내뱉었다. "정원에 있는 개구리는 공을 위한 것입니까, 아니면 사를 위한 것입니까!" 했다. 그 순간 이희는 실망감을 감추지 못하면서 '쓸모없는 나무에 조각하고 있구나!'[119]하며 탄식했다.

점심을 먹은 후, 이희는 구중궁궐에서 자란 사마충이 음식을 소중히 여기지 않는 것 같아 걱정스러워하며 완곡한 어조로 조언했다. "전하, 지금 드시는 쌀밥은 한 톨, 한 톨 모두 농민들이 힘겹게 농사를 지어서 얻은 것입니다. 그렇기 때문에 전하께서는 농사가 얼마나 힘든 일인지 아셔야 합니다. 올해는 흉작이라 백성들이 먹을 것이 없어 배고픔에 허덕이고 있습니다." 하였다. 이 말에 사마충은 이상하다는 듯 고개를 갸웃거리며 "그러면 고기죽을 먹으면 되지 않느냐!" 하자 이희는 울 수도 웃을 수도 없었다.

---

119   재여가 낮잠을 자는 것을 보시고 공자께서 "썩은 나무에는 조각할 수 없고, 거름흙의 담장에는 흙손질 할 수 없다!" 하셨다. 재여주침宰予晝寢, 자왈子曰, 후목불가조야朽木不可雕也, 분토지장불가오야糞土之墙不可杇也, 후목분장朽木糞牆 『논어論語, 공야장公冶長』.

태자비 가남풍賈南風은 공신 가충賈充의 딸이다. 황음무도하고 추녀중의 추녀이지만 공신 집안이라는 배경과 적절한 뇌물 덕으로 황후에 올랐다. 처음엔 무지몽매한 사마충에게 후사를 맡기려 하지 않았으나 가남풍이 시험문제를 가져온 관리를 매수해 답을 알아내는 바람에 더 이상 폐립을 논할 수 없었다. 이후 290년, 무제가 죽고 사마충이 혜제로 즉위하자 가남풍은 황후가 되었다.[120]

가남풍은 혜제와의 사이에 노력했지만 아들을 낳지는 못하고 딸만 넷을 낳았다. 이에 몹시 화가 난 가남풍은 임신한 궁녀들에게 화풀이를 했는데, 직접 임신하고 있던 궁녀 2명을 죽이기까지 했으며 다른 궁녀들이 태자 근처에 못 가게 했다. 사실, 이때 태자에게는 아들이 한 명 있었다. 무제는 무지몽매했던 태자를 위해 성숙하면서도 궁의 규범을 잘 알고 있는 재인才人 사구射玖(무제의 시녀)를 태자에게 보내 가르치도록 했다. 사구는 태자의 잠자리 시중을 통해 직접 남녀가 관계를 맺는 방법을 세밀히 가르쳐 주었다. 가남풍이 태자비로 궁(동궁東宮)에 들어 왔을 때 이미 임신 중이었다. 이후, 가남풍의 성격을 안 사구는 자신이 용납되지 못할 것임을 알고 서궁西宮으로 돌아갈 수 있도록 무제에게 청했고, 승낙받았다. 열 달 후, 사구는 사마휼司馬遹을 낳았고 무제의 궁에서 길렀다. 사마휼이 3세가 되던 해의 어느 날, 태자가 부황父皇에게 인사를 드리기 위해 무제의 궁을 찾아왔다가 사마휼을 보고 함께 놀아 주었다. 하지만 얼빵한 태자는 자신과 다르게 총명한 아들을 보며 몹시 의아해했다.

---

120 혼란했던 300여 년의 위진남북조 시대의 새벽을 암탉(가남풍)이 울며 여는 것과 같이 은유해 [빈계신명牝鷄晨鳴, 빈계사신牝鷄司晨]이라 했다.

사마휼이 5세 때, 어느 날 밤, 궁궐에 불이 났는데 하늘이 환해질 정도로 큰 불이었다. 이를 본 무제가 밝은 불빛 아래 서 있자, 사마휼이 무제의 옷깃을 잡고 어두운 곳으로 잡아끌었다. 이를 이상하게 여긴 무제가 묻자 사마휼은 "늦은 밤에 불이나 매우 어지러운 상황인데 예기치 못한 일이 발생할 수도 있습니다. 그런데 폐하께서 밝은 곳에 모습을 드러내고 계시니 이는 위험한 일이 옵니다!"라 했다. 무제는 놀란 눈으로 사마휼을 내려보며 "얼빵한 태자에게 이렇게 총명한 아이가 태어나다니!" 하며 감탄했다. 곧 태자의 폐위를 포기한 무제는 운명을 총명한 황손에게 걸기로 했다. 이후 무제는 항상 대신들과 시중들에게 사마휼이 바로 사마씨 가문을 일으킬 것이라며 극찬했다. 이에 조정 안팎의 대신들은 앞으로 태자가 많은 아들을 낳더라도 황제에게 총명하고 비범한 손자는 한 사람뿐이라는 것을 인식하였다. 하지만 사마휼은 성장한 뒤, 모든 사람의 기대를 무너뜨렸다. 기록에 따르면 사마휼은 성인이 된 후, 공부하기를 싫어했고, 조부의 양차를 타는 것만 좋아할 정도로 미인을 밝혔다고 한다. 혜제와 사구 사이에서 태어난 태자 사마휼은 가남풍이 자신을 싫어하는 것을 알고 일부러 정사에 관심이 없는 척했다. 공부를 게을리하고 조회에도 출석하지 않았으며 심지어 궁중에서 노점을 벌여 장사를 하는 척하기도 했다. 태자의 이러한 행동은 그의 의도와는 달리 사마휼의 평판을 떨어뜨리고 가남풍에게 태자를 폐위시킬 빌미를 제공했다.

가남풍은 자신의 여동생이 낳은 아들을 자신과 혜제 사이에 생긴 아이라 주장했다. 그녀의 모친이 타일렀지만 듣지 않고 오히려 사마휼을 죽일 생각을 했다. 그녀는 사마휼을 제거하기 위해 그에게 신경을 마비시키는

이지 중국사

술을 먹이고 혜제와 자신을 죽이겠다는 내용의 글을 쓰게 했다. 이것을 빌미로 사마휼을 폐서인하고 허창으로 압송했다. 그리고 자신의 정부인 태의령太醫令 정거程據에게 독살토록 했지만 실패하자 절굿공이로 쳐 죽였다. 또, 가남풍은 병을 핑계로 체력이 좋고 하얀 피부에 준수한 외모의 정부와 함께 거리낌 없이 음란한 짓을 벌였다. 그리고 사람을 밖으로 내보내 미소년들을 궁으로 잡아들여 음란한 짓을 벌인 뒤, 입을 막기 위해 모두 살해했다. 가남풍은 그동안 여러 번 자신을 도와준 태후太后(무도황후)의 부친 양준楊駿을 비롯해 조정의 권력을 장악하고 있던 양씨 일족을 숙청하고 태후를 유폐시켰다. 그 뒤 태후를 서인으로 강등시키고 금용성에 가두어 굶겨 죽였다. 이처럼 전횡을 일삼던 가남풍은 무제의 숙부 조왕趙王 사마륜司馬倫(249~301)과 손수 등에 의해 실각했다. 혜제는 가남풍을 폐서인으로 강등시켜 유폐시켰고 사마윤은 상서 유홍을 보내 가남풍에게 독이 든 술을 내렸다. 가남풍은 사마윤을 역적이라 비난하고 독주를 마신 뒤 죽었다.

사마륜이 상국相國이 되었다. 회남왕淮南王 사마윤司馬允이 군대를 일으켜 사마륜을 쳤다. 실패하자 피살되었다. 사마륜은 또 석숭石崇을 죽였다. 석숭에게는 매우 총애하는 소첩이 있었다. 이름이 '녹주綠珠'였다. 사마륜의 심복 손수孫秀가 석숭에게 녹주를 달라고 강요했지만 석숭은 주지 않았다. 그러자 손수가 곧 "석숭이 사마윤을 따라 난을 일으켰다!"고 모함하며 그를 체포했다. 석숭이 그를 체포하러 온 자에게 "종놈들이 남의 재산을 노리는 것이냐!" 하자 그가 "재산이 화를 불러오는 것을 알면서 뭣 때문에 조금 일찍 풀어놓지 않았느냐!" 했다. 마침내 피살되었다. 사마륜이 혜제에게 선양하길 핍박했다. 몇 달 후, 황위를 찬탈해 그의 패거리 모두를 경상卿相에 임용하고 노복과 사졸들의 관작도 올렸다. 그리고 매 조회 때엔 관모에 초선貂蟬[121] 장식을 한 사람들이 좌석을 채웠다. 당시 사람들이 "담비가 부족하면 개 꼬리를 달아라![초부족, 貂不足, 구미속狗尾續, 구미속초狗尾續貂]" 하며 풍자했다. 그러나 3달이 지나지 않아 폐위되며 주살되었다.

서진 시대, 정치적 부패에 염증을 느껴 속세를 경시하며 도인처럼 살고자 했던 '죽림칠현(완적阮籍, 혜강嵇康, 산도山濤, 왕융王戎 등)'의 한 사람 손초孫楚가 친구 왕제王濟에게 '침석수류(枕石漱流: 돌을 베게 삼고 흐르는 물에 양치질한다)'라는 말을 반대로[침류수석枕流漱石]'이라 했다. 친구가 그의 실언을 지적하자 '침류枕流'는 "요임금 때 허유許由가 쓸데없는 말을 들었을 때 귀를 씻었다는 말이고(세이洗耳), '수석漱石'은 이를 닦고자 하는 뜻이라네!" 하며 끝까지 우겼다. 이들 죽림칠현중 혜강은 무고하게 처형됐지만 아들 혜소嵇紹가 장성하며 부친보다 더욱 뛰어난 인물이 되었다. 그가 높은 관직에 임명돼 낙양으로 가던 날, 이를 지켜보던 어떤 사람이 부친의 친구 왕융에게 "수많은 인파 속에 우뚝 서 궁중으로 들어가는 혜소의 모습이 마치 '닭 무리 속에 한 마리의 학'[군계일학群鷄一鶴]같이 보였다!" 했다.

유연劉淵이 좌국성左國城에서 떨쳐 일어났다. 유연은 이전의 남흉노의 후예였다. 흉노는 한, 위이래로 중국을 신하의 예로서 섬기고 있었다. 그의 선조는 자신들이 바로 한조의 생질이라 여겨 한조 왕실의 성인 유씨로 사칭했다. 유연의 부친은 유표劉豹이다 그는 흉노의 오부五部중의 하나인 좌부의 수장이었다. 유연은 어려서부터 영특하고 남달라 광범위하게 유가

---

121   담비 꼬리와 매미 날개. 고관의 상징

경전과 역사, 전적 등을 학습했다. (박람경전博覽經典) 일찍이 말하길 "나는 수하隨何와 육가陸賈는 문재文才는 있더라도 무재武才가 없었기 때문에 -무운武運이 왕성한- 한 고조를 만났어도 봉후封侯의 공을 세울 수 없었고, 강후絳侯와 관영灌嬰은 문재가 없었기 때문에 한 문제를 만났어도 문화교육을 진흥시키지 못했다. 어찌 애석하지 않은가!" 했다. 그는 글을 익히는 동시에 무공도 익혔다.

혜제惠帝(사마충) 때에 이르러 유연은 흉노 5부의 대도독을 맡았다. 성도왕成都王 사마영司馬穎이 표문을 올려 유연을 좌현왕左賢王에 봉하도록 하고 오래지 않아 유연으로 하여금 병력을 데리고 업성을 지키도록 했다. 유연의 아들 총總도 역시 날쌔고 싸움도 잘했다. 보통 사람보다 훨씬 뛰어났다. 유가 경전과 역사 전적을 두루 섭렵했으며 특히 글을 잘 지었다. 또한 300근이나 나가는 무거운 활을 당길 수 있었다. 유연의 종조부 유선劉宣이 "한조 멸망 이래 우리 선우는 모두 이름뿐인 무리로 한 치의 땅도 없었다. 그나마 왕후들의 지위도 떨어져 모두 백성들과 똑같았다! 현재 우리 부락이 비록 쇠약하지만 2만 명이나 되는 사람이 있다. 어찌 우리가 머리를 땅에 대고 남의 심부름이나 하며 종종걸음치는 무리로 평생을 보낼 수 있겠는가! 지금 사마씨들은 가까운 혈족끼리 서로 해치고 죽이는 데 혈안이 돼 있다. (팔왕의 난) 이러한 동란은 마치 솥에서 물이 끓는 것과 같다. 그러나 좌현왕은 영민할 뿐만 아니라 위무도 매우 뛰어나다. 우리 호한야선우 때의 영광을 회복할 때가 바로 지금이다!" 했다. 이에 서로 모의하여 그를 우두머리를 추천했다. 유연이 사마영司馬穎을 설득하며 흉노 5부족을 거느리고 돌아와 돕겠다고 청했다. 유연이 좌국성에 돌아온 다음 유선 등 여러 사람들이 그를 대선우로 추대했다. 20일 사이에 5만 명이 모여들자 이석

(離石)에 도읍을 정했다. 호인胡人과 진인晉人들이 점점 많이 귀순하자 유연은 국호를 '한漢'이라 하고 자칭 '한왕'이라 했다.

서진 왕조는 '가남풍'이라는 희대의 잔악한 여황후 이후 팔왕의 난이 일어나며 급격히 무너진다. 팔왕의 난은 16년간의 황후 가남풍과 종실들 사이의 불만으로 무제의 25명의 아들 중 살아남은 사람은 3명에 불과했으며, 8명의 왕 중에 생존자는 동해왕東海王 사마월司馬越 혼자였다. 이틈을 타고 북쪽 이민족의 대대적인 침입에 의한 '영가의 난'으로 멸망의 길을 걷던 서진은 한군에 의해 수도 장안이 고립되며 성내에 굶주림이 심해지자 민제愍帝(사마업司馬鄴)가 성을 나와 항복했다. (316년) 이후 한장 유요劉曜가 민제를 평양平陽으로 보냈다. 유총이 군신들에게 연회를 베풀며 민제에게 푸른 속곳 차림으로 돌아다니며 술을 따르고 술잔을 깨끗이 씻도록 명했다. 또 자신이 외출할 때, 일산(日傘, 큰 양산)을 들게 했다. 그러다 오래지 않아 그를 죽였다. 서진은 무제에서부터 민제(재위 4년)에 이르기까지 모두 4대, 51년이었다.

2. 동진東晉 : 유민流民의 재건과 문화의 보존

①원제元帝(사마예司馬睿) ~ ⑪공제恭帝 : 317~420, 103년

흉노의 한에게 멸망한 이듬해, 황족 중 하나인 낭야왕琅琊王 사마예가 남쪽 건강建康(민제의 이름인 업鄴을 피휘해 건업建業을 고쳐 부름)을 임시 수도로 정하며 세운 왕조이다. 원제가 재위하자 북벌보다는 정권을 공고히 하는 데 관심을 가졌으나 북벌의 총책을 맡은 진서장군鎭西將軍 조적祖逖과 친구 유곤劉琨은 '[문계기무聞鷄起舞]'와 '[중류격즙中流擊楫]'[122]이라는 성어를 남길 정도로 흉노 격퇴에 분투했다.

---

122 조적은 젊은 날, 국가의 미래에 대한 관심을 가지고 있었다. 늘 생각하길 '관리는 국가의 녹봉으로 사는 사람이지만 나라가 비록 편안하더라도 미래의 위험을 대비해 국가의 이익을 소중히 여겨야 한다고 생각했다. -천하수안天下雖安 망전필위忘戰必危, 사마양저司馬穰苴- 어느 날, 그의 친구 유온과 함께 한 침상을 쓰며 새벽을 알리는 닭 울음소리에 깨어나 검술을 연마(문계기무)하고 미래를 다짐했다. 이후 흉노의 침입으로 나라가 망하고 북벌 총책에 임명되었지만 주어진 여건은 너무나 미약했다. 그러나 낙담하지 않고 강북으로 건너가는 배 위에서 노를 두들기며 "중원을 회복하지 못하면 결코 돌아오지 않을 것이다!"(중류격즙)라며 굳게 맹세하며 자강불식自彊(强)不息한다.

조적을 이은 북벌 장군인 환온桓溫은 동진의 명장으로 서진 말, '영가의 난'이라는 어지러운 시절을 보내며 젊은 날에 이미 두각을 나타냈다. 그가 어명으로 사천四川지역의 성한成漢을 정벌하기 위해 떠났다. 군대를 실은 선단船團이 삼협三峽을 지나갈 때, 맞은편 울창한 숲에는 원숭이들이 바쁘게 돌아다녔다. 마침 선단이 보급품을 정비하며 쉬고 있을 때, 따분했던 한 병사가 정글에서 어린 원숭이를 잡아 배로 데려왔다. 곧 선단이 출발하자 병사들이 어린 원숭이를 가지고 놀았다. 그때 맞은편에서 절벽 사이를 뛰어다니며 울부짖는 원숭이가 보였고 배 위의 어린 원숭이도 화답하듯 울부짖었다. 병사들은 모자간이란 걸 알았지만 놓아주지 않았다. 선단은 거의 백여 리의 뱃길을 곧장 지나가고 계속해서 좇아 오는 어미는 비명을 질렀다. 마침 좁은 절벽 사이를 지날 때 갑자기 어미 원숭이가 배 위로 떨어지며 몸을 뒤척이다 바로 절명했다. 누군가 절명한 원숭이의 배를 가르자 창자가 이미 두 동강이 난 것을 발견했다. 이것은 어미가 자식을 잃은 심정을 마치 창자가 끊어지는 아픔과 같음을 비유하며 상심이 지나쳐 애간장이 찢어진 것이라 하였다. [단장지애斷腸之哀] 이후, 환온이 수차례의 북벌을 통한 군사적인 성공으로 실권을 장악하고 대권까지 넘보고 있었다.

　일찍이 환온이 역모의 마음을 품고 베개머리를 어루만지며 '남아가 이 세상에 나와 훌륭한 명성을 후세에 기리 전하지[유방백세流芳百世] 못한다면 이 또한 더럽고 불명예스러운 이름을 만년이나 남길 것이리라!'[유취만년遺臭萬年]했다. 그는 스스로 먼저 공업功業을 세운 다음 구석을 받으려 했다. 방두枋頭가 대패하자 그의 명성은 점점 떨어졌다. 그러자 치초郗超가 환온에게 "은殷의 이윤伊尹이나 한漢의 곽광霍光과 같이 허수아비 황제를 세워 대권을 독점하고 난 다음, 자신의 위망을 세우십시오!"라 권했다. 이에 환온은 입조해 저태후褚太后에게 고하고 황제 사마혁司馬奕(7대)을 폐출하도록 했다. 사마혁이 재위 6년에 한 번, 태화太和로 연호를 바꾸었다. 이후, 간문황제簡文皇帝(사마욱司馬昱, 8대)가 그에게 제위를 빼앗길 것을 고민하다 병들어 죽자 환온은 내친김에 스스로 제위에 오르려고 했다. 그러나 왕탄지王坦之와 사안謝安 등 세족들의 제지로 야심을 이루지 못했다. 환온의 세력이 커지는 것에 위협을 느낀 간문제의 아들(사마도자司馬道子)은 환온의 절친인 은호殷浩를 등용해 그의 대항마로 삼았다. 이후, 환온이 은호를 실각시키며, "그 녀석은 옛날 나의 [죽마고우竹馬故友]¹²³"라 했다.

동진 시기 서북지역의 소수민족 수령이었던 부견符堅이 전진前秦 왕조를 건국했다. 이후 전진이 군대를 파견해 길을 나누어 동진의 변경을 침범했다. 여러 고을을 함락하고 양양襄陽 자사刺史 주서朱序를 포로로 잡고 철병했다. 오래지 않아 부견이 대거 동진을 공격해 들어가기로 의논하자 어떤 사람이 '진국에는 장강의 험난함이 있습니다!'하자 부견이 "우리나라 군대의 모든 말채찍을 장강의 물속에 던진다면 족히 물흐름을 막을 수 있다." [투편단류投鞭斷流]했다. 당시 전진의 조야에 모든 사람이 부견에게 절대 급하게 군사를 일으켜 진晉을 공격하지 말기를 권했지만 모용수慕容垂와 요장姚萇만은 이 혼란한 틈을 이용해 난을 일으킬 생각으로 남정南征을 극력 종용했다. 부견은 이에 장안을 지키는 사병 60여만 명과 기병 27만을 강남을 향해 진격하도록 했다. 동진이 이 소식을 듣고 사석謝石을 정토대

---

123   어린 시절의 좋은 추억을 간직한 친구를 의미하나, 한편으로 환온이 은호를 낮추며 '어릴 때 잘린 대나무를 가랑이 사이에 끼고 나를 끌고 달려가던 내 똘마니'란 의미의 '상하관계'로 사용했다.

도독, 사현謝玄을 전봉도독에 임명해 8만의 군대를 데리고 나가 진군秦軍을 막도록 했다. 유뢰지劉牢之는 정병 오천을 데리고 재빨리 낙간으로가 곧바로 낙하를 건너 진군의 선봉 부대를 격파하고 진장 양성梁成을 참살했다. 사석 등의 사람들은 뒤따르며 군의 통솔아래 수륙으로 진격해 들어갔다. 전진의 대군이 주둔을 마친 후 부견이 수양성壽陽城에 올라가 바라보니 진군晉軍의 포진이 엄정했다. 또 팔공산八公山 위에 초목이 흔들리는 것을 보고도 모두 진군이라고 여겨[초목개병草木皆兵] 안색이 침울해지며 매우 두려워했다. 진군은 비수淝水 가까이 다가가 물가에 포진했다. 사현은 사람을 부견에게 보내 "번거롭겠지만 진을 조금만 뒤로 물려 우리 병사들이 강을 건너고 난 다음 승부를 결정지우면 어떻겠소!" 하였다. 이에 부견은 진군이 물을 한 반쯤 건너 올 때를 이용해 일거에 공격해 궤멸시킬 생각으로 대군을 후퇴하도록 지시했다. 결과는 진군이 한 번 물러나자 걷잡을 수 없는 상황이 벌어져 멈출 수 없게 되었다. 주서가 이 기회를 이용해 군진 뒤에서 "진군이 패했다, 진군이 패했다!" 하며 크게 고함을 질렀다. 그러자 진군은 크게 흐트러지며 무너졌다. [일패도지一敗塗地] 사현 등의 사람들이 승세를 타고 추격해 진군을 대패시켰다. 이에 달아나던 사병들은 바람 소리와 학 우는 소리만 들어도 모두 진군이 추격해 오는 소리로 여겼다. [풍성학려風聲鶴唳] 부견은 낭패를 당해 장안으로 돌아왔다. 이처럼 '자라 보고 놀란 가슴 솥뚜껑 보고 놀란다!'[124]는 말처럼 다 이긴 싸움에 지고 만

---

124 [오우천월吳牛喘月(오우망월즉천吳牛望月則喘)] : 남방의 무더운 오나라 지방에 소는 뜨거운 한낮의 더위에 지친다. 밤에 밝은 달이 뜨자 아침 해가 다시 뜬 걸로 착각해 자기도 모르게 헐떡거린다.
*월견폐설越犬吠雪: 역시 더운 지방인 오나라의 이웃, 월越나라는 날씨가 따뜻해 눈이 내리는 일이 드물었기 때문에 눈을 처음 본 개들이 두려워 짖었다.
*촉견폐일蜀犬吠日: 구름과 안개로 늘 해를 잘 보지 못한 촉나라 개가 해가 비치자 놀라 짖었다.

다. 이후 요장姚萇에게 죽임을 당한다. 이 비수대전淝水大戰이후 전진前秦의 기세는 크게 상실되었다. 전쟁이란 본디 사력을 다해도 생존을 담보할 수 없는, 어쩌면 인간으로서는 가장 야비하고 잔인한 게임인데도 불구하고 자비로운 척, 선량한 척하다 일신과 국가를 멸망시킨 대표적인 예이다. 한편 동진은 사안謝安이 죽은 후 내란과 함께 농민봉기가 발생해 이름만 남은 왕조였다. 안제安帝가 죽은 후 동진의 대장군 유유劉裕가 공제恭帝를 핍박해 420年, 황제로 즉위하고 국호를 "송宋"이라 하였다. 동진은 진원제晉元帝부터 시작해 진공제晉恭帝에 이르러 11대 황제, 모두 103년을 지냈다. 서진, 동진 모두 156년 만에 멸망했다.

동진의 징사(徵士,은사) 도잠陶潛이 졸卒했다. 도잠은 자가 연명淵明, 원량元亮이며 심양인潯陽人이다. 동진의 명장 도간陶侃의 증손이다. 도잠은 어릴 때부터 고상한 취미를 가지고 있었다. 도잠은 일찍이 팽택령彭澤令에 부임한 지 80일에 군의 관원이 순시하러 왔다. 이때 아전이 "마땅히 의관을 단정히 하고 관원을 맞이해야 합니다!" 하자 도잠이 탄식하며 "내가 어떻게 오두미五斗米때문에 향리의 어린애 같은 이들에게 허리를 꺾을 수 있겠느냐!"[125]하며 곧 인수를 내려놓고 관직을 떠났다. 도잠의 작품에 부賦에는 〈귀거래사歸去來辭〉, 저著에는 〈오류선생전五柳先生傳〉이 있다. 조정에서 여러 차례 나와 관직을 맡도록 예를 갖추어 불렀으나 모두 응답하지 않았다. 그 스스로 선대가 바로 동진의 신하라 여겨 송고조宋高祖의 제왕의 업業이 점점 융성해진 후부터 다시 벼슬길에 나서지 않았다. 도잠이 죽은 후, 친

125 　오두미는 당시 현령縣令의 한 달치 녹봉祿俸이다.

구들이 시호를 "정절선생靖節先生"이라 했다. 그의 작품중에 〈도화원기桃花源記〉는 진나라 태원太元(효무제孝武帝376~)시기, 중국 사천성 상류, 무릉에 살던 만족蠻族 어부가 복숭아꽃이 흐드러지게 피어 있는 물길의 근원까지 찾아 올라가다 경험한 '무릉도원武陵桃源' 이야기이다. 우리나라도 세종의 셋째아들이자 서예가였던 안평대군安平大君이 꿈속에 본 내용을 당시 최고의 궁정화가 안견安堅에게 이야기해 그린 '몽유도원도夢遊桃園圖'가 있다. 또, 〈잡시雜詩〉

좋은 시절은 거듭 오기 어렵고, 하루에 새벽은 두 번 오지 않는다오!

성년부중래 盛年不重來, 일일양난신 一日兩難晨

세월은 사람을 기다려 주지 않으니, 때맞춰 마땅히 힘써 노력해야 할 것이네.

세월부대인 歲月不待人, 급시당면려 及時當勉勵

도 잘 알려져 있다. 그는 다섯 아들을 두었는데 모두 재주는 없었다. 영명한 도잠으로서는 매우 유감스러웠다. 이에 [책자責子, 자식을 꾸짖으며]라는 시를 지어 불초한 자식과 자신을 자책하며 모든 걸 다 잊어버리고 술이나 마시자며 자위했다.

이 시기 '서성書聖'으로 추앙받는 서예가 왕희지王羲之는 속세에 뜻이 없어 산수 간에 청담淸談을 나누고 유유자적한 생활을 즐기다 한평생을 마쳤다. 그는 평소 꼬장꼬장하고 입바른 말을 잘하여 '생선 가시 같은 사람'이라는 의미로 '골경骨鯁'이라 불렸다. 그의 일곱 번째 아들, 왕헌지王獻之[126]

도 어릴 때부터 총명했으며 서예가로 이름을 떨쳤다.

126 왕헌지가 어릴 때 식객食客들이 정원에서 노름을 하고 있었다. 그가 그중 한 사람을 보며 "아저씨, 형세가 불리하니 힘내서 잘해보세요!" 하자 식객이 "이 도련님이 대롱을 통해서 표범을 보는군! 표범 무늬 한 점밖에 보지 못하고 있어! (관중규표管中窺豹)" 하며 "어린 사람의 좁은 시야로는 나의 수를 읽어낼 수 없다!" 하였다. 이에 헌지가 화난 얼굴로 "저 유진장劉眞長 어른에게 부끄러움을 느끼세요. 아버지 친구인 그 어른은 노름하다가 환온의 역모를 간파했으니까요! 하며 옷을 털고 가버렸다. 사람들은 어린 헌지의 견식에 감탄했다.

6장

오호십육국, 남북조 시대

: 유목민과 정주민의 교류

—

304~589, 285년

1. 오호십육국伍胡十六國 : 혼란 속의 융합과 변혁,
304~439, 135년

오호십육국 시대는 서진이 팔왕의 난과 영가의 난으로 멸망하자 이전 한족의 지배하에 있었던 다섯 개의 주요 이민족인 오호五胡(흉노匈奴, 선비鮮卑, 강羌, 갈羯, 저氐)와 그들이 세운 열여섯 개 왕조가 황제라 칭하며 이합집산했던 시대이다. 남북조시대 초기까지 이어졌다. 이 시기는 유목 이민족과 정주 민족 간에 활발한 문화교류가 일어나며 다양한 문화와 종교가 혼합되는 시기이다. 이후 당나라의 화려한 문화가 꽃피는 데 거름이 되었다. 특히 불교가 사회 저변에 깊이 뿌리내리게 되는 시기이다.

2. 남북조南北朝 : 분열과 경쟁의 시대, 420~589, 169년

동진이 멸망한 후 중국은 170여 년 동안 남북조의 대치 상황이 전개되었다. 남쪽에서는 송宋, 제齊, 양梁, 진陳 왕조가 세워졌고, 북방은 선비족鮮卑族이 통일해 북위北魏를 세웠다. 439년, 북위의 태무제太武帝 탁발도拓拔燾가 북방을 통일했다. 북위는 동위와 서위로 분열되었다가 다시 북제北齊와 북주北周로 이어졌다. 북위 효문제孝文帝의 강력한 한화정책漢化政策의 결과 선비족과 한족의 대융합이 촉진되었다.

502년, 양 무제梁武帝(소연蕭衍, 464~549)가 남조南朝 제齊를 멸망시키고 양梁나라를 건국했다. 이후 강동지역은 오랫동안 전쟁이 없었다. 양 무제는 오직 불법에만 심취해 있었다. 그는 수차례 사신불사(捨身佛寺, 출가)해 수도 건강의 동태사同泰寺에 중이 되었다. 사람들은 '황제보살'이라 불렀다. 신하들이 만류하자 여러 군신으로 하여금 큰돈을 소비하도록 하고 절에서 나왔다. 이후 북방에서 투항해온 후경侯景이 반란을 일으키며 궁궐을 포위했다. 각지에서 올라온 원군들 모두가 후경에 패하자 부득이 양무제는 사람을 보내 후경과 강화해 그를 대승상에 임명했다. 그러나 태성台城은 다섯 달이나 포위되었다가 결국 함락되었다. 그 후, 양 무제는 후경에게 통제돼 음식도 줄여야 하는 경우를 당하자 울분이 더해져 자리에 누워 일어나질 못했다. 이후, 양 무제가 꿀을 찾았으나 얻지 못하자 재차 '허허'하고 세상을 떠났다.

552년, 광주廣州 참군參軍을 지낸 진패선陳覇先이 후경을 진압하고 557년 남진南陳 왕조를 세웠다(진무제陳武帝) 진패선은 즉위 후, 3년 만에 세상을 떠났다. 이때 북방은 동위東魏와 서위西魏로 분열되었다가 다시 북제北齊와 북주北周의 왕조로 교체되고 있었다. 북방은 수년 동안 전란을 거친 뒤, 북주의 무제 우문옹宇文邕때 남방의 제齊를 멸하고 전국을 통일하려고 했으나 꿈을 이루지 못하고 죽었다. 그의 사후, 선제宣帝 우문빈宇文贇[127]이 즉위했는데 그는 음탕하고 무도한 황제로 평소 부황인 우문옹의 엄한 교육에 커다란 불만을 품고 있었던 차에 부황이 급서하자 그의 관을 향해 "죽는 것이 참으로 늦었다!"며 욕설을 퍼부었다. 북주의 패망은 거기에서부터 시작되었다 해도 과언이 아니었다. 당시 미신을 굳게 믿은 우문빈은 즉위 이듬해에 장남 우문연宇文衍(우문천宇文闡)에게 보위를 넘기고 자신은 5명의 황후를 맞으며 주색에만 매달렸다. 과도한 주색에 매달리다 이듬해 22세에 요절하자 이내 장인 양견楊堅이 전권을 장악했다. 곧 외손자 우문연을 압

---

127 그의 부인이 당시 북주의 수국공隨國公이었던 양견의 맏딸 양려화楊麗華이다. 시아버지 우문옹이 병사하자 태자비였던 그녀는 황후가 되었다. 황제에 오른 선제가 5명의 황후를 맞이하는 기괴한 행동을 하자 선량했던 그녀가 말렸지만 듣지 않고 오히려 폐위하려 했다. 곧, 주색으로만 일관하던 선제가 급사하자 어린 아들 우문천이 등극한다. 이 기회를 타고 외할아버지인 양견이 정권을 장악한다. 양려화는 양견의 두 마음을 알고 불만을 표시했지만 양견은 마침내 북주의 대권을 탈취해 남북조시대를 마감한다. 이후 정권을 '수隋'로 바꾼 양견이 미안한 마음에 그녀를 '낙평공주樂平公主'로 봉하며 개가改嫁시키려 했지만 끝내 응하지 않았다.

박해 '수隋왕조'를 세웠다. (수문제隋文帝, 581년)

동위東魏의 실권자 고환高歡은 여러 명의 자식을 두고 있었다. 하루는 자식들을 시험해보고자 한자리에 불러 모아 뒤엉킨 삼실 한 움큼 씩 나눠주고 풀어보도록 하였다. 다른 아들들은 한 올 한 올 풀려고 애쓸 때, 둘째 아들인 고양高羊은 잘 드는 칼 하나를 들고와 싹뚝 잘라 버리며 부친 앞으로 다가가 '어지러운 것은 반드시 베어 버려야 합니다!'(난자수참亂者須斬, [쾌도난마快刀亂麻]라 했다. 나중에 북제北齊를 세운 고양은 어려서부터 용맹하고 과단성이 있었지만 즉위 후, 종일토록 음주, 가무하며 매우 포악했다. 자신이 세운 공업에 대한 자부심이 지나쳐 잔혹한 방법으로 멋대로 사람을 살육하고, 큰 가마솥과 커다란 톱 등의 형구를 궁정 뜰에 늘어놓고 불쾌한 감정이 들면 직접 나서 톱으로 쓰는 등 '인간백정人間白丁'을 자처했다.

진 후주陳後主 장성양공長城煬公의 이름은 진숙보陳叔寶이다. 그는 태자가 된 이래로 황후나 태자를 위한 관원인 첨사 강총江摠과 철야로 술독에 빠져 지냈다. 즉위한 지 얼마 지나지 않아 임춘, 결기, 망선의 누각 3동을 지었다. 각 높이는 수십 장이고 수십 칸이 이어져 있었으며 누각 안은 모두 침향목과 단목으로 만들었고 아울러 황금, 옥석, 진주, 비취로 장식했다. 진주로 만든 발과 기이하고 정묘한 의상과 노리개 등은 근고 이래 견줄 만한 것이 없었다. 누각 아래에는 돌을 쌓아 산을 만들고 물을 당겨 못을 만들어 후주가 그사이에 손수 기이한 꽃을 심었다. 진 후주 자신은 임춘각臨春閣에 거주하고 귀비 장려화張麗華[128]는 결기각結綺閣에 공씨龔氏, 공씨孔氏 두 귀빈은 망선각望仙閣에 거주하며 매 누각 사이에는 모두 복도複道를 놓아 서로 왕래하도록 했다. 강총이 비록 재상을 지냈지만 직접 정무는 처리하지 않고 매일 공범孔范 등 문사들과 후정에서 연회만 즐기고 있었다. 이들을 '압객狎客'이라 불렀다. 진후주는 여러 비빈과 강총 등 압객들로 하여금 함께 시를 지어 서로 화답하게 했다. 지은 가곡 중에는 [옥수후정화玉樹後庭花] 등이 있었다. 군신들은 마음껏 마시고 노래 부르며 밤을 새는 것은 보통이었다. 곧 환관과 측근 내외가 서로 결탁해 패거리를 지어 간신이되었고 종실의 귀척들도 제멋대로 날뛰었으며 공공연하게 뇌물이 오갔다. 공범은 공귀빈과 남매관계를 맺었다. 그 스스로 문무의 재능은 조정에서는 나에게 견줄 만한 자가 없다고 여겼다. 군중에서 장수가 조금이라도 과실이 있으면 즉각 그들의 군권을 박탈했다. 이 때문에 남진南陳의 문무관원들 모두의 마음이 떠나 최종적으로 멸망에 이른다.

수문제隋文帝가 아들 진왕晋王 양광楊廣을 원수로 삼아 대군을 거느리고남진을 토벌하도록 했다. 양소楊素, 한금호韓擒虎, 하약필賀若弼도 길을 나누어 출격하며 고경高頻을 원수로 삼았다. 보좌관 장사長史가 설도형薛道衡에게 "이번에 진을 토벌하러 대거 출병하는데 능히 강동을 이길 수 있겠소!" 하자, "이길 수 있을 것이오, 일찍이 곽박郭璞이라는 사람이 예언하기를 '강동지역에 나라를 세운 지 300년 후, 다시 중원이 통일될 것'이라 했는데 지금 300년의 세월이 되었소!" 했다.

---

128   총명하고 지혜로웠으며 말재주도 있는 절색이었다. 특히 칠흑 같은 머리카락은 무려 7척에 달했으며시기를 하지 않는 것은 물론 종종 예쁜 궁녀를 후주에 추천하는 '뚜쟁이' 역까지 자처했다. 결국 진조가 멸망하자 장안으로 끌려가 처형되었다.

진 후주가 수군이 공격해 온다는 소식을 듣고 시위, 근신들에게 말하길 "제왕의 기운이 이 땅에 있는데 저들이 어떻게 하겠소!" 하자 공범이 부화뇌동하며 "장강은 바로 천연의 참호로써 적군이 설마 날아서 넘어오겠습니까! 신은 늘 신의 벼슬이 낮은 것이 불만이었는데 만약 적군이 장강을 넘는다면 신은 반드시 공을 세워 영예롭게 태위공太尉公으로 올라가겠습니다!" 했다. 진 후주는 공범의 말이 옳다고 여겨, 매일 음주·가무에 시를 짓고 오락을 그치지 않았다.

하약필이 광릉에서부터 군대를 통솔해 장강을 넘었다. 한금호도 군사를 거느리고 횡강에서부터 밤중에 채석을 넘었으나 남진의 수비병들은 모두 술에 취해있었다. 이에 한금호는 줄곧 신림에서부터 주작문朱雀門으로 진입해 들어갔다. 진 후주가 달아나 경양전景陽殿 뒤, 우물 가운데 들어가 몸을 피했다. 그러나 수군 사졸이 우물 속을 엿보고 우물 속으로 돌을 던져 넣으려 하자 곧 진 후주가 밑에서 울부짖었다. 곧 우물가에 있었던 사졸이 끈을 던져 그를 위로 끌어 올리려 하자 진 후주는 자신과 장려화, 공귀빈을 함께 묶었다. 이후 포로로 압송돼 장안으로 끌려갔다. 남진은 고조 무황제 진패선에서부터 진 후주에 이르기까지 5대를 지내며 모두 32년 만에 멸망했다.

7장

수·당 시대

: 통일의 완성과 문화의 전성기

—

581~907, 326년

EASY CHINA HISTORY

中國史

1. 수隋 나라 : 두 번째 천하통일과 복수복족福手福足

① 문제文帝(양견楊堅,선비족鮮卑族) : 581~618, 37년

수 고조 문文황제 양견은 바로 홍농인弘農人이다. 동한 때, 태위였던 양진楊震의 후손이라 한다. 양견의 부친 양충은 서위와 북주에서 벼슬할 때의 공로로 수공隋公에 봉해졌으며 양견은 뒤에 그 부친의 작위를 이어받았다. 이후 양견의 딸이 북주 선제(우문빈, 559-580)의 황후가 되었다. 이후 정제靜帝가 즉위하자 양견이 태후 부친의 신분으로 실권을 잡았다.

589년, 마지막 남은 남조 진국陳國의 시인 황제 진숙보陳叔寶가 애첩 둘과 함께 우물 속에 몸을 숨겼다가 이내 포로로 잡히며 300여 년의 분열을 끝내고 사상 두 번째로 천하를 통일했다. 이어 과거 권문세가들이 독점해 왔던 관리들의 등용문인 '구품중정제九品中正制'를 폐지하고 '과거제도'를 만들어 신진 인재를 선발하도록 하였으며, 하늘 아래 모든 토지는 기본적으로 황실의 소유라는 개념에서 출발해 노동력을 갖춘 농민에게 그들의 경작 능력에 따라 균등하게 나누어주는 제도인 '균전제均田制' 등 여러 개혁정책을 실행하며 태평성대인 '개황지치開皇之治'를 이뤘다. 그러나 '수隨'라고 할 때 '책받침,辶,辵'은 발(足)을 뜻하는데 이것이 들어 있으면 '멸망을 재촉한다'하여 이 책받침을 뺏으나(隋) 시황제의 진나라처럼 아주 단명한 왕조로 겨우 37년 만에 망했다. 수나라는 비록 단명했지만, 이때 만든 대운하는 운하가 개통된 뒤 남북의 경제교류를 획기적으로 촉진하는 계기가 되었으며 근대에 철로가 개통되기 전까지 중국의 남북을 잇는 가장 대표적인 교통수단이었다.

양견은 약 400년에 걸친 분열기인 위진 남북조 말기에 태어났다. 양견이 태어날 때, 보통 사람들과는 크게 다른 것이 있었다. 그의 집 부근, 비구니 암자에 비구니 한 분이 양견을 데려다 키우고 있었다. 하루는 비구니가 외출하기 위해 양견을 데리고 나와 그의 모친에게 안겨주고 나갔다. 그가 떠난 후, 돌연히 그의 머리에서 용각龍角이 돋아 나오고 또 그의 몸에서도 용린龍鱗이 나오는 것이었다. 그러자 그의 모친이 놀라 정신을 잃고 그만 양견을 품속에서 땅에 떨어트리게 되었다. 이때 마침 외출한 비구니의 마음속에서 갑자기 무섭고 떨리는 마음이 한차례 몰려와 황급히 돌아와 보니 양견이 땅에 떨어져 있었다. 그러자 "내 아들이 놀라서 그가 천하를 얻는데 시간이 늦어지겠구나!" 했다. 개국 신화의 일종이다.

양견이 장성한 후 보통 사람과 얼굴이 달랐다. 어떤 사람이 일찍이 주무제周武帝 우문옹宇文邕에게 "보육여견普六茹堅[129]에게 반역의 상이 있다!" 했다. 양견이 이 말을 들은 다음, 자신의 빛나는 재능을 깊이 감추고 드러내지 않으며 몰래 힘을 길렀다.[130] 이후, 양견의 딸이 우문빈의 황후가 되었다. 이때 전권을 장악한 양견이 외손자인 정제를 제거하지 못하고 망설일 때, 부인 독고가라独孤伽羅(독고황후, 문헌文献왕후)가 인편으로 편지를 보내 "지금 우리가 처한 형세는 마치 달리는 범의 등에 올라탄 형상으로 내릴 수 있는 형편이 아닙니다!"[기호지세騎虎之勢]하며 결단을 촉구했다. 곧, 황위를 선양받고 독고가라는 황후가 된다.

수문제는 성품이 근엄하고 신중했으며 정사에 힘썼다. 비록 돈에는 인색했지만 다만 공이 있는 신하들에게 상을 주는 데는 인색하지 않았다. 백성들을 사랑하고 그들에게 농잠에 종사하도록 권유했다. 요역의 세금을 감경하고 스스로 근검절약해 천하를 태평하게 했다. 수 문제 즉위 초에 천하의 백성이 400만 호에 미치지 못했지만, 그의 집정 만년에는 800만호가 넘어섰다. 다만 수 문제 스스로가 정당한 수단으로 천하를 얻지 않았기 때문에 부하들을 무단히 시기하고 엄밀히 감시했으며 쉽게 참언을 믿었다. 때문에 그의 공신들이나 오래된 친구들은 온전히 생명을 보전한 사람이 없었다. 24년간 재위했다.

독고 황후는 서위西魏 대사마大司馬 독고신独孤信의 일곱 번째 딸로 태어났다. 큰딸 독고반야独孤般若는 북주北周 명제明帝의 황후가 되었고, 넷째 딸은 독고만타独孤曼陀는 당고조 이연李淵의 모친이며 세민世民의 할머니인 원정元貞황후이다. 독고가라는 14세에 양견과 결혼 후, 그의 정치적인 조

---

129   양견의 부친인 양충楊忠이 일찍이 선비족인 북주北周에 의해 선비족의 복성復姓인 '보육여普六茹'란 성을 하사받은 적이 있었다. 이 때문에 양견을 '보육여견普六茹堅'이라 한 것이다.
130   도광양회韜光養晦, 화광동진和光同塵, 굴신인욕屈身忍辱, 은인자중隱忍自重

언자 역할을 했는데 그에게 자신 이외의 다른 여인에게는 자식을 낳지 않 겠다고 맹세하게 할 정도로 첩실 견제가 심했으며 바람기 있는 남자를 극 도로 혐오했다. 대대로 가문이 귀하고 융성하면서도 겸손하며 공경했고, 근검절약했으며, 책 읽는 것을 좋아해 국사에 대해 말하는 것이 대부분 수 문제에게 부합해 수문제가 총애하면서도 꺼렸다. 14세 때, 문제가 위지형 의 딸을 총애하는 것을 알고는 그녀를 죽여 버렸다. 그것을 들은 문제는 산골짜기로 들어가 "나는 신분이 천자이면서도 자유가 없구나!" 하며 탄식 하자 이 말을 들은 재상 고경(독고황후 부친 집안의 문객이면서 아주 친한 사이)이 "어찌 부인 하나 때문에 천하를 가벼이 하십니까!" 하자 '부인 하나'라 말 한데 앙심을 먹고 결국 실각시켰으며 황태자 양용楊勇이 폐위된 것도 여자 문제로 황후의 노여움을 산 경우라 한다. —이런 모친의 마음을 간파한 야 심찬 양광楊廣은 가식이지만 본부인인 소비蕭妃이외엔 다른 처첩들을 일절 가까이하지 않는 모습을 보이며 모친의 눈을 속였으며 심지어 부친의 애 첩인 선화부인宣華夫人의 점수도 따고 있었다. 하지만 태자인 양용은 처첩 을 많이 거느렸다— 독고황후는 수문제와의 사이에 5남4녀를 두었다. 황 제이기 때문에 수백 명의 비빈이 있었으나 독고 황후가 생존 시에는 이들 을 가까이하지 않았으며 황후가 먼저 죽은(62세), 그 무렵 독고황후의 질투 를 벗어나 선화부인 진씨陳氏[131]와 잠자리를 하며 총애했다. 절세미인인 그 녀는 남진이 멸망하자 액정掖庭(후궁)에 배속되었다. 당시 독고 황후의 투 기로 누구도 가까이할 수 없었지만, 문제는 진 씨만은 총애했다.

---

131   진선제陳宣帝(진욱陳頊-총48명(아들42,딸6추정))의 자식 중 2녀, 29세에 사망(우울증憂鬱症), 남진南
       陳 진숙보陳叔寶의 이복異腹 동생

개황 20년(600년), 수 문제는 태자 양용을 폐하여 서인으로 삼았다. 처음에 수 문제가 태자 양용이 정사에 참여해 정책을 결정하도록 했으나 그는 늘 비판적이었다. 양용은 성정이 너그럽고 온후했다. 또한 솔직하고 열정적이었으며 교만하고 가식적이지 않았다. 문제는 타고난 성품이 검소했지만, 양용의 의복이나 기물들은 모두 사치스러웠다. 나라를 멸망시킨 진 후주를 타산지석으로 삼아 몸소 검소하며 탐관오리를 엄히 다스린 문제의 눈에 양용은 늘 못마땅했다. 또 양용에는 매우 많은 희첩들이 있었으나 적비嫡妃가 총애를 얻지 못하고 죽었다. 그러나 서자는 많았다. 독고황후가 여기에 대해 큰 반감을 가지고 있었다. 이때 진왕 양광이 태자의 자리를 탈취하기 위해 더욱 자신을 위장했다. 독고 황후가 늘 양광과 양견을 칭찬했다. 결국 양용을 폐출하고 양광을 태자로 세웠다.

인수仁壽4년(604년), 수문제의 병이 더욱 가중되자 태자 양광을 입궁케 했다. 양광이 문제 사후의 방비책을 미리 예상해 한 통의 편지를 적어 복야 양소에게 물었다. 양소가 양광에게 회신한 편지를 전해 받은 궁인이 잘못 전달해 수문제의 침궁에 보내졌다. 수문제가 그 편지를 읽고 대노해 "독고 황후가 나를 속였구나!" 하며 폐 태자 '용'을 부르라 했다. 그러나 그 자리에 양광을 떠받들던 양소가 도리어 양광에게 알렸다. 양광은 태자부 소속 관원인 장형張衡이란 자를 문제의 침궁으로 재빨리 보내 문제를 모시는 척하다 기회를 보아 시해하도록 하고 형인 양용은 목 졸라 죽이도록 했다. 그날 밤 부들부들 떨고 있는 선화 부인에게 편지를 하나 보낸다. 사자가 읽기를 독촉해 부득이 읽어본 것은 연서戀書였다.

수양제隋煬帝[132] 양광은 양견의 둘째 아들로 형 양용과 달리 야심 찬 인간이었다. 그는 소년 영웅이라 할 정도로 어릴 때부터 문무를 겸비해 두각을 나타내기 시작했다. 13세에 무위대장군에 봉해지고 18세에 상서령이 된다. 그리고 나이 겨우 20살의 양광은 행군원수가 되어 50만 대군을 이끌고 남방의 진나라를 공격해 다음 해에 멸망시키며 남북통일의 주역이 된다.

개황開皇 말년, 태자에 즉위하는 날, 지진이 발생했다. 그는 즉위하자마자 낙양에 현인궁顯仁宮을 짓고 장강이남과 오령五嶺이북의 광대한 지역에 진기한 목재와 기이한 암석을 징발하고 또 나라 안의 훌륭한 나무나 색다른 풀, 진기한 짐승 등을 모아 황실의 정원을 채우는 데 사용했다. 또 통제거通濟渠[133]를 개통해 장안의 서원西苑에서 곡수穀水와 낙수洛水의 물을 끌어들인 물길에 오르면 황하에 닿을 수 있었다. 서원은 주위가 200리에 달했으며 그 안에 10여 리의 바다를 만들어 신선이 산다는 봉래, 방장, 영주산을 조성했으며 높이가 100여 척에 달했다. 이후 지속된 토목공사로 인한 민중들의 고통은 형언할 수 없는 지경에 이르렀다. 그러다보니 토목공사나 전쟁에 동원돼 고된 부역으로 객사하느니 차라리 손이나 발의 장애로 끌려가지 않고 비참하게라도 삶을 유지할 수 있는 것을 '[복수복족福手福足]'이라며 좋아했다.

---

132 '양煬'은 수나라를 멸망시킨 당나라에서 '예를 벗어나 하늘을 거슬러 백성을 학대한 임금이었다!'는 비하의 의미로 사용했다.

133 경항대운하京杭大運河의 중심으로 황하와 회하를 연결한다. 이후 남송시기의 잦은 전쟁과 준설을 하지 않음으로 인하여 점점 막히다가 폐기되었다. 이후 명나라 영락제 시기에 지금의 모습으로 완성되었다.

수양제가 고구려 국왕을 입조해 알현하도록 불렀으나 고구려 국왕이 이에 응하지 않았다.[134] 이에 대업大業7년,(611년) 양광이 직접 대장이 되어 군대를 통솔하며 고구려를 정벌하려 했다. 양제가 전국의 사졸들을 탁군에 집결하도록 하고 하남, 회남, 강남등지에서는 전차 5만승萬乘을 제조해 갑옷과 투구 등을 싣는 데 이용하도록 했다. 또 하남, 하북의 백성들은 징발해 군대에 부역하여 대군의 필요에 따라 쓰도록 했다. 강회 이남의 사람들에게는 배로 여양과 낙구의 각종 식량창고에 있는 식량을 탁군에 가져다 놓도록 명했다. 이에 수송하는 식량선의 선두와 선미가 서로 잇달아 천 리나 이어졌으며 길에서 내왕하는 사람들도 몇십만 명에 달했다. 주야로 쉬지 않고 전선을 향해 군수품이 운송되었고 병으로 죽은 자들이 서로 베개를 나란히 하고 누워 있었다. 천하가 소란스럽고 불안했으며 백성들은 빈궁하고 고단했다. 곧 함께 모이면 강도가 되었다. 수양제가 징발한 사방의 군대가 모두 탁군에 집합했다. 병력이 113만에 달했다. 군수품을 운반하는 자는 군대의 숫자보다 그 배에 달했다. 선두와 후미의 길이는 천 여 리에 뻗쳐 있었다. 황제가 요동에 이르러 성을 공격했으나 함락시키지 못하고 제군이 대패하고 돌아왔다. 이듬해 재차 군대를 징발해 그가 직접 군대를 통솔해 고구려를 정벌했다.

초공楚公 양현감楊玄感이 조정이 날로 어지러워지는 것을 보고 몰래 모반

---

134 이때 고구려와 수의 국경은 요하遼河였다. 이보다 앞서 598년, 고구려는 수의 요서를 공격했다. 이에 크게 노한 수문제가 수륙군 30만으로 고구려를 공격해 왔으나 뜻을 이루지 못하고 돌아갔다. 고구려 영양왕嬰陽王 9년이었다. 고구려를 입조케 하려는 것은 양제가 즉위하고 몇 해 안 되어 돌궐과 몰래 통하고 있는 고구려의 사절을 발견하고 불쾌하게 생각해 입조하지 않으면 군사를 이끌고 가서 치겠다고 위협한 것이다.

을 일으키려 했다. 양제가 고구려를 정벌할 때, 양현감은 명을 받들어 여양黎陽에서 군수품을 운송하는 감독의 신분으로 이 기회를 이용해 모반했다. 곧 양제가 병력을 인솔해 돌아와 양현감을 공격하도록 하였다. 양현감은 낙양에서 동관潼關으로 갔지만 싸움에 패한 후 달아나다 피살되었다. 양제가 다시 탁군으로 돌아와 계속 고구려를 공격했다. 고구려가 사신을 보내 항복을 청하자 비로소 군대를 돌려 장안으로 돌아갔다.

포산공蒲山公 이밀李密이 기병해 모반했다. 이밀은 젊을 때 자못 재주와 지략이 있었다. 큰 뜻을 품어 재물을 경시하고 인재를 중요하게 여겼다. 일찍이 황소를 몰며 『한서漢書』를 소뿔 위에 걸어놓고 읽었다. [우각괘서 牛角掛書] 초공 양소가 길을 지나다 이 광경을 보고 이밀이 보통이 아니라 여겼다. 이로 말미암아 이밀은 곧 양소의 아들 양현감과 친밀히 교류하게 되었다. 이밀이 처음에 양현감을 따라 기병했다가 양현감이 거사에 실패하자 급히 성명을 감추고 달아났다. 당시 사람들 모두 "양씨는 장차 멸망하고 이씨는 흥성할 것이다!" 했다. 또 가요를 부르는데 '도리자桃李子, 황후는 양주揚州로 달아나 화원花園안에서 전전하네. 터무니없는 말 하지 마오, 누가 그렇다 하더라도!'라고 불렀다. '도리자'라는 것은 도망한 사람이 바로 이씨의 아들을 말하는 것이며 '터무니없는 말 하지 마오, 누가 그렇다 하더라도!'라는 것은 바로 '이밀'을 가리키는 것이었다. 이밀이 적양翟讓 등의 도적들과 함께 기병해 형양滎陽을 함락시켰다. 기旗를 세우고 군대를 거느리며 서쪽을 향해 진격해 꽤 많은 성을 설득해 투항시켰으며 수확도 많았다.

이지 중국사

수양제는 강도江都에서 점점 음락淫樂으로 방종하며 술잔이 입에서 떨어질 날이 없었다. 그는 중원에서 난리가 난 것을 보고도 북쪽으로 돌아갈 생각이 없었다. 그러나 수양제와 함께 갔던 강도의 금군禁軍 대부분이 관중인關中人으로 고향 생각에 비밀리에 반란을 모의했다. 그들은 허공許公 우문화급于文化及[135]을 우두머리로 추대하고 밤늦게 군대를 인솔해 궁궐에 들어가 양광을 목 졸라 죽이고 양씨 종실의 노유를 가리지 않고 전부 죽였다. [강도지변江都之變] 다만 진왕秦王 양호楊浩만 남겨 황제로 옹립했다. 우문화급이 자신을 대승상에 봉하고 금군을 인솔해 서쪽을 향해 진군했다. 수양제 시해 후, 그는 애초 반란시에 약속한 강도를 진압하고 관중(장안)으로 돌아가겠다는 약속을 지키지 않을 수 없었다. 곧, 이밀에게 패하고 달아나다 두건덕竇建德에게 다시 패하며 종말을 고했다.

당공唐公 이연李淵이 태원太原에서 기병해 여러 군현을 정복하고 장안에 들어갔다. 이때가 수나라 대업 12년(616년)이었다. 수양제는 이때 강도로 돌아와 있었다. 이연이 양광을 태상왕으로 존숭하고 대왕代王 양유楊侑를 황제로 옹립했다. 수공제隋恭帝이다. 나이 13세에 이연에 의해 황제가 되었다. 대업 13년을 의령義寧 원년元年으로 바꾸었다. 이연이 대승상을 맡으며 당왕唐王에 봉해졌다. 수공제 양유가 즉위 한지 반 년 만에 이연에게 선위했다. 수조는 고조 양견에서부터 3세, 모두 37년을 지낸 후 멸망했다.

---

135 당시 고구려를 공격한 수군隋軍 좌장군이었던 우문술宇文述의 장자이다. 우장군은 고구려 을지문덕의 유명한 시 [여수장우중문與隋長于仲文]시로 유명한 우중문于仲文이다. 그의 동생 우문지급宇文士及은 우문술의 셋째아들로 수양제 양광의 맏사위인 장녀 남양공주南陽公主의 남편이다. 이후 남양공주는 비구니가 되었고 우문사급은 '당'에 귀의했다.

2. 당唐 나라 : 중화 문명의 세계화를 이끈 전성기

①고조高祖 ～ ㉑애종哀宗 : 618～907, 289년

수말 전국에서 농민봉기가 일어나자 각 지역의 할거 세력 가운데 이연이 가장 강력한 집단이었다. 수양제는 이연을 태원유수에 임명함과 동시에 그를 의심해 두 명의 신하를 보내 감시하도록 했다. 이 무렵 돌궐과의 전투에서 패한 책임추궁이 두려운 이연은 그의 아들 세민의 종용으로 거병한다. 곧 수양제의 손자인 당시 13세의 '대왕(양유)'을 임시 옹립했다가 618년, '당조唐朝'를 창건한다.

당고조 신요神堯황제의 성은 이, 이름은 연淵이다. 농서隴西 성기인成紀人이며 서량西凉 무소왕武昭王 이고李暠의 후예이다. 조부 이호李虎가 서위西魏에서 벼슬할 때의 공로로 농서공隴西公에 봉해졌다. 부친 이병李昞은 북주에서 벼슬하다 당공唐公에 봉해졌다. 이에 이연이 당공의 작위를 이어받았다. 수양제가 이연을 홍화弘化 유수에 임명했다. 이연이 사람들을 관용적으로 대하니 사람들이 그에게 많이 모였다. 양제가 이연의 용모가 기이하고 성씨가 마침 칭제稱帝의 예언과 부합된다고 여겨 그를 시기하기 시작하자 이연은 매우 두려워했다. 부득이 무절제하게 음주하고 수뢰하는 등 자신을 더럽혀 자신을 보호하려 했다. (화광동진和光同塵) 이후 천하의 도적들이 봉기하자 양제가 이연을 산서山西, 하동河東 무위대사撫慰大使에 임명했다. 그는 황제의 뜻에 따라 재량껏 관원들을 진퇴, 상벌하고 도적을 토벌해 여러 차례 승리를 거두었다. 돌궐이 변경을 침범하자 수양제는 이연을 보내 적을 격퇴하도록 명했다.

이연의 둘째 아들 세민世民은 총명, 용감했다. 일을 처리함에 과단성이 있었으며 견식과 도량이 보통 사람을 넘었다. 그는 수나라는 이미 어지러운 현상이 나타나고 있다고 판단해, 몰래 천하를 안정시킬 수 있는 뜻을 키우고 있었다. 이 무렵 세민과 진양晉陽의 궁감宮監 배적裴寂, 진양령晉陽令 유문정劉文靜이 서로의 마음을 뭉치고 있었다. 유문정이 세민에게 "지금 수양제가 남순南巡한 틈을 타고 떼로 일어난 도적들이 가히 일만을 헤아릴 지경입니다. 이때 만약 진정한 천자가 있어 민중을 효과적으로 몰고 갈 수 있다면 천하를 탈취하는 것은 손바닥을 뒤집는 것만큼 쉽습니다. [여반장如反掌] 태원太原의 백성만 해도 가히 10만 대군으로 결집시킬 수 있고 당신이 통솔하는 장수만 해도 수만 명입니다. 이 기회에 허점을 노려 대군이 관중을 공격해 들어간다면 천하를 호령하는데 반년이 지나지 않아 바로 황제의 패업을 성취하기에 충분합니다!" 하자 이세민이 웃으며 "문정의 말이 나의 뜻과 정확히 일치하오!" 했다. 곧 부서를 몰래 늘려 갔지만 이연만 몰랐다. 마침, 이연 자신이 통솔한 군대가 돌궐의 저항에 부딪쳤다. 전세가 불리해지자 이연은 그 때문에 벌을 받을까 두려워했다. 세민이 이 기회에 이연에게 "민심에 순응해 의병을 일으켜 화를 복으로 만들어 버립시다!" [전화위복轉禍爲福]하자 이연이 매우 놀라며 "네가 어떻게 감히 이런 말을 할 수 있느냐, 내가 지금 너를 잡아 관부에 고발하러 가야겠구나!" 했다. 세민이 천천히 "제가 천시天時, 인사人事를 살펴보니 모두 이런 징조가 있었습니다. 이 때문에 감히 이렇게 말씀드리는 것입니다. 만약 반드시 저를 잡아 죄를 다스리고 싶으시다면 기꺼이 죽음도 마다하지 않겠습니다!" 하자 이연이 "내가 어떻게 너를 고발하겠느냐 하지만 너는 이런 말이 새 나가지 않도록 조심하여라!" 하였다. 이튿날 세민이 또 와서 권하길 "사람들 모두 이씨가 마땅히 도참圖讖의 예언과 같이 될 것이라 말을 전하고 있습니다. 이 때문에 이금재李金才[136]는 까닭 없이 멸족을 당했습니다. 가령 대인께서 적을 섬멸한 공로가 높더라도 상은 없으면서 신상은 더욱 위험해질 겁니다. 오직 어제 드린 말씀과 같이하셔야 비로소 화를 제거할 수 있습니다. 이것이 바로 만반의 대책이오니 바라건대 아버님께서는 의심치 마십시오." 했다. 이연이 탄식하며 "내가 밤새도록 너의 말을 생각해 보니 너의 말에 매우 일리가 있었다. 오늘 일로 집안도 망치고 자신도 망치게 하는 것도[패가망신敗家亡身] 너 때문이며, 이후의 일로 집안을 나라로 만드는 것도[화가위국化家爲國] 너 때문이다!" 했다.

---

136   이혼李渾(~615, 금재金才) 당시 고구려와의 전쟁으로 전국은 매우 혼란했으며 참언이 난무했다. 이른바 "이 씨가 마땅히 천자가 된다. (이씨당위천자李氏當爲天子)"이다. 그때 우문술이 이혼의 처형이 "도련님이 참언과 같이 되었으면 좋겠다!"는 말을 흘려듣고, 양제에게 고변한 것이다. 이에 수양제는 참언을 믿고 이혼과 그의 종족 30여 명을 주살했다.

처음에 배적이 몰래 진양궁晉陽宮의 궁인을 선발해 이연을 모시도록 했다. 어느 날 배적과 이연이 술자리에서 술에 취할 즈음, 배적이 이연에게 "둘째 세민이 몰래 군사를 모으고 말을 사들여 큰일을 치르려 하고 있습니다!" 했다. 당시 궁인이 마침 이연을 모시고 있었다. 이연은 이일이 탄로 날까 두려워 궁인을 죽여 버렸다. 마침 수양제가 이연이 돌궐을 잘 막지 못한 책임을 물어 그를 압송해 강도로 데려오도록 사자에게 명했다. 그러자 이세민과 배적 등 여러 사람들이 재차 이연에게 권하며 "일이 이미 긴박해졌습니다. 청컨대 빨리 결심해 주십시오. 진양의 사병과 군마들은 날쌔고 강건하며 진양의 궁중에 쌓인 돈과 물자는 충분합니다. 대왕 양유의 나이는 어리고 관중의 호걸들이 분연히 일어나고 있습니다. 공이 만약 크게 북을 치고 깃발을 흔들며 서쪽을 향해 진군하여 그들을 불러 위로한다면 천하를 얻는 것은 바로 주머니에서 물건을 꺼내는 것 만큼 쉽습니다!"[탐낭취물探囊取物] 했다. 곧 이연이 군사를 모으고 말을 사들이며 기병을 선포하자 원근의 호걸들이 모두 그에게 투항했다. 이연이 거듭 사자를 보내 돌궐을 향해 병력을 빌려 줄 것을 요청하자 병력이 더욱 크고 훌륭해졌다. 이세민이 군대를 통솔해 서하군을 공략한 다음, 군의 보좌관 고덕유高德儒를 참살했다. 며칠 후, 이세민이 그의 죄상을 선포하면서 "그는 야조野鳥를 난봉鸞鳳이라 속였다. 내가 정의의 군사를 거느리고 온 것이 바로 그들같이 간사한 소인들을 주살하기 위함이다!" 했다. 이세민이 군대를 거느리고 곽읍, 임분, 강군을 함락시키고, 한성을 항복받고 풍익군으로 하여금 투항하도록 했다. 이연이 일부 부대는 남겨 황하 동쪽에 주둔하도록 하고 자신은 대군을 이끌고 서쪽으로 향했다. 그는 큰아들 건성建成은 동관을 지키도록 보내고 세민은 위하 유역의 북쪽 지역을 점거하도록 보냈다. 관중의 대부분의 도적들은 모두 이연에게 투항했다. 이연이 제군을 집결시켜 장안을 포위해 수도를 함락한 다음 대왕 양유를 옹립해 공제恭帝라 했다. 공제가 이연을 대승상 당왕에 봉하며 아울러 구석을 주었다. 오래지 않아 이연이 양유의 선양을 받아들여 칭제했다. 맏아들 건성을 황태자로 세민을 진왕秦王, 셋째 아들 원길元吉을 제왕齊王으로 삼았다.

당조가 맨 처음 진양에서 군사를 일으킨 것은 모두 이세민이 모획한 것이었다. 고조 이연이 세민을 태자로 삼을 생각을 했으나 세민이 고사해 이 일을 그만두었다. 태자 건성이 주색과 사냥에 빠져 있었고 제왕 원길은 늘 과실이 많았다. 그러나 세민의 업적과 명성은 나날이 더해갔다. 건성은 원길과 모의해 세민을 쓰러뜨릴 방안을 모색했다. 이에 여러 비빈에게 고의로 진의를 왜곡시키고 일을 모함하며 비위를 맞추었으나 세민은 그렇게 하지 않았다. 이 때문에 이연과 가까운 사람들은 모두 건성과 원길에 대해서는 칭찬하고 세민에 대해서는 단점만 말했다. 무덕武德 9년(626년) 6월, 태백성(太白星, 금성)이 대낮에 진秦의 영역(이세민의 영역)에 나타났다. 건성과 원길은 세민을 죽이려 했다. 진왕부秦王府의 막료와 부하들이 세민에게 주공周公의 일을[137] 본받길 극력 간청하자 비로소 세민이 응답했다. 그리고 세민은 이연을 향해 "건성과 원길 두 형제가 자신을 모해하려는 것이 마치 왕세충王世充과 두건덕竇建德의 원수를 갚으려고 하는 것 같다!"며 가만히 말

---

137 주공지사周公之事: 주무왕周武王이 은殷나라를 정벌해 천하를 통일한 뒤, 은나라 주왕紂王의 아들 무경武庚을 제후왕으로 봉해 은나라의 제사를 받들게 하고 서형庶兄 관숙管叔과 동생 채숙蔡叔 등에게 무경을 감시하도록 했다. 무왕이 죽고 어린 성왕成王이 즉위해 무왕의 동생 주공周公이 섭정하게 되자 관숙 등은 주공이 왕위를 노린다는 유언비어를 퍼뜨리며 무경과 함께 반란을 일으켰다. 이에 주공이 군대를 출동해 동정東征을 단행, 이들을 잡아 처형하고 주나라를 안정시킨 일을 말한다.

했다. 다음날 세민이 병력을 인솔해 현무문玄武門 밖에 매복하고 있었다. 이때 태자 건성과 제왕 원길이 부왕 이연을 배견하려고 입궁하다가 상황에 변화가 있음을 느껴 달아나려 했다. 세민이 건성을 추격해 사살하고 위지경덕尉遲敬德은 원길을 사살했다. [현무지변玄武之變] 마침내 이연은 어쩔 수 없이 세민을 태자로 삼았다. 그리고 군국대사軍國大事 모두를 그에게 맡겨 처리하게 했으며 그 자신이 결단해서 처리한 연후에 품의만 하도록 윤허했다. 진왕 이세민의 공훈이 탁월히 높았기 때문에 고조는 특별히 '천책상장天策上將'이라는 직책을 만들어 제후왕과 삼공의 위에 재위하도록 했다. 진왕은 스스로 개부開府할 수 있도록 했으며 관속을 설치하고 개관해 문학지사들을 불러 뽑아 쓸 수 있도록 했다. 그에 의해 선발돼 문학관에 들어간 사대부들을 당시엔 '등영주登瀛洲'[138]라 불렀다.

당초 동궁의 관속이었던 위징魏徵[139]이 누차 건성에게 세민을 제거할 것을 건의했다. 이번엔 세민이 위징을 불러 그가 형제간을 이간시키는 것을 꾸짖었다. 그러나 위징의 행동거지는 태연자약했으며 결코 굴복하지 않았다. 세민은 이 때문에 그를 예로써 대했다. 왕규王珪도 일찍이 건성을 위해 모의했으나 나중에 그들 모두를 간의대부에 임명했다. 고조가 스스로 태상황이라 칭하고 태자 세민에게 제위를 물려주었다. 바로 '태종문무황제'

---

138 진시황과 한무제가 불로초不老草를 찾아 동남동여童男童女를 보냈다는 전설 속에 삼선산三仙山
(봉래, 방장, 영주)중에 한 곳이다. 신선이 있는 곳에 오른다는 뜻으로 지극히 명예로운 지위에 오름을 말한다.
139 위징은 처음엔 이밀에게, 이밀이 당조에 투항한 후에는 태자 건성의 세마洗馬의 직책을 담당하며 세민과는 대척점에 서 있었다. 세민이 거사를 성공한 후 "왜 형제간을 이간하는가!" 하자 "황태자께서 저의 계책대로 했다면 오늘 같은 일은 없었겠지요!" 하며 당당히 말한다. ~마치 한신에게 '천하삼분지계'를 간한 괴철이 유방 면전에서 당당히 말한 것처럼~

이다. 어릴 때 어떤 서생이 그를 보고 "용봉龍鳳같은 귀한 자태와 하늘에 떠 있는 해처럼 귀한 얼굴을 가지고 있어 성년이 될 때까지 기다리면 반드시 세상을 구제하고 백성을 편안하게 할 수 있을 것!"(제세안민濟世安民)이라 말했다. 서생이 떠난 후 이연이 사람을 보내 쫓았으나 이미 종적이 막연했다. 이에 서생의 말을 받아들여 아들의 이름을 '제세안민'에서 '세민'을 이름으로 삼았다. 세민이 방년 18세에 의병을 일으켰다. 이밀이 당조에 투항할 당시, 처음 고조 이연을 보았을 땐 아직도 오만한 기색이 있었으나 진왕 세민을 본 이후에는 감히 머리도 들지 못했다. 그가 퇴조 후 탄식하며 "이야말로 진정으로 영민하고 총명한 군주다!.." 했다.

태종이 일찍이 말하길 "군주는 국가에 의지하고, 국가는 국민에 의지한다. 백성을 착취해 군주를 봉양하는 것은 자신의 살을 베어 자신의 배를 채우는 것과 같다. 배가 불러오면 자신은 곧 죽게 될 것이다. 만약 군주가 너무 부유하다면 국가는 곧 멸망할 것이다." 했다. 태종이 또 일찍이 시신들에게 물은 적이 있었다. "들으니 서역에 호상胡商은 진귀한 구슬을 얻으면 곧 자신의 몸을 갈라 거기에 숨긴다고 하는데 그런 일이 있는가!" 하자, "확실히 그런 일이 있었습니다!" 했다. 태종이 "어떤 관원은 뇌물을 탐하다 법에 저촉돼 생명을 잃고 어떤 황제는 사치 방종으로 인해 망국에 이른다. 무엇이 이 호상의 웃기는 행위와 다르다 하겠는가!" 했다. 이에 위징이 "옛날 노나라 애공哀公이 공자에게 '어떤 건망증 있는 사람이 이사 가는데 그의 처를 잊어버리고 떠났습니다!'하자 공자가 '건망증이 더 심한 자가 있으니 걸桀, 주紂는 자기 자신도 모두 잊어버렸습니다!'했으니 이 역시 이 일과 똑같은 것입니다!" 했다.

장온고張蘊古가 [대보잠大寶箴]을 헌상하며 "한 사람의 힘으로 천하를 다스리려고 해야지 천하의 힘으로 한 사람을 시봉하게 할 수는 없습니다!" 했다. 또 "장엄하고 화려한 구중궁궐이라도 거주하는 바는 용슬(容膝, 무릎을 움직일 정도의 작은 공간)에 불과할 뿐이지만 혼군은 이런 이치를 알지 못하고 미옥으로 정자와 누각을 꾸밉니다. 눈앞에 각종 산해진미가 차려져 있더라도 먹는 것은 겨우 입에 맞는 일부분뿐이지만 폭군은 도리어 기상천외하게 술지게미를 쌓아 산을 만들고 못을 파서 술을 채웁니다!" 했다. 또 "천자는 어리석고 우매하게 보여 기만당할 필요도 없고 너무 세밀히 살펴 밝혀낼 필요도 없습니다, 비록 면류관 위의 구슬이 눈을 가린다고 하더라도 노출되지 않은 것도 볼 수 있으며 면류관 옆에 황색 솜이 귀를 막는다 하더라도 소리 없는 소리도 들을 수 있는 것입니다!" 했다. 태종이 그의 상서를 크게 칭찬했다.

정관 17년, 정국공鄭國公 위징이 죽자 태종이 말했다. "동銅으로써 거울을 만들면 의관衣冠을 단정히 할 수 있고, 역사로써 거울을 삼으면 흥망성쇠를 알 수 있으며, 사람으로 거울을 삼으면 득실을 명백히 밝힐 수 있다. 나는 이 거울 하나를 잃었다!" 했다. [이동위경, 가정의관以銅爲鏡, 可正衣冠, 이고위경, 가견흥체以古爲鏡, 可見興替, 이인위경, 가지득실以人爲鏡, 可知得失] 위징의 장례에 태종이 직접 비문을 적었다.

태자 승건은 재간이 없었다. 위왕魏王 이태李泰의 능력이 출중해 총애를 받자 그는 태자 자리를 탈취할 생각을 품고 있었다. 후군집侯君集이 큰 공을 세웠으나 황상에 대해 원망하는 생각이 많았다. 그는 승건이 우매하고 졸렬하다고 여겨 곧 기회를 보고 태자에게 모반할 것을 권했다. 그러나 일이 발각되자 태자는 폐서인이 되었고 후군집은 연좌돼 주살됐다. 이태도 성정이 음흉하고 교활해 태자에 오르지 못하고 진왕晉王 치治가 태자가 되었다.

정관18년(644년), 이전에 고구려 천갈소문泉葛蘇文[140]이 군주를 시살했다. (642년, 주화파主和派 대신들과 영류왕榮留王을 시해) 신라는 또 사신을 보내와 고구려와 백제가 연합해 신라가 당조로 보낼 조공의 길을 끊는다며 구원병을 요청했다. 태종은 즉각 신라에 대한 압박을 중지할 것을 고구려에 주문했다. 그러나 연개소문은 오히려 당나라의 사신을 가두어 버렸다. 이에 태종이 친히 고구려 원정에 나섰다.

정관 19년, 태종이 낙양에서부터 정주定州에 이르러 각 군을 지휘하며 앞으로 나아갔다. 태종이 요하를 건너 요동성을 공격하고 백암성白巖城을 항복받고, 안시성安市城을 공격해 성 아래의 고구려군을 대파했다. 그러나 안시성의 성벽은 견고했고 병사들은 정예였으며 수비는 견고해 공략하기 어려웠다. 어떤 사람이 제의하길 "오골성烏骨城을 먼저 취해 압록강을 넘어 직접 평양성을 공격해 취한다면 고구려를 전복시킬 수 있으며 그 나머지 모두 싸우지 않아도 항복할 것입니다!" 했다. 또 어떤 사람은 "황제가 직접 정벌에 나서는 것은 제장들이 나서는 것과 다르니 모험할 수는 없는

---

140   천갈소문(泉葛蘇文:603-666), 연개소문淵蓋蘇文, 연개금淵盖金. 중국 고대 사서상史書上에 통상
        당고조唐高祖 이연李淵의 이름을 피휘하기 위해 연개소문淵蓋蘇文을 천갈소문이라 바꿔 불렀다.

것입니다!" 했다. 이에 태종은 요동은 일찍 추워지기에 초목은 시들고 강
물은 얼어 장사와 마필들이 오래 머무르기 어렵고 게다가 식량과 사료가
다 되어간다고 여겨 곧 철수를 명했다. 이번 출정에서 당군은 10개의 성을
함락했고 7만의 가구를 내지로 옮기도록 했다. 세 차례의 큰 전쟁에서 4
만여 명을 참수했으나 전사자도 근 3천여 명에 이르렀으며 전마의 손실은
10에 7, 8로 성공이라 할 수 없었다. 태종은 깊이 후회하고 탄식하며 "위
징이 만약 살아 있었다면 내가 이번 출정은 하지 못했을 것이다"!했다. 이
에 태종이 사절을 보내 역마를 타고 빨리 위징의 묘소 앞에 이르러 소뢰小
牢의 예로써[141] 위징에게 제사하고 다시 새로이 위징의 석비를 세우도록 했
다. 또한 태종은 주로 위징과의 대화록을 엮은 [정관정요貞觀政要][142]를 남
겨 자손들을 훈계하였다.

태종이 붕어했다.(51세) 그는 재위 24년에 한 번의 연호를 사용했다. 정
관貞觀이다. 태종이 비록 무력에 의존해 천하의 화란을 평정했지만 최종적
으로는 문덕文德으로 세상을 안정시켰다. 그는 교만, 사치, 음란함으로 일
을 그르칠까 늘 두려워했다. 일찍이 말하길 "군주는 오직 한 마음으로 다

---

141 양羊이나 돼지, 각 한 마리만 올리는 제사
142 현무문 정변으로 권력을 탈취한 당 태종 이세민은 형 이건성의 참모 '위징'을 채용해 [정관정요貞觀政
要]를 남긴다. 그 첫머리에 "군주는 우선 백성을 존중해야 한다. 만일 백성을 해치면서 자신의 몸을 돌
본다면 정강이를 잘라서 배를 채우는 것과 같다. 정강이를 잘라 배를 채운다면 배는 부를 수 있겠지만
몸은 쓰러지고 만다. 만약 천하를 편안하게 하고자 한다면 우선 그 몸을 바르게 해야 한다. 나라는 사
람을 근본으로 삼고 사람은 의식을 그 근본으로 삼는다!"며 '군주의 도리'를 밝히고, 신하의 간언을 잘
경청하는(겸청兼聽) '명군明君'과 한 사람의 말만 들은(편신偏信) 진2세 호해와 수 양제를 '암군暗君'
의 대표로 지적했다. 또한 위징과 당태종은 임금과 백성의 관계와 중요성에 대한 이야기를 하면서 "군
자주야君者舟也, 인자수야人者水也. 수능재주水能載舟, 역능복주亦能覆舟(임금은 배요, 백성은 물이
다, 물은 배를 띄울 수도 있고 또한 배를 뒤집을 수도 있다)"라 하였다.

스려 나아가려 하지만 이를 공격하는 자는 너무나 많다. 혹자는 용력勇力으로, 혹자는 변재辯才로, 혹자는 아첨으로, 혹자는 간사로, 어떤 자는 군주가 좋아하는 것을 만족시켜 주는 것으로 유혹하며 군주의 주위에 몰려 들어 스스로를 팔아 각자 구하고자 하는 것을 구한다. 군주 된 자가 조금만 해이하여 그 하나라도 받아들인다면 즉시 위망危亡은 따라간다. 군주된 자의 곤란한 점이 바로 여기에 있다!" 했다. 또, 시신들에게 묻기를 "창업과 수성중 어느 것이 더 어려운가!"를 물었다. [창업수성創業守成] 방현령房玄齡이 대답하길 "국가를 처음 건국할 때는 군웅이 함께 일어나 각종 세력들과 경쟁한 후, 그들을 신하로 삼습니다. 그래서 창업이 어렵습니다!" 하자 위징이 "옛부터 제왕은 간난, 곤고한 가운데에서 천하를 쟁취하지 아니한 것이 없으며 안일, 향락한 가운데에서 천하를 잃습니다, 그래서 수성이 더 어려운 것입니다!" 했다. 이에 태종이 "방현령과 과인은 함께 천하를 취했고 수백 번의 죽음을 딛고 살아났소, 그러므로 창업이 어렵다는 것을 잘 아오. 그리고 위징과 과인은 함께 천하를 안정시켰소, 늘 두려워하는 것이 교사驕奢는 부귀에서 발생하고 화란禍亂은 소홀에서 발생한다는 것이오, 그러므로 수성의 어려움도 알고 있소. 그러나 창업의 어려움은 이미 지나갔으니 이제 수성의 어려움을 바야흐로 여러분과 함께 삼가 지켜나가고자 하오!" 했다. 얼마 후, 이세민이 죽고 측천무후의 주인, 당 고종 이치가 신라와 손잡고 전투를 재개한다. 고구려는 대화大和(야마토)정권의 지지를 받는 백제와 손잡고 위기에 대응했지만, 백제가 멸망(660년)하고 내부분열로 힘이 약해진 고구려는 668년에 멸망한다. 이후, 측천무후 통치하에 고구려의 재건을 노린 대조영大祚榮이 고구려 유민과 말갈족을 조직해 698년 '진국(震國, 발해渤海)'을 건국한다.

고종황제의 이름은 치治이며 어머니는 장손長孫황후이다. 태자 승건承乾
이 폐출당한 후, 장손무기長孫無忌는 태종에게 치를 세자로 삼도록 권했다.
치는 동궁에서 태자로 7년간 있었다. 태종이 일찍이 [제범帝範]12편을 지
어 태자에게 주면서 "수신, 치국의 도리가 모두 이 안에 다 있으니 하루도
그르지 말라, 더 이상 남길 말은 없다!" 했다. 이치가 즉위할 때 장손무기,
저수량이 선제의 유조를 받들어 황제가 조정을 잘 다스리길 바라며 보좌
했다. 고종은 이세적을 좌복야로 임명했다. 오래지 않아 또 그를 사공으로
임명했다.

영휘永徽 5년(654년), 태종의 재인才人 무씨(武氏,측천무후則天武后, 무측천武則天)
를 소의昭儀[143]로 삼았다. 다음 해, 고종이 황후 왕씨王氏를 폐출하고 무소
의를 황후로 삼으려 하자 허경종許敬宗, 이의부李義府가 환영하며 황제의
뜻에 영합했고 저수량은 반대했다. 이에 고종이 이세적에게 묻자 "이것은
폐하의 집안일인데 하필 다른 사람에게 물으려 하십니까!" 했다. 폐후의
일은 이것으로 말미암아 결정되었다.

저수량이 좌천되고 이의부는 참지정사가 되어 정사에 참여하며 정책을
결정했다. 이의부가 겉모습은 온화하고 공손하여 다른 사람들과 이야기할
때는 늘 상냥한 미소를 띠고 말하지만 실제로는 교활하고 음험해 남을 악
독하게 시기했다. 사람들이 "그의 웃음 속에는 칼이 감추어져 있어 겉보
기엔 부드럽고 온화한 것 같으나 뒤에서는 남을 해치는 사람이다![144]" 하여

---

143   당대唐代의 빈비嬪妃의 등급, 구빈九嬪 중에 수급首級
144   소리장도笑裏藏刀, 구밀복검口蜜腹劍, 소중유도笑中有刀, 면리장침緬里藏針, 면종복배面從腹背, 양질
     호피羊質虎皮, 면종후언面從後言, 사시이비似是而非, 애이불비哀而不悲, 양두구육羊頭狗肉

'이묘李猫'라 불렀다.

측천무씨는 형주荊州 도독 무사확武士攫의 딸로 태원인太元人이다. 무사확은 3명의 형들이 모두 농사를 지었으나 자신은 목재 장사를 했는데 당시 수양제가 대규모 토목공사를 하는 틈에 거만巨萬의 재산을 모았다. 이후 고구려 원정이 실패로 돌아가면서 각지에 군웅할거시대로 접어들자 무사확도 은둔생활을 접고 고향에서 때를 기다렸다. 마침, 이연이 반군을 진압하기 위해 이종사촌 형인 수양제의 명을 받고 이곳을 지난다. 이때 장사 수완으로 단련된 무사확은 단박에 이연이 큰 인물임을 알아보고 술과 여인으로 정성껏 환대하며 접근했다. ―마치 여불위가 조나라에서 진시황의 부친 영자초를 보고 '기화가거'라며 접근한 것 처럼― 이후 헌신적인 보필로 정삼품 공부상서에서 다시 정일품 응국공應國公이라는 고관에 오르게 된다. 무사확은 당초 상리씨相里氏와 결혼해 4명의 자식을 두었으나 2명은 어렸을 때 죽었다. 이후, 이연의 중매로 수나라 4대 문벌의 하나인 양웅楊雄(전한前漢의 철학자) 집안의 질녀이자 수나라 종실로서 재상을 지낸 양달楊達의 딸을 후실로 맞게 된다. 무측천은 바로 이 둘째 부인 양씨가 낳은 3딸 중 둘째이다. 측천무후는 당대 최고의 재원인 어머니와 빈손에서 재부를 거머쥔 아버지의 피를 이어받아 어렸을 때부터 꿈이 컸다. 14세 때, 태종황제가 그녀의 아름다움을 듣고 후궁으로 불러드렸다. 이후 정관 11년(637년), 그녀를 재인으로 봉하고 눈이 둥글고 큰 데다가 아양을 부리며 웃는 모습이 좋았던 까닭에 '미랑媚娘'이라 별명을 지어주었다. 아직 황제의 눈길을 끌지 못했다. 어느 날, 외국 사신이 '사자총獅子驄'이라는 말 한 필을 진상했는데 명마였으나 성격이 아주 난폭했다. 한차례 난동을 부려 조련사가 땅에 떨어졌다. 마침 태종이 지나다 이 광경을 보고 여러 비에게 "누가 이 말을 제어할 수 있겠는가!" 했으나 아무도 나서는 사람이 없었다. 그때 무측천이 나서며 "폐하, 신첩에게 방법이 있습니다! 만약 신첩에게 3가지 물건(쇠로된 채찍, 망치, 비수)만 주신다면 능히 제어할 수 있습니다!" 하였다.

이후, 태종이 붕어하자 황제의 자식을 출산하지 않은 비들은 모두 궁을 나가 비구니가 되어야 하는 당시 제도에 따라 그녀도 24세의 꽃다운 나이에 장안 감업사感業寺에 비구니가 되었다. 시간이 지나 고종황제가 친히 절에 행차했다. 그녀가 고종을 보자 곧 흐느꼈다. 당시 왕 황후와 소 숙비蕭淑妃가 총애를 다투고 있었다. 왕 황후는 몰래 무씨에게 머리를 기르게 하고 고종에게는 그녀를 후궁으로 들이도록 권했다. 그러나 조정 권신들의 강력 반대에도 불구하고 궁으로 돌아왔다. 당시 30세로 고종보다 4살이나 많았다.

무씨가 후궁으로 들어온 다음, 왕 황후와 소 숙비 모두 총애를 잃었다. 이후 고종의 총애를 받은 무측천이 장자 이홍李弘을 낳고 얼마 지나지 않아 둘째 딸을 낳았는데 어린것이 너무나 이뻤다. 하루는 왕황후가 이 어린것이 보고 싶어 무측천의 방으로 찾아왔다. 무측천은 황후가 온다는 소리를 듣고 얼른 자리를 피했다. 황후는 무측천의 딸을 안고 한참 동안 기다렸으나 오지 않자 그냥 자신의 방으로 돌아갔다. 무측천은 황후가 돌아간 것을 확인한 후, 자기 딸의 목을 눌러 질식시킨 다음 대성통곡을 하기 시작했다. 누군가 자신의 딸을 해쳤다는 것이다. 고종은 무측천의 방에 다녀간 사람은 황후밖에 없었다는 소식을 듣고 대로하며 황후를 냉궁冷宮(무인궁無人宮)에 가두라고 명했다. (그 이전에 왕 황후와 친정어머니 유씨가 무씨의 입궁

후 잃은 총애를 회복하기 위해 무소의를 무고巫蠱 했다) 또, 장손무기는 핍박해 자살토록 했으며 저수량은 관직 박탈과 함께 장안성 밖으로 내쳤었다.

무씨가 32세 때, 마침내 소의에서 황후에 봉해졌다. 이때 폐후 왕 씨와 소숙비는 외진 정원에 구금돼 있었다. 하루는 고종이 문득 그녀들이 생각나 정원으로 나갔다가 이들의 소원을 듣게 됐다. 그들은 다시 해를 볼 수 있도록 해 달라고 애원했다. 이에 고종은 정원의 이름을 '회심원回心院'으로 바꿔 다시 만날 그날을 기약했다. 그 소식을 들은 무측천은 곧 모든 창호와 문을 봉쇄한 다음, 오직 담벽에 작은 구멍 하나만 뚫어 그곳을 통해 음식을 집어넣게 했다. 그리고 힘이 쎈 태감太監을 보내 왕씨와 소씨에게 각각 곤장 100대를 친 다음 손발을 자르고 몸뚱이는 술독에 담가 두었다가 죽였다. (골취骨醉) 마치 유방의 부인 여후가 척부인에게 행한 '인체人彘'로 만들어 잔인하게 죽인 것과 똑같았다. 소숙비는 죽기 전 "나는 다시 태어난다면 고양이로 태어나겠다. 그래서 쥐로 다시 태어난 너를(자시생子時生) 물어 죽여주마!"라고 무후에게 저주를 퍼부었다.

태후가 마침내 당조의 종실을 크게 도륙하고 자신을 '무조武曌'[145]라 하며 '황제'라 칭했다. 이어 국호를 '주周'로 바꾸고 이단을 황태자로 삼았다. 아울러 그의 성을 무씨로 바꾸게 했다. 무조는 당시 67세였다. 곧 무조가 방주房州에 여릉왕廬陵王을 환도還都하도록 하여 황태자로 세우고 아들 이단李旦은 상왕相王으로 삼았다. (690년)

145　조曌: "해(日)와 달(月)이 허공(空)에서 영원히 비춘다."는 의미

무측천의 조카 무승사武承嗣와 무삼사武三思가 태자를 세우려 모의했다. 적인걸이 무조에게 "태종황제께서는 바람으로 빗질하고, 빗물로 머리를 감으면서 친히 창끝과 화살을 무릅쓰고 천하를 평정하셨습니다. 이어 황위를 자손에게 전해주시면서 선황의 두 아드님을 폐하께 부탁하셨습니다. 그런데 지금 폐하께서는 또 황위를 타족으로 바꾸려 하십니다. 이것은 하늘의 뜻을 거스르는 것 아닙니까! 고모와 조카, 어머니와 아들 중에 누가 더 가깝습니까! 폐하께서 자기 아들을 태자로 세우면 천추만대 후에도 태묘太廟에서 봉양을 받으실 수 있습니다. 그러나 조카를 태자로 세우고 그렇게 조카가 천자가 된 다음, 태묘에서 봉양을 받았다는 것을 신은 아직 듣지 못했습니다!" 했다. 무조가 조금 깨달은 것 같았다. 장안長安 5년(705년), 병들어 몸져누워 있던 차에 측근 대신들이 병력을 대동해 '물극필반'의 이치를 설명하며 압박하자 순순히 물러났다. 곧 이단을 다시 황제로 세우며 국호를 '당唐'으로 회복했다. 무조가 '당'을 '주'로 바꾼 지 16년 만이었다. 82세에 상양궁上陽宮에서 생을 마감했다.[146]

무측천에게는 아들이 4명 있었다. 고종이 장자 이홍에게 양위하려 하자 측천은 술잔에 독을 넣어 살해했다.[147] 또 둘째 아들 이현李賢(장회태자章懷太子)[148]은 태자의 자리에서 폐위시켜 평민으로 만들고 나중에 핍박해 자살토

---

146 무자비無字碑: 측천무후는 당고종이 죽었을 때 참배길 맞은편에 비를 하나 세우게 했다. 하지만 측천 무후 스스로 '자신의 치적이 너무나 뛰어나 비석 하나에 새기기엔 부족해 비워 두도록 했다!'는 설과 '당나라를 찬탈한 사실을 적을 수 없었기 때문'이라는 설이 있다. 이후 "무자비"는 체격만 당당하고 교양없고 무식한 사람을 상징하는 사람을 가리키는 '성어成語'로도 쓰인다.
147 어질고 효심이 깊어 고종의 총애는 받았으나 어머니 무측천의 비위를 거슬리는 일이 많았다. 특히 소 숙비의 두 딸이 30이 넘도록 결혼을 하지 못한 것을 동정하다가 무측천의 노여움을 사 정신착란증으 로 몰려 독살되었다.

록 했다. 이어 셋째 아들 이현李顯이 황제에 즉위했는데 바로 중종中宗[149]이다. 중종은 겨우 두 달 동안 왕 노릇 하다가 폐위당했다. 무측천은 넷째 아들 이단李旦(예종睿宗: 고종의 8번째 아들, 나중에 위황후韋皇后와 안락공주安樂公主 일당을 제거한 아들 현종이 아버지 예종을 옹립했다가 양위받아 자신이 제위에 오른다)을 황제로 즉위시켰다가 곧, 폐위시켰다.

　무조가 처음 승려 회의懷義[150]란 자를 좋아했으나 나중에는 장역지張易之, 장창종張昌宗 형제를 좋아해[151] 그들로 하여금 조정에서 관직을 맡도록 했다. 장역지는 '오랑五郎', 창종은 '육랑六郎'이라 불렸다. 이에 아첨하는 자들이 알랑거리며 "사람들이 말하길 육랑이 연꽃 같다 하지만 나는 연꽃이 육랑을 닮았다고 하겠네!" 했다. 무조는 민심이 자신의 사생활에 대해 좋게

148　일설에는 고종과 무측천의 언니인 한국韓國부인과의 사이에서 낳은 아들이었다. 때문에 어머니의 숙청에 불만을 품었다가 폐위되었다 한다. 원래 무측천이 황후가 된 후, 그녀의 일족들은 황실과 친근한 관계를 맺게 되었다. 일찍이 미망인이된 한국부인도 궁궐에 자주 드나들었으며 그녀의 딸, 가란씨賀蘭氏도 고종에게 소개되었다. 이에 고종이 한국부인 모녀의 미색에 빠지면서 측천무후는 모든 것을 자신의 뜻대로 다 처리할 수 있게 되었다. 그러므로 이현이 측천무후의 소생으로 둔갑했을 가능성을 배제할 수 없다. 당시 이현은 인품도 좋고 학식도 풍부해 주위의 평판이 좋았다. 이때 이현이 자신의 출생에 관한 이야기를 어디서 들었는지 점차 이상한 언행을 보이기 시작한다. 680년, 이현의 마구간에서 수백 벌의 갑옷이 발견되자 무측천은 곧 이현을 폐위해 서인으로 삼은 뒤 멀리 파주로 보냈다. 이후 자진를 명하고 후손들도 모두 횡사했다. 32세였다.

149　이름은 현顯(철哲), 고종의 7번째 아들로, 어머니가 측천무후이다. 처음에는 영왕英王으로 봉해졌으나, 측천무후가 장회태자 현賢을 폐한 뒤에 그를 황태자로 삼았다. 683년 고종이 고혈압으로 쓰러지자 이어 즉위했다. 제위에 오른지 2개월 만에 여릉왕廬陵王으로 강등돼 방주房州에 유배당한다. 위황후의 친정 아버지 위현정을 시중으로 삼으려다 신하들이 반대하자 홧김에 "내가 천자인데 천자 자리를 준다 한들 누가 뭐라고 하겠는가!"라는 소리를 했다는 이유인데, 허울뿐인 황제로 무측천의 꼭두각시였다. 곧, 무측천이 직접 제위에 오르며 당왕조는 사실상 멸망한다. 이후 다시 황태자로 소환되었고, 궁정 정변을 기회로 제위를 회복했다. 그러나 외척 위씨의 권세가 커져 황제는 이름뿐이었다. 복위된 지 5년 만에 황후와 결탁한 그의 딸 안락공주에 의해 독살되었다.

150　원명은 풍소보馮小寶이다. 원래 떠돌이 약장사였으나 당고조(이연)의 여동생 천금공주千金公主가 우연히 그를 발견해 마침 쓸쓸하게 지내던 무측천에게 보낸다. 무측천이 시험해보고 만족해하며 설薛이란 성을 내리고 "회의懷義"란 법명의 승려 신분으로 세탁해 낙양의 백마사白馬寺 주지로 임명한다. 나중에 총애가 식으며 무측천에 의해 암살된다.

　　　　　　　　　　　　　　　　　　　　이지 중국사

여기지 않음을 알아챘다. 사람들이 자신에 대해 비난하는 것을 두려워해 곧 사람들에게 밀고하도록 고무했다. 이에 악독한 관리인 색원례索元禮, 주흥周興, 내준신來俊臣등을 임용했다. 그들은 쇠를 불리고 비단을 짜내듯 죄를 지속적으로 정교하게 만들어냈다. 모반죄로 뒤집어씌워 죽인 사람의 수가 셀 수가 없을 정도였다. 무조는 이런 방식으로 천하의 언로를 제압했다. 그러나 무조는 매우 권모술수가 있었으며 인재를 잘 활용했다. 때문에 현재들도 즐거이 무조를 위해 일했다. 그중 서유공徐有功의 사람됨이 너그럽고 인자했으며 법 집행을 공정히 했다. 이에 무조는 매번 자신의 의견을 바꾸어 서유공의 의견을 들었다. 무조는 장상의 대부분을 많이 임용했는데 그중 위원충魏元忠, 누사덕婁師德, 적인걸狄仁傑, 요원숭姚元崇등은 모두 명상이었으며 송경宋璟도 조정에서는 이름을 날렸다. 누사덕의 사람됨도 너그럽고, 청렴하며 신중해 남에게 무례함을 당해도 화를 내지 않았다. 누사덕의 동생이 대주 자사에 임명되자 동생에게 "우리 형제가 받는 영예와 은총이 지나치게 많네, 그러면 이제 사람들이 우리를 질투하게 될 덴데, 어떻게 자신을 지켜나가려 하는가!" 하자 동생이 "가령 지금 어떤 사람이 제 얼굴에 침을 뱉는다면 저는 오직 묵묵히 닦아내면 그뿐입니다!" 하였다. 이에 누사덕이 근심스럽게 "그것이 바로 내가 우려하던 바이네, 어떤 사람이 자네 얼굴을 향해 침을 뱉는다는 것은 바로 자네에 대해 분노를

---

151 방중술房中術에는 "젊은 남자와 교접하면 여자의 젊음을 되찾고 장수한다!"며 역설한다. 이에 무측천은 젊은 남첩男妾을 들여 생기生氣를 빨았다. 장씨 형제는 '설회의薛懷義'같은 무뢰한無賴漢과는 달리 풍류를 아는 남성이었다. 둘은 늘 하얗게 분칠하고 입술연지를 바르고 꽃을 수놓은 화려한 의복을 입고, 마치 아름다운 여인처럼 빛을 냈다. 무후는 그들이 세련되게 화장하는 것을 좋아하며 명주실로 된 비단 직물을 선물했다. 그녀는 장씨 형제와 8년의 세월을 보냈는데 그 절반 이상을 침대 곁에서 보냈다 한다.

일으킨 것이지, 그런데 자네가 얼굴의 침을 닦아서 바로 말려버린다면 그의 마음을 거슬리게 해 그를 더욱 분노케 할 것이네, 얼굴의 침은 닦지 않아도 저절로 마른다네.[타면자건唾面自乾] 그냥 웃으면서 모욕을 받아들이면 그뿐이지!" 했다.

현종玄宗황제의 이름은 이융기李隆基이다. 처음에 임치왕臨淄王이었다. 위씨韋氏가 난을 일으켰을 때, 그가 몰래 재사나 충용의 지사들을 모아 비밀리에 당조의 정통을 회복하고자 했다. 당 태종이 처음에 아주 날랜 기병 100기를 선발했고 나중에 무후가 100기로 늘려 좌우 우림군羽林軍에 예속시켰다. 이후 중종이 "만기萬騎"라 부르며 관리를 두어 다스리도록 했다. 이융기가 만기중의 사람들과 사귀며 밀접한 관계를 맺었다. 결국 그들의 도움으로 위후韋后를 주살하고 예종睿宗을 옹립했다. 곧 평왕平王에 봉해졌다. 예종이 장차 저군(儲君,황태자)을 세우려했으나 적장자 이성기李成器가 평왕에게 큰 공이 있다고 여겨 황태자의 지위를 극력 사양하자 마침내 이융기가 태자가 되었다. 오래지 않아 예종의 선양을 받았다.

당 현종 개원開元 24년(736년), 유주 절도사 장수규張守珪가 패군의 장 안록산安祿山을 잡아서 장안으로 호송했다. 장구령이 "만약 장수규의 군령이 시행되었다면 안록산은 마땅히 죽음을 면치 못했을 것입니다." 하며 서면으로 의견을 표했으나 현종은 안록산의 재능과 무용을 아껴 그를 사면했다. 다시 장구령이 "안록산은 모반의 상이 있습니다. 그러니 지금 죽이지 않으면 반드시 후회할 일이 있을 것입니다." 하며 힘주어 말하자 현종은 "경은 자신을 왕이보王夷甫로 여겨 충분히 석륵石勒을 간파했다고 생각하

이지 중국사

는 것이오,[152] 그렇게 깨끗한 충신을 죽이려고 해서는 아니 되오!" 했다. 결국 안록산을 죽이지 못했다.

안록산은 본래 영주營洲의 잡호(雜胡, 속특인粟特人, 돌궐계통)로 초명은 아락산阿犖山이었다. 모친이 안씨집에 재가했기 때문에 안씨 성을 사용하게 된 것이었다. 그가 살던 부락이 파산, 와해된 후, 안록산은 달아나 장수규의 관내에 들어왔다. 그는 성격이 교활하면서도 원만했다. 이 때문에 장수규의 사랑을 깊이 받았다. 또 사솔간史窣干이라 불리는 안록산과 동향인 사람이 있어 그도 매우 용감했다. 장수규가 그를 보내 조정에 보고하도록 하자 현종은 그에게 '사명思明'이란 이름을 하사했다. 개원 29년, 안록산을 영주도독에 임명했다. 안록산은 아첨에 능하고 남의 비위를 잘 맞추었다. 현종 주위의 가까운 신하들이 그의 임지인 평로(平虜, 영주)에 오면 그들 모두에게 후한 뇌물을 주어, 이들이 돌아가면 모두 그를 칭찬하게 했다. 그러자 현종은 더욱 안록산을 현능한 신하라고 여겼다.

천보 4재載(745년), 양태진(楊太眞)을 귀비로 삼았다. 본명은 양옥환楊玉環(719-756)이다. 촉주蜀州 사호司戶 양현염楊玄琰의 딸이다. 그는 4녀와 1남을 두었는데, 아들은 실고失考(요절)하고 그녀는 4녀이다. (장녀 한국부인, 차녀 괵국虢國부인, 삼녀 진국秦國부인) 부친은 옥환이 어릴 때 죽었기 때문에 낙양에서 하급 관리로 일하던 숙부의 슬하에서 자랐다. 숙부는 가정교육에 엄

---

152   왕이보식석륵王夷甫識石勒: 왕이보는 왕연王衍의 자字이다. [진서晉書]에 왕연이 낙양洛陽에 있을 때, 일찍이 당시 14살이던 석륵를 만났다. 왕연이 단언컨대 "이 사람은 천하의 우환이 될 것이오." 했다. 나중에 석륵이 과연 칭제하며 '후조後趙'를 세웠다. 나아가 오호五胡에 이르러 중화中華를 어지럽혔다.

격해『사서삼경』을 가르치고 많은 시문을 외우게 했다. 그뿐만 아니라 총명했던 옥환은 숙부 집에 있던 기생 출신 하녀에게서 '호선무胡旋舞'를 몰래 배웠다. 16세에 수왕壽王(이모李瑁, 무혜비武惠妃 소생, 현종의 13번째 왕자)의 비가 되었다. 이보다 앞서 737년, 현종은 총애했던 무혜비가 죽자 고독과 적막감에 빠져들었으며 곧 자신이 좋아하는 약간 통통한 스타일의 미녀를 우연히 만났다. 바로 '양옥환'이었다. 현종이 그녀가 매우 아름다운 것을 본 다음, 그녀 스스로의 뜻으로 출가해 여도사가 된 것처럼 하도록 명했다. 아울러 수왕에게는 다른 왕비에게 장가들게 했다. 이후 옥환을 후궁에 들게 했다. 마침내 오로지 양귀비만 총애했다. 당시 옥환은 22세였으며 현종은 57세로 그의 며느리였다. 당조는 북방 유목민족인 선비족으로 일가의 가장인 부친이 죽으면 친어머니를 제외하고는 아버지의 처첩을 아들들이 각각 자신의 처첩으로 삼는다 한다. 예를 들면 현종의 조부인 3대 황제 고종은 아버지인 2대 태종의 후궁이었던 무측천을 황후로 만들었고, 자신은 아들의 아내 즉 며느리를 뺏는, 상상할 수 없는 일을 한 것이다. 그래서 모양새를 갖추려 죽은 자신의 어머니인 두태후竇太后를 공양한다는 명분으로 '대명궁大命宮'의 한 모퉁이에 '도관道觀'을 설치해 양옥환을 그곳에 거주케 하고 '태진太眞'이라는 도교명을 내려 그녀를 애지중지했다. 당시 그녀를 위해 비단을 짜고 자수를 놓는 직인이 700여 명 남짓, 비녀나 보석 같은 것을 조각하거나 주조하는 직인이 수백 명이나 되었다 한다. 현종이 62세 때에 옥환을 귀비로 봉했다. (27세) 당시 후궁의 미인만 삼천 명이라 일컬어지는 곳에서 염복艶福을 누린 황제여서인진 몰라도 그는 첫 황후 왕씨가 죽자(37세) 후임 황후를 두지 않았으며 무혜비武惠妃(38세에 사망)와 같이 옥환(38세에 사망, 당시 현종 71세)도 귀비였으나 황후와 동등하게 대우했다.

'침어낙안沈魚落雁', '폐월수화閉月羞花'는 중국의 고대 4대 미녀를 칭하는 호사가好事家들의 말이다. 미인을 본 물고기가 부끄러워하며 강바닥으로 숨어버렸다는 '침어沈魚(서시西施)', 날아가던 기러기도 미모에 홀려 날개 짓을 멈췄다가 떨어졌다는 '낙안落雁(왕소군王昭君)', 달님도 나왔다가 부끄러워 구름 뒤로 숨었다는 '폐월閉月(초선貂嬋)', 꽃도 그 아름다움을 견주기 부끄러워했다는 '수화羞花(양귀비楊貴妃)'라는 말이다. 이밖에 양귀비에게는 말을 알아듣는 꽃이라는 의미의 '해어화解語花'[153]와 '비익조比翼鳥, 연리지連理枝'[154]란 말도 지금껏 회자되고 있다.

당 현종은 중국 역사상 후궁의 여인의 수가 거의 4만 명에 달하는 최고 기록을 보유한 인물이다. 이들 궁녀는 일반적으로 세 가지 경로로 궁에 들어오는데 선발되거나, 진상되거나, 아니면 노비가 아닌 평범한 집안의 자녀들이었다. 그 시대의 미인은 황제의 눈으로 보면 일반사람과 같은 의미의 사람이 아니고 일종의 애완동물이나 맛있는 요리와 다를 바 없었다. 만약 황제가 한번 맛본 후에 마음에 들면 다시 상에 오를 수 있고 더 이상 좋아하지 않게 되면 황제의 눈앞에 영영 사라질 수밖에 없는 일종의 완호품으로 본인의 의향은 고려되지 않았다. 양귀비 역시 생사여탈권을 쥐고 있

153 현종이 양귀비와 함께 대명궁大明宮의 태액지太液池에 핀 천여 송이의 연꽃을 감상할 때 좌우에서 찬탄하자 양귀비를 가리키며 "연꽃의 아름다움도 말을 알아듣는 이 꽃에는 비할 바 못 된다." 했다.
154 비익조는 날개가 하나뿐인 새이고 연리지는 두 그루의 나무 싹이 돋아나 점점 커지며 나무결이 붙어 가지가 되는 것이다. 한말漢末 채옹蔡邕은 효성이 지극해 모친이 위독해지자 100일간 잠자리에 들지 않고 보살폈으며, 돌아가시자 무덤가에 초막을 짓고 3년 상을 치렀다. 그 후 채옹의 집 앞에 두 그루의 나무 싹이 돋아나 점점 커지며 나뭇결이 붙은 가지가 되었다. 세상 사람들이 채옹의 효성 때문에 생긴 기이한 일이라 했다. 이에 처음에 '효성'이란 뜻으로, 후대엔 '부부간의 깊은 사랑'을 표현하는 말로 변했다.

는 절대권력자 현종 앞엔 한갓 도마 위의 생선 같은 입장밖에 되지 않았지만 남녀 관계란 늘 그렇듯 일종의 사랑싸움은 있었다고 보인다. 양귀비가 궁정에 들어간 이래 두 번의 쫓겨난 경우가 있는데, 첫 번째는 귀비로 책립되고 채 1년이 안 돼 일종의 투기로, 두 번째는 그로부터 4년 후에 둘째 언니 괵국부인(양옥요楊玉瑤)과 현종과의 불륜으로 그녀는 참을 수 없는 굴욕감에 빠지며 심한 소동을 부린 경우이다. 괵국부인의 외모는 양귀비에 필적하여 현종이 귀비의 눈을 피해 그녀를 후궁으로 삼으려 했지만 양귀비의 반발에 무산되었다. 어느 때, 괵국부인이 궁궐에서 귀가 중 공주와 부마의 행렬과 마주쳤고 서로 길을 양보하지 않다가 큰 싸움이 났다. 이 일로 현종은 공주에게 주었던 물건을 뺐고, 부마의 관직을 삭탈했는데, 이 정도로 양씨 가문의 세력이 컸다. 어느 날 현종은 괵국부인을 불러 잔치를 벌였는데 안록산이 바친 금화를 하사했다. 현종은 아름다운 괵국부인에게 빠졌고, 양귀비에게도 입궁하라 명했지만 양귀비는 명을 거절했다. 이 일로 양귀비와 현종의 사이는 멀어졌고, 잠시 사가에 나가 있으라 명한다. 양귀비가 사가에 나가 있는 동안 괵국부인이 현종의 수발을 들며 동침했다. 괵국부인은 회임해 후궁이 되고자 현종에게 춘약春藥(성욕을 일으키는 약)을 먹였다. 양귀비가 출궁하기 전에도 현종은 신하를 보내 괵국부인을 목욕시켰다고 한다. 하지만 괵국부인은 후궁으로 책봉되지 못했다. 결국 양귀비는 양국충과 고력사高力士의 노력으로 다시 사이가 좋아졌다. 이후, 비로소 자신의 처지가 맛있는 음식이나 일종의 노리개같이 주인의 마음에 따라 자신의 운명이 결정되는 일종의 애완용품이라는 사실을 깊이 깨닫고 곧 자신의 검은 머리를 잘라 애걸하는 편지와 함께 용서를 빌며 현종에게 절대복종을 맹세한다. 이때 현종 또한 뜻밖의 적막감에 빠져 스스로 내린 명령을 다시 철회할 수 없어 안절부절하였다. 마침, 현종의 기질을 잘 아는 고력사가 이것을 계기로 교묘하게 "귀비 마마의 방에 남아 있는 휘장과 신변의 물품들을 전부 수레에 실어 양씨댁으로 보낼까요!" 하며 유도하자 현종은 "짐의 음식을 나누어 가져다주도록 하라!" 하며 서로가 필요한 존재라는 인식을 강화했다. 보통의 경우에는 후궁의 자리에서 쫓겨났다가 다시 돌아온 여인이 이전보다 더 총애를 받는 경우는 거의 없다. 일반적으로는 지위가 서인으로 강등되거나 아니면 냉궁에 유폐되거나 혹은 자결을 강요받는 것이 보통이다.

천보 6재(747년), 안록산을 어사대부를 겸임하도록 했다. 안록산은 양귀비의 아들이 되길 청했다. 안록산이 입조 시에는 양쇠(楊釗, 양국충楊國忠)형제, 자매 모두가 희수戯水까지 나가 그를 영접했다. 양쇠는 바로 양귀비의 종조형從祖兄이기 때문에 후궁에 출입할 수 있었다. 양쇠는 처음에 국가 재정을 관리하는 판탁지判度支로 있었다. 누차 상주해 국고가 충실하고 가득 차 있다고 보고했다. 현종은 군신들을 거느리고 가본 다음부터 금전이나 비단 대하기를 마치 분토糞土와 같이 여겨 사람들에게 한도 없이 상을 주었다. 현종은 양쇠에게 '국충'이란 이름을 하사했다. 751년, 현종은 안록산에게 지극히 화려한 저택을 지어주었다. 현종은 "양씨 가족을 보내 안록산과 함께 즐겨라!" 했다. 안록산은 체형이 비대했다. 현종이 일찍이 그의 배를 가리키며 "이 호인胡人의 뱃속에는 무엇이 들어 있는고." 하자 안록산이 "오직 충성심만 있습니다." 했다. 안록산이 내궁에 들어오면 먼저 양귀비에게 배견했다. 현종이 그 이유를 물으면 "호인은 먼저 모친을 경배한 다음 부친에게 경배합니다." 하였다. 안록산의 생일에 현종은 심히 후한 선물을 주었다. 3일이 지난 후, 그를 입궁하도록 하자 양귀비는 비단으로 커다란 보자기를 만들어 궁녀들에게 화려한 가마에 그를 태워 메고 다니게 했다. 현종이 궁녀들이 웃는 이유를 묻자 "귀비께서 녹아祿兒를 목욕시키고 계십니다!" 하였다. 안록산은 18살이나 어린 양귀비를 어머니라고 부르면서 갓난아이처럼 울며 그녀를 기쁘게 했다. 현종은 귀비에게 '욕아금은전浴兒金銀錢'이라는 축의금祝儀金을 주어 마음껏 즐기게 한 후, 비로소 그쳤다. 이후부터 안록산의 황궁 출입에 밤을 새워도 나오지 않았다. 그러자 허다한 추문이 밖으로 흘러나왔지만, 현종은 그를 의심하지 않았다. 현종은 또 그에게 하동河東 절도사를 겸하도록 했다.

이임보李林甫가 안록산과 대화할 때면 매번 모두 그의 마음을 꿰뚫어 보고 그가 입을 열기 전에 먼저 말을 꺼냈다. 안록산은 매우 놀라워하며 복종했다. 안록산이 매번 이임보를 만날 때면 한겨울에도 긴장해 진땀을 흘렸으며 이임보를 '십랑十郎'[155]이라 불렀다. 안록산이 범양范陽으로 돌아간 후, 만약 그의 부하가 장안에서 돌아오면 반드시 십랑이 무슨 말을 하던가를 물었다. 만약 '칭찬했다'고 하면 그는 몹시 좋아했다. 어느 때 부하가 전하는 말에 "안대부의 행동을 조사해 봐야 할 필요성이 있겠어"라고 했다면 그는 곧 "아! 이제 죽었구나!" 하였다.

752년, 이임보가 죽었다. 이임보는 현종의 근신들에게 아첨하고 현종의 뜻에 영합하며 은총을 굳혔다. 그는 관원들의 언로를 막아 현종의 이목을 가리고 있었다. 그가 일찍이 여러 어사에게 "그대들은 의장대儀仗隊에 말

155　십十은 장유長幼의 서열을 가리키고 랑郞은 당시 종이 주인을 부르던 존칭이다.

을 보지 못했소! 감히 한 번이라도 소리를 내면 바로 내쫓기는 것을!"이라고 말한 적이 있었다. 그는 어진 사람을 시기하고 능력있는 사람을 질투했다. 그리고 자신과 뜻이 다른 사람을 배척하고 억압하는 성품이 음험한 사람이었다. 사람들은 그를 가리켜 "입에는 꿀이 발려있지만, 뱃속에는 예리한 칼을 숨기고 있다. [구밀복검口蜜腹劍]"고 했다. 그는 매일 저녁, 언월당偃月堂에 홀로 앉아 있다가 혹시 깊이 생각하는 바가 있었다하면 바로 다음 날, 사람을 죽였다. 그는 여러 번 큰 옥사를 일으켜 많은 사람을 죽였으므로 태자 이하 모든 사람이 그를 두려워했다. 이임보가 재상으로 재임한 19년 동안 천하 대란의 싹을 키우고 있었지만, 현종은 도리어 깨닫지 못하고 있었다. 그러나 안록산은 이임보의 권모술수를 두려워해 이임보의 생전에는 감히 모반할 생각을 하지 못했다.

755년, 현종과 양귀비, 이임보에게 신임을 받던 안록산이 이임보가 죽자 반란을 일으켰다. 3개의 절도사를 겸한 안록산이 낙양을 점령하자 이곳을 수비하던 관원들은 투항했고, 일부 투항하지 않은 관원들은 피살되었다. 안록산은 '연燕'이라는 나라를 세우고 황제가 되었다. 그러나 2년 뒤 그의 아들 안경서安慶緖에게 피살되고, 안경서가 황제에 즉위했다. 이후 곽자의郭子儀가 이끄는 군대와 위구르 및 서역군대가 연합해 장안과 낙양을 회복하자 안경서는 업성으로 퇴각했다. 그리고 안록산의 휘하에 있던 사사명史思明이 투항했다. 사사명은 투항 1년 뒤 다시 반기를 들고 낙양을 함락시켰다. 이후 반란군 내부의 권력쟁탈이 심해지면서 사사명이 안경서를 살해하고 황제에 즉위했다. 얼마 후, 사사명의 아들 사조의史朝義가 안경서와 같이 그의 부친을 살해했다. 결국 안사의 난은 몇 년 동안 당나라

를 혼란에 빠뜨렸다가 최후에 사조의의 자살로 끝을 맺는다. (755~763, 약 9년간)

　안사의 난 이후 균전제가 무너져 세금을 거둘 수 없게 된 당조는 재원을 확보하기 위해 소금을 전매한다. 무려 30배의 폭리를 취하며 농민들을 핍박하자 농민들은 무거운 세금과 기아에 허덕이게 된다. 그런 와중에 소금 밀매상인 '왕선지王仙芝'가 악덕 관리에 대항해 봉기를 일으키자 '황소黃巢'가 호응한다. 이후, 왕선지가 전사하자 황소는 '대제大齊'라는 신정권을 수립했다. 곧, 쓰촨지역으로 피신한 황제는 각지의 절도사에게 출병을 요청했으나 응하지 않자 터키계 사타부沙陀部 족장 '이극용李克用'에게 원조를 요청한다. 이극용은 격전을 치르다 황소군을 배반하고 온 '주전충朱全忠'과 협력해 884년, 대반란을 진압한다.[156] 그 후 이극용과 주전충의 패권 경쟁에서 승리한 주전충이 장안을 공격해 907년 '후량後梁(개봉開封)'을 건국하며 290년간 존속한 당을 멸망시켰으나 912년, 아들에게 살해된다. 그리고 '오대십국 시대'로 이어진다.

　삭방 절도사 곽자의, 하북 절도사 이광필李光弼과 적장 사사명이 대전해 사사명을 대파하고 우선 하북의 몇 개의 성을 수복했다. 부원수 가서한哥舒翰은 반군과 싸워 대패하자 부하가 그를 묶어 반군에게 투항했다. 반군은 곧 동관潼關에 진입했다. 현종은 성을 나와 달아나다 마외馬嵬의 언덕에

156　황소의 난이 일어나자, 881년(헌강왕憲康王7) 최치원崔致遠은 그 토벌총사령관인 고병高騈의 휘하에 종군하였는데, 황소가 이 격문을 보다가 저도 모르게 침상에서 내려앉았다는 일화가 전할 만큼 뛰어난 명문이었다 한다. [계원필경桂苑筆耕, 토황소격문討黃巢檄文]

도착했다. 따르던 장졸들 모두 굶주림과 피곤함으로 매우 분노했다. 양국충 등을 죽인 다음, 한 무리의 사람들이 현종을 핍박하자 양귀비를 액살縊殺(교살絞殺)하도록 했다. 그 지방의 어른들과 백성들이 연도에서 그가 머물러있길 청하자 현종은 태자에게 명해 백성들을 위로하게 했다. 그러나 백성들이 태자를 잡아 말이 앞으로 나아갈 수 없었다. 그래서 태자가 황손 이숙李俶을 보내 현종에게 보고하자 현종이 "진실로 천명이구나!" 했다. 그리고 사람을 태자에게 보내 "네가 노력해 보아라, 서북에 각호인 부락은 그동안 내가 잘 대해주어 왔다, 그러니 네가 반드시 그들의 도움을 받을 수 있을 것이다!" 하며 아울러 태자에게 전위할 것도 선언했다. 태자가 평량, 삭방에 이르렀다. 삭방에 머무른 후, 두홍점杜鴻漸이 그들을 영접해 영무에 도착했다. 아울러 두홍점은 태자에게 황상의 마외에서의 명령을 따르도록 종용하며 다섯 번이나 첩지를 올리자 비로소 태자가 허락하고 현종을 태상황으로 높여 받들었다. 현종은 재위 45년, 3개의 연호를 사용했다. 태자가 즉위했다. 숙종肅宗황제이다.

숙종황제의 초명은 여璵이다. 개명해 형亨이라 불렀다. 충왕忠王에서부터 태자가 된지 20년에 안록산의 난을 만났다. 이로 말미암아 즉위했다. 경조(京兆, 서안)사람 이필李泌이 어려서부터 총명하고 재주가 있어 이름이 널리 알려졌다. 숙종이 동궁에 있을 때부터 아직 평민이었던 이필과 서로 친밀히 교유했다. 숙종이 사자를 보내 이필을 부르자 그가 곧 영무에 이르러 숙종을 알현했다. 대소사를 가리지 않고 숙종은 모두 그와 상의했다. 태상황이 성도에 도착한 후, 사람을 보내 옥책과 옥새를 태자에게 주었다. 상황上皇(현종)이 서내西內에서 붕어했다. 숙종에게 전위한 지 7년 만이었으며 향년 78세였다. 숙종도 중병으로 침상에 있었다. 상황이 승하한다는 소식을 듣자 그도 곧 붕어했다. 숙종은 재위 7년에 4개의 연호를 사용했다.

애제哀帝황제의 이름은 이조李祚이다. 당 소종이 태자 이유李裕를 폐할 때 그는 이미 장년이었다. 주전충이 그를 매우 미워했으나 이조는 나이가 어려 장악하기 편하다고 여겨 황제에 옹립했다. 즉위 후 이름을 축柷으로 고쳤다. 주전충이 살해한 이유 등 9명의 왕자는 모두 소종의 아들이었다. 주전충이 상국이 되자 구석을 더하여 받았다. 애哀황제 재위 시에도 그대로 천우天佑 연호를 사용했다. 4년이 지나지 않아 양왕梁王에게 선위했다. 오래지 않아 살해되었다. 당조는 고조(이연)가 창립한 이래 모두 20대, 무릇 290년 만이었다.

8장

오대십국 시대

: 혼란과 분열, 도광양회韜光養晦 70년

—

907~979, 72년

中國史

EASY CHINA HISTORY

당나라가 멸망한 907년부터, 960년에 나라를 세운 송宋(조광윤趙匡胤)이 중국을 통일하게 되는 979년까지의 약 70년에 걸쳐 흥망한 여러 나라와 그 시대를 말한다. 907년, 당나라가 애제를 끝으로 290여 년 만에 멸망하자 화북華北에는 주전충朱全忠이 세운 후량後梁으로 시작해 후주後周로 끝나는 다섯 왕조가 흥망을 거듭하고, 남방에는 전촉前蜀, 후촉後蜀, 오吳越, 남당南唐 등 10개국이 서로 항쟁을 되풀이하는 군웅할거시대로 접어든다. 그러다 960년 후주後周를 대신한 송이 성립하면서 5대 10국의 분열을 마치고 재통일한다. (약 50년간)

특히, 요하遼河와 난하灤河의 상류 일대에서 생활하고 있던 거란족의 추장 야율아보기가 거란의 8부를 통일한 뒤 강력한 통치권으로 북방의 막강한 세력으로 성장한다. 916년, 야율아보기가 황제에 즉위하며(요태조) 북송北宋의 커다란 위협으로 작용한다. 조광윤이 황제에 즉위한 후, 북한北漢 정권을 두 차례 공격했으나 요의 간섭으로 실패하고 세상을 떠나고, 이어 조광의趙匡義가 즉위해 북한을 멸망시킨 뒤, 그 여세를 타고 오대 시기에 잃어버린 연운16주를 회복하려고 공격했지만 오히려 요국에 패한다. 966년, 재차 공격했으나 다시 참패하고 오히려 요국의 침략에 시달리게 된다. 나중에는 화친용 배상금을 지불하며 평화를 돈으로 사는 꼴을 만든다.

1. 오대(북변北邊) : 단명 왕조의 격동적인 정권교체,
907~979, 72년

1) 후량後梁

①태조太祖(주전충朱全忠) ～ **③말제**末帝 : **907~923, 16년**

후량 태조 황제의 초명은 주온朱溫이다. 송주 탕산사람이다. 그의 부친 주성朱誠은 경학經學 선생이었다. 사람들은 그를 '주오경朱五經'이라 불렀다. 주온은 젊을 때는 무뢰배중 하나였다. 당조 말년, 황소가 반역하자 따라 도적이 되었다. 나중에 주온이 당조에 귀항한 후, 희종이 '주전충朱全忠'이란 이름을 주었다. 처음에 주온이 변주를 지키다가 서주, 연주, 운주를 공격했다. 뒤에 또 하북, 하동의 여러 군들을 공격해 누차 이극용과 교전했다. 얼마 후, 하중부, 진주, 강주를 차지하고 화주, 기주 등지를 향해 진군했다. 곧 동쪽에 청주를 항복받고 남쪽엔 형양 등지를 점령하며 여러 번 진 사이를 종횡무진했다. 주온이 소종昭宗을 겁박해 낙양으로 천도케 한 후, 곧 당조 정권을 찬탈했다. 즉위 후, 이름을 '주황朱晃'으로 바꾸고 그의 형 주전욱朱全昱을 광왕廣王에 봉했다. 후량의 맹장 왕언장王彦章은 후당의 개국 황제가 되는 이존욱에게 사로잡히자 "차라리 죽을지언정 항복은 하지 않겠다!"며 죽는다. 그는 서책을 가까이하지 않은 무인이었지만 늘 속된 말로 "범은 죽어서 가죽을 남기고, 사람은 죽어서 이름을 남긴다! [호사유피, 인사유명虎死留皮, 人死留名]" 하였다. 향년 61세였다. 후량은 태조 주온의 칭제에서부터 3대 황제, 17년 만에 멸망했다.

거란의 아보기(阿保機, 야율아보기)가 황제라 칭했다. 거란족은 원래 동호족東胡族의 후예이며 그들의 영토는 횡산(橫山, 복주復州) 남쪽의 선비족의 옛 땅이었다. 원위(元魏, 후위後魏)때 독립하면서 나라의 명칭을 '거란'으로 고쳤다. 처음에 거란의 군주 대하씨大賀氏에게 여덟 명의 아들이 있어 부락을 팔 부로 나누었다. 매 사람에게 한 부씩 나누어주어 '팔배대인八倍大人'이라 불렀다. 규정에 따라 팔배대인중 한 사람을 추대해 수령으로 삼아 팔배를 통솔하고 삼 년에 한 번씩 교체했다. 당조 개원 연간(713-741)에 거란족에 소고邵固란 자가 팔배를 통솔하고 있었는데 당왕조가 거란의 왕위를 세습하도록 허락했다. 이때 거란 각부에서 야율알리耶律斡里의 막내아들 야율아보기를 수령으로 삼고 아울러 해奚, 발해渤海 등의 나라들을 병탄하며 비로소 황제라 칭했다. (916년) 이후부터 다시 교대하지 않고 대를 이어 나가기로 했다. 백성들은 그를 '천황왕天皇王'이라 했다.

2) 후당後唐

①장종莊宗(이존욱李存勖) ~ ④말제末帝 : 923~936, 13년

후당 장종황제의 이름은 이존욱이다. 바로 사타족(沙陀族, 돌궐의 한 갈래) 사람이다. 본성은 주사朱邪이며 조상이 당조에 공이 있어 이씨 성을 하사 받았다. 이존욱의 부친 이극용은 용감하고 지모도 있었다. 그러나 한쪽 눈을 실명해 사람들은 그를 '독안용獨眼龍'이라 불렀다. 이극용이 일찍이 당조를 도와 황소의 난을 평정함에 큰 공이 있었다. 이에 진왕晉王에 봉해졌다. 이극용이 양태조梁太祖 주온의 명령에 불복함으로 인해 두 사람은 마침내 원수가 되었다. 만년에는 늘 양군梁軍의 공세에 밀려 형국이 견디기 어려운 국면이 되자 얼굴에 근심의 빛이 가득했다. 그러자 존욱이 아직 어렸으나 이극용을 위로하며 "주온의 사람 됨이 지극히 흉포해 사람들이 공분하고 있어 결국엔 갑작스럽게 죽을 것입니다. 우리들 이가는 대를 이어 충정했습니다. 아버님께서도 도를 좇아 뜻을 기르시고 시세에 따라 어리석은체하며 언행을 삼갔습니다. 그리고 조용히 힘을 기르며 주온이 쇠패하길 기다려왔습니다. (화광동진) 그런데 어찌하여 쉽게 낙심하며 저희들을 실망시키려 하십니까!" 했다. 말을 듣고 이극용은 지극히 좋아하며 존욱을 평범하지 않은 인물이라고 여겼다. 그가 임종하기 전에 존욱을 태자로 삼았다. 그리고 부하에게 "이 아이는 지기志氣가 원대하니 반드시 나의 남은 소원을 이루어 낼 것이오!" 했다. 이존욱이 17세에 진晉왕위를 계승하자 곧 거병해 양국梁國을 격파하고 노주에 대한 포위를 풀었다. 그 이후부터 연전연승으로 나아가자 양태조 주온이 탄식을 금치 못하며 "아들을 낳는다면 당연히 이아자(李亞子, 이존욱의 아명兒名)와 같아야지 그에 비하면 내 아들은 개, 돼지일 뿐이야!" 했다.

  장종이 후량을 멸망시킨 다음부터 교만, 사치, 음란에 빠져들기 시작했다. 역사상 처음으로 배우를 자사에 임명했다. 장종은 어려서부터 음률을 익혔다. 어떤 때는 스스로 분칠을 하고 배우와 함께 공연하며 자신의 예명을 '이천하李天下'로 부르게 했다. 장종은 황제라 불린 지 겨우 3년 만에 살해당했다. 배우들이 흩어진 악기들을 거두어 그의 시신을 덮고 함께 태워버렸다. 이사원李嗣源이 이 소식을 듣고 대성통곡했다. 이후 그는 군대를 끌고 낙양에 들어갔다. 조정의 백관들이 모두 그에게 황위에 등극하길 표했으나 그는 응답하지 않았다. 또 세 차례, 궁에 머물며 국정을 처리하는 감국監國을 청하자 비로소 응낙했다. 위왕魏王 이계급(李繼岌,장종의 아들)이 촉蜀땅에서 돌아오다 안에서 발생한 내란소식을 듣고 장안에 도착하자 자살했다. 마침내 감국 이사원이 즉위했다. 바로 후당後唐 명종明宗황제이다. 후당은 장종에서부터 이때까지 4위의 황제, 모두 14년이었다.

3) 후진後晉
①고조高祖(석경당石敬塘) ～ **②출제**出帝 : 936~946, 10년

  후진 고조황제의 성은 석씨이며 이름은 경당이다. 사타인으로 후당 명종의 사위이다. 처음에 석경당이 당 명종의 양자 이종가李從珂와 함께 무용에 일가견이 있었다. 두 사람 모두 명종을 섬겼으며 공도 있었으나 속으로는 서로 시기했다. 이종가가 황제라 불릴 때 석경당은 하동에서부터 변경에 들어와 알현했다. 여러 장군들 모두가 이종가에게 석경당을 낙양에

머무르게 하라고 권했다. 석경당이 당시에 오랜 병치레로 피골이 상접해 있었다. 이에 이종가가 그를 너무 지나치게 우려하지 않았으므로 석경당이 하동으로 돌아갈 수 있었다. 석경당의 처 영령永寧공주가 낙양에서 고별하려할 때, 술에 취한 그를 향해 "어찌 오래 머무르지 않고 갑자기 돌아가려 하느냐, 석랑石郞과 반역을 모의하려는 것이 아니냐!" 했다. 경당이 그 말을 듣고 더욱 두려워했다. 곧, 이종가가 석경당을 천평균天平軍 절도사에 임명하고 진鎭을 운주鄆州로 옮기도록 명했다. 경당이 항명하자 이종가가 병력을 보내 그를 토벌하도록 했다.

상유한桑維翰이 경당에게 표문을 올려 "거란을 향해 신하라 칭하고 거란군에게 도움을 요청해 곧 원한다면 부자의 예로써 거란을 모시겠으며 또한 일이 성사된 후에는 거란이 군사를 동원해 구해준 댓가로 땅을 떼어 주겠다!"고 약속하도록 했다. 석경당의 부장 유지원劉知遠은 조건이 너무 지나치다고 여겼다. 거란에게 후한 금, 은, 비단 등으로 그 군사들을 치하해도 충분하고 토지를 떼어 주는 것은 필요치 않으며 이것은 후일 중국에 크나큰 우환이 될 수 있다고 했다. 그러나 석경당은 유지원의 건의를 받아들이지 않았다. 표문을 거란에 보내자 야율덕광耶律德光이 매우 기뻐하며 직접 5만의 철갑 기병을 거느리고 남하해 후당과 진양晉陽에서 격전을 벌여 대패시켰다. 따라서 야율덕광은 석경당을 황제로 세우고 국호를 '진晉'으로 했다. 석경당은 후당과의 대결에서 거란의 힘을 빌린 후, 거란에 신하의 예를 갖추고 북방의 '연운燕雲16주十六州'를 떼어 바침으로써 유목민족의 중국 지배의 문을 열었다. 후진은 고조 석경당이 즉위부터 2세까지 모두 12년 만에 멸망했다.

4) 후한後漢

①태조太祖(유지원劉知遠) ~ 은제隱帝(승우承祐) : 947~951, 4년

후한 고조 황제는 성이 유이며 이름은 지원으로 사타족 사람이다. 어릴 때 석경당을 따라 기병해 전공이 혁혁했다. 석경당이 하동에서 절도사를 하고 있을 때 이종가가 교지를 내려 그에게 운주鄆州로 가 진수鎭守하도록 했다. 그러자 유지원이 권고하기를 "공은 장수가 된 지 오래이며 사졸들의 신망도 깊습니다. 예컨대 지금 또 우월한 지리적인 형세를 점거하고 있으며 병마는 강성합니다. 이후 만일의 시세에 따라 군사를 일으켜 천하를 향해 격문을 띄운다면 반드시 제왕의 업을 성취할 수 있을 것입니다. 그런데 뭣 때문에 종이 한 장에 얽매여 스스로를 호구虎口에 내던지려 하십니까!" 했다. 석경당이 항명하자 이종가가 군사를 보내 석경당을 공격했으나 이기지 못하고 물러났다. 뒤에 석경당이 유지원을 하동 절도사에 임명했다. 석경당이 죽기 전에 조서를 내려 유지원을 입조시켜 정무를 보좌하라고 명했으나 석경당이 붕어한 다음 조정에서는 도리어 조명詔命을 내지 않았다. 이에 유지원은 후진後晉의 조정에 원한을 품게 되었다. 나중에 거란이 누차 침입하자 지원을 행영도통(行營都統, 총사령관)에 임명하며 거란에 저항하도록 명했으나 출병하지 않았다. 이에 거란군이 바로 대량大梁을 짓이기며 후진後晉을 멸망시키자 유지원은 이 기회를 틈타 진양晉陽에서 황제라 칭했다. 나중에 거란군이 물러나길 기다렸다가 태원에서 출발해 낙양에 들어갔다. 마침내 변경(汴京,대량)에 입성한 후, 국호를 '한漢', 이름도 '유고劉暠'라 했다. 후한 정권은 2세를 지내며 모두 4년이 지난 후, 멸망했다.

이지 중국사

5) 후주後周

①태조太祖(곽위郭威) ~ ③공제恭帝 : 951~960, 9년

후주 태조 황제의 성은 곽 이름은 위이며 태원인太元人이다. 애초에 당 장종 이존욱의 가까이에 시씨柴氏성을 가진 궁녀가 있었다. 그녀가 궁을 나와 귀가한 후, 사위를 택해 혼인할 준비를 하고 있었다. 하루는 문틈 사이로 어떤 사람이 재빨리 지나는 것을 보고 시씨가 매우 놀라며 "저 사람은 누굽니까!" 하고 묻자 곁에 있던 사람이 "그는 종마군사從馬軍使 곽작아郭雀兒[157]다." 했다. 시씨는 그에게 시집갈 생각을 했지만 그녀의 부모들은 반대했다. 그러면서 "너는 황제를 가까이에서 모셨던 사람으로서 당연히 절도사 부류의 사람에게 시집가야지 뭣 때문에 이런 사람에게 시집가려 하느냐!" 했다. 이에 시씨는 다른 사람에게는 시집가지 않겠다며 고집을 부리다 끝내 곽위에게 시집갔다. 후한 유지원이 하동 절도사로 있을 때 곽위가 그 휘하에서 공목관孔目官을 지냈다. 거란이 변경汴京을 공격해 들어간 후, 곽위가 유지원에게 기병할 것을 권해 마침내 후한을 세웠다.

세종世宗황제 이름은 영榮이다. 본래 성은 시씨柴氏이다. 바로 후주태조 곽위의 처, 시씨의 형 시수례柴守禮의 아들이다. (처조카) 후주 태조가 후사가 없자 그를 양자로 삼았다. 후주 초년에 시영이 절도사를 담임한 지 오래지 않아 개봉 부윤에 임명되어 진왕晉王에 봉해졌다. 후주 태조가 임종 전에 진왕 시영이 집정하도록 명했다. 태조가 병으로 서거하자 세종이 즉위했다.

---

157 곽위는 미천했을 때에 목에 참새 모양의 문신으로 작아雀兒라는 별명을 얻었다.

북한北漢의 유숭劉崇이 후주 태조가 서거했다는 소식을 듣고 매우 좋아하며 거란에게 공동으로 후주를 공격하자고 청했다. 이에 거란이 대장 양곤楊袞을 보내 수만의 철기를 통솔하도록 하자 북한의 유숭도 친히 3만의 대군을 거느리고 내려왔다. 후주 세종이 어가로 몸소 친정하려고 하자 문무백관 모두가 말렸다. 세종이 "유숭은 선제가 붕어한 틈을 이용해 아직 나이 어린 짐이 즉위한 것을 가볍게 보아, 짐을 정벌할 수 있는 절호의 기회로 여기고 있다. 지금 그가 친히 부대를 이끌고 온다는데 짐이 응전하지 않을 수 있겠는가, 더구나 우리의 군력은 강성해서 유숭을 치는 것은 마치 큰 산으로 계란을 누르는 것과 같이 쉬운 일이다." 했다. 이에 재상 풍도馮道[158]가 극력 간쟁했으나 백관중에는 오직 왕부王溥만이 친정을 건의했다. 유숭이 군사를 거느리고 고평高平에 진을 쳤다. 주군周軍의 선봉이 출격하자 한군漢軍은 조금 물러났다. 세종은 한군이 달아날까 염려해 제군에게 급히 추격하도록 명했다. 뒤의 증원부대가 아직 쫓아오지도 못했으므로 장사들 모두의 마음은 몹시 불안했으나 세종은 도리어 의기가 충천했다. 양군이 교전한 후, 주군의 우익 장군 번애능樊愛能과 하휘何徽가 먼저 달아나자, 주군의 우익은 궤멸되며 보병 천여 명이 무기를 내려놓고 북한에 투항했다. 세종은 전세가 위급함을 보고 친히 친위병을 이끌고 화살이 비 오듯 쏟아지는 것을 무릅쓰고 앞에서 독전했다. 이에 금위장군禁衛將軍 조광윤이 "주군께서 죽음을 무릅쓰고 이같이 분전하시는데 우리들이 어떻게

---

158 당말, 오대십국 시대의 왕조 난립에도 30년 동안 다섯 왕조의 11명의 천자를 섬기며 그중 20여 년은 재상을 지내며 '부도옹不倒翁(오뚝이)'라는 별명을 얻었다. 그는 자신의 처세와 관련해 '설시舌詩'를 남기며 "구시화지문口是禍之門, 설시참신도舌是斬身刀, 입은 재앙을 불러들이는 문이요, 혀는 몸을 자르는 칼이다, 폐구심장설閉口深藏舌, 안신처처뢰安身處處牢, 입을 닫고 혀를 깊이 감추면, 비록 곳곳이 우리 같더라도 몸은 편안하리라" 하였다. 하지만 그에 대한 후세인들의 평가는 엇갈린다.

이지 중국사

끝까지 사투하지 않을 수 있겠는가!" 하며 또 금군장군禁軍將軍 장영덕張永
德에게 "적들의 기세는 교만해졌소, 힘을 다해 싸운다면 충분히 격파할 수
있을 것이오, 공은 병력을 인솔해 고지를 타고 서쪽으로 치고 나가 좌익左
翼을 만드시오, 나는 병력을 인솔해 우익右翼이 되겠소, 그렇게 힘을 합쳐
격파해 나갑시다, 국가의 안위와 존망이 이 싸움에 달려 있소!" 하자 장영
덕이 그를 좇아 각자 2천 명을 인솔해 좌우에서 출격했다. 조광윤이 몸소
사졸보다 먼저 달려들어 적의 예봉을 무너뜨리자, 사졸들도 죽기를 각오
하고 싸워 일당백이 아닌 것이 없었다. 북한병이 대패해 흩어졌지만, 거란
의 장수 양곤은 감히 구하러 올 수 없었다. 이에 북한의 군주 유숭은 밤낮
으로 달아나 겨우 진양晉陽으로 돌아갈 수 있었다.

세종이 철병한 후, 번애능, 하휘 및 그들 부대의 군사軍使이상 70여 명을 문
책하며 "너희들은 끝까지 싸울 수 없었던 것이 아니다, 다만 나를 귀중한 물
건으로 보아 유숭에게 팔아먹으려고 했을 뿐이다!" 하며 모두 참수하도록 명
했다. 이 이후부터 교만한 장수나 게으른 병졸들 모두 군법이 엄명함을 알고
비로소 마음으로부터 두려움이 생겼다. 이에 다시는 감히 한순간만 모면하는
일시적인 계교로[159] 일하지 않았다. 장영덕이 조광윤의 지모와 용기를 극력
칭찬하자 세종은 곧 조광윤을 전전도우후殿前都虞侯에 임명했다. 세종이 재위
6년 후, 병으로 붕어했다. (39세) 그의 아들 양왕梁王이 즉위했다. 후주後周 공
제(恭帝,시종훈柴宗訓, 7세)이다. 후주 정권은 태조 곽위로부터 공제에 이르기까지
3대에 실제로는 곽씨 성과 시씨 성의 이성의 나라로 10년 만에 멸망했다.

---

159   고식책姑息策, 미봉책彌縫策, 목전지계目前之計, 인순고식因循姑息, 동족방뇨凍足放尿

2. 십국十國(남변南邊) : 분열 속의 자치문화, 902~979, 77년

    십국은 주로 중국 남부에 자리 잡은 국가로 정치, 군사적으로 독립을 추구해왔으며 문화적인 지방색을 가지고 있었다. 전란이 지속된 북변의 오대에 비해 비교적 평화롭고 안정된 상태를 유지하였다. 이 때문에 북쪽에서 전란을 피해온 귀족이나 문인들의 유입이 많았으며 당대의 문화가 계승되었다. 대표적인 나라로는 전촉, 후촉, 오월, 남당 등이 있다. 이후 중국통일을 이룬 송나라가 남북의 문화를 융합하는 데 중요한 기반이 되었다.

9장

요·송 시대

: 문치文治와 외환外患의 시대

—

916~1279, 363년

中國史

EASY CHINA HISTORY

1. 요遼(거란契丹) 나라 :
가한可汗의 등장 후 사라진 발해渤海
916~1125, 209년

①**태조**太祖(야율아보기耶律阿保機) ~ ⑨**천조제**天祚帝

야율아보기는 태어나면서부터 거란 내부의 분란으로 인해 조부를 잃고, 부친과 숙부마저 망명해 조모의 손에서 자랐다. 이후, 중원이 당나라의 쇠퇴로 혼미한 틈을 타고 906년 부족의 연맹장인 '가한可汗'이 되었다가 마침내 황제를 칭하게 되었다. 국호는 '거란'이었다. 그는 생전에 한 고조(유방)와 소하에게 매우 큰 감명을 받은 나머지 자신의 성씨를 '유씨'로 바꾸고, 다른 부족들은 소하의 충성을 쫓는다는 의미에서 모두 '소씨'로 바꿨다. 그러나 신하들의 반발로 황제의 성씨는 '야율'로 환원했으나 '소씨'만큼은 끝까지 남겼다. 922년에는 당시 신생국가였던 '고려'에 사신을 보내기도 했으며 926년, 만주에서 200년간 군림했던 해동성국海東盛國, 발해渤海를 멸망시키고 몽골지역을 제패했다. 937년, 국호를 '대요大遼(키탄, 캐세이)'라 했다. 이 무렵 한반도엔 935년 신라가, 936년엔 후백제가 멸망하고 고려가 건국(왕건王建)된다.

요국의 6대 성종成宗[160]은 요나라 최고의 성군으로 일컫는다. 그의 치세 때 고려를 모두 3번 침공했다. 1차 침공 때는 소손녕蕭遜寧이 서희徐熙의 담판談判에 넘어가 강동 6주를 고려에게 넘겨주었다. 2차 침공 때는 성종이 친히 40만 대군을 이끌고 출정해 강조의 군사를 격파하고 개경을 함락시켰다. 3차 침공(1018년) 때는 소배압蕭排押이 10만 대군을 이끌고 침공했으나 강감찬姜邯贊의 수공작전(귀주대첩龜州大捷)에 말려 대패하고 화약和約을 맺었다.

1125년, 금金과 북송北宋이 동맹을 맺고 공격해 오자 최후의 황제 천조제天祚帝(야율연희耶律延禧)는 내몽골로 도망가 재기를 꾀했지만 금의 포로가 되었고, 요는 멸망했다. 다만 일족인 야율대석(재위:1132~1143)이 중앙아시아 키르기스 지역으로 도주해 셀주크 투르크의 제후들을 격파한 후, 오늘날 신강성에서 아무르강 일대에 이르는 '서요'를 건국했다. 이슬람의 역사가들은 서요를 '흑거란黑契丹'이라는 뜻으로 '카라키타이KaraKitai'라 한다. 서요는 약 80년간(1132-1211) 존속한다.

---

160   한식漢式: 야율융서耶律隆緖, 거란식契丹式: 야율문수노耶律文殊奴(문수보살文殊菩薩의 종從'이라는 의미) 12세에 즉위해 승천황태후承天皇太后(소태후蕭太后, 철마홍안鐵馬紅顔) 소蕭씨의 섭정을 받았으며, 친정 이후 집권기 동안 군사력 신장과 내전 수습에 힘을 기울여 요 제국의 전성기를 이끈 명군이자 친정으로 직접 군대를 이끌고 북송, 고려, 여진을 대대적으로 침공한 명장이기도 하다.

2. 송 나라 : 황포가신黃袍加身과 인의도덕仁義道德

1) 북송北宋(개봉開封)

①태조太祖(조광윤) ~ ⑨흠종欽宗(조항趙桓) : 960~1127, 167년

송태조의 성은 조이며 이름은 광윤이다. 그의 선조는 탁군 사람이며 전해지는 말에 한대漢代 경조윤京兆尹 조광의趙廣義의 후예라 한다. 조광윤의 부친 조홍은趙弘殷은 일찍이 낙양에서 금군장교禁軍將校를 지냈다. 조광윤이 갑마영甲馬營에서 막 태어날 때 온 집안에 붉은 빛이 충만했으며 군영중에 이상한 향기가 한 달이나 지속되어 사람들이 곧 갑마영을 '향해아영香孩兒營'이라 불렀다. 어릴 때 신문열辛文悅로부터 학습했다. 신문열은 일찍이 꿈에서 어가를 맞이했는데 그 안에 있는 사람이 바로 조광윤이었다. 후주세종 때, 광윤이 군정을 장악한 지 6년에 달했으며 사병들 모두는 그의 은혜와 위엄에 경탄했다. 조광윤은 여러 차례 세종을 따라 출정해 전공이 혁혁했다. 세종이 하루는 문서 상자 속에서 하나의 목판을 발견했다. 그 위에 "점검작천자(點檢作天子: 점검이 천자가 된다)"라는 다섯 글자가 적혀 있었다.

당시에 장영덕張永德이 전전도점검殿前都點檢을 맡고 있었으므로 이에 세종이 곧 장영덕의 직무를 조정해 전임시키고 조광윤을 전전도점검으로 임명했다.

세종이 서거하고 공제恭帝가 즉위했다. 그다음 해에 이르러 공제가 조광윤에게 금위군을 통솔해 거란의 침입을 막도록 했다. 당시에 공제가 어렸고 또한 거란의 침입에 국가가 존망의 위기에 직면했다. 이 때문에 조정 안팎에서 모두 조광윤을 천자로 추대하자는 의견이 대두된 것이다. 대군이 경성을 떠나온 후, 군관 묘훈苗訓이 하늘을 보니 태양 아래에 또 하나의 태양이 있어 검은빛을 서로 쏘아대며 한쪽의 검은 빛을 녹여내고 있었다. 묘훈은 이같이 기이한 천문현상을 가리키며 "이것이 바로 천명이다!"라고 했다. 저녁에 대군이 진교역陳橋驛에 주둔할 때, 장사들이 모두 모여 "먼저 조광윤을 천자로 세우고 난 다음에 북쪽을 정벌하자!"며 의논했다. [**진교병변**陳橋兵變] 이에 장사들이 조광윤의 장막을 둘러싸고 대열을 지어 날이 밝기를 기다렸다. 조광윤은 대취해 밖에서 일어나는 일을 전혀 모르고 있었다. 날이 밝자 장사들이 갑옷을 입고 무기를 들고 직접 조광윤의 방문을 두드리며 큰 소리로 "제장들은 주인이 없습니다! 원컨대 태위(太尉, 광윤)를 천자로 옹립하게 해주십시오!" 했다. 조광윤이 놀라 일어나 막 옷을 입으려는데 사람들이 그를 부축해 나와 변명의 여지없이 황포黃袍를 그에게 입히고[**황포가신**黃袍加身] 절을 한 다음 만세를 불렀다. 그 후, 그를 말에 태워 남쪽으로 향했다. 조광윤은 거절할 수 없어 부득이 말고삐를 잡고 앞으로 나아갔다. 그는 제장들에게 맹서하도록 한 연후에 군대를 정돈해 인화문仁和門에서부터 변경汴京으로 진입해 들어가며 추호도 백성들의 이익과 관련된 것은 손대지 말도록 했다. 마침내 공제가 조광윤에게 선위했다. 조광윤은 자신이 전에 송주宋州 귀덕군歸德軍에서 절도사를 지냈기 때문에 국호를 고쳐 '송宋'이라 했다.

태조가 이균李筠과 이중진李重進의 반란을 평정한 후, 하루는 추밀직학사 조보趙普를 불러 "내가 천하의 전쟁을 끝내고 국가를 위한 장기적인 계획을 세우려 하는데 어떻게 해야 한다고 생각하오!" 하고 물었다. 조보가 "당말唐末이래, 제왕의 경질이 빈번한 것은 모두 지방 절도사의 세력이 너무 커 제왕의 권위는 약해지고 신하의 힘은 강해졌기 때문입니다, [군약신강君弱臣強, 강간약지強幹弱枝] 예컨대 지금 그들의 권력을 점차 박탈하면서 그들의 재부財賦와 양곡을 통제하고 그들 수중의 정예 병력을 철수시킨다면 천하는 자연히 곧 태평해질 것입니다!" 하며 또, "전전사殿前師 석수신石守信 등은 전체를 통제할 자질이 없는 관계로 마땅히 그 직무를 거두어야 합니다!" 했다. 태조가 조보의 의도를 알고 다음 날 석수신 등을 불러 주연을 베풀었다. 주연이 무르익자, 태조가 주위를 물리치며 "내가 만약 여러분들의 도움이 없었다면 오늘의 위치에 있을 수 있었겠소! 다만 짐이 즉위한 이래, 하룻저녁도 편안히 잠을 자본 적이 없었소, 그렇지만 황제라는 이 자리에 누가 앉고 싶지 않겠소!" 했다. 석수신 등이 황망히 엎드려 머리를 조아리며 "폐하께서 무엇 때문에 이런 말씀을 하시는지요, 천명이 이미 정해져 있는데 누가 또 역심을 품고 있겠습니까!" 하자 태조가 "그대들은 비록 역심은 없겠으나 만약 휘하의 사람 중에 부귀를 탐하는 사람이 있다면 어떻게 하겠소, 그들이 하루아침에 황포를 여러분의 몸에 입혀놓는다면 설령 그대들이 원하지 않아도 어찌할 수 없는 것 아니오!" 했다. 석수신 등이 모두 꿇어앉아 울면서 "신 등이 어리석어 여기까지는 생각이 미치지 못했습니다. 바라건대 폐하께서 저희를 불쌍히 여겨 살아갈 길을 가르쳐 주십시오!" 하자 태조가 "사람의 일생이란 것이 마치 흰 망아지가 뚫린 문틈 사이로 획 하며 지나가는 것과 같아, 눈 깜빡할 사이면 이미 지나가 버리는 한순간일 뿐이오, 또한 부귀를 좋아한다는 것도 금전을 많이 쌓아 두어, 자신도 즐기면서 아울러 자손들도 궁핍함에 이르지 않도록 할 뿐이오, 그러니 그대들도 병권을 놓고 나가서 대번大藩을 지키며 좋은 전택田宅을 많이 가려 자손들을 위해 번영을 도모하시오. 그리고 스스로 가동과 무녀를 많이 두고 매일매일 술 마시며 유쾌하게 놀면서 서로 편안하고 큰일 없이 지내면 그 역시 좋지 않겠소!" 했다. 석수신 등 모두가 절하며 "폐하께서 이렇게 우리들을 생각해 주시니 이른바, 진실로 죽은 사람을 다시 태어나게 하여 백골에 살을 붙이는 것과 같습니다!" 하며 감사해했다. 다음날, 모두가 아프다는 핑계로 사표를 내고 병권을 내놓았다. [배주석병권杯酒釋兵權]

태조는 성품이 돈후하고 형제간에 우애가 있었으며 화목했다. 진왕이 병이 나자 자신도 함께 쑥뜸을 뜨며 아픔을 나눈 적이 있었다. 태조가 일찍이 "진왕의 걸음걸이는 마치 범과 같이 듬직하고 모습은 용이 노니는 것 같이 건장하고 힘이 있다, (용행호보龍行虎步) 태어날 때도 이상 현상이 있었다. 반드시 태평천자가 될 것이며 그의 복록은 나에 비할 바가 아니다!" 하였다. 태조가 촉지蜀地에 행차했을 때, 포의 장제현張齊賢이 열 가지의 계책을 올렸다. 태조가 곧 그를 불러 음식을 내어 식사하며 이야기했다. 태조가 이중, 한 가지 계책에 찬성하자 장제현은 도리어 그 나머지도 모두 괜찮다고 말했다. 이에 태조가 화를 내며 엄히 꾸짖은 후, 돌려보냈다. 태조가 돌아와 진왕에게 말하길 "내가 서도西都에 갔을 때 장제현이라는 사람을 알았지만 중용할 수 없었네, 나중에 자네가 재상으로 쓰도록 내가 남겨 두었네!" 했다. 이로 말미암아 가히 알 수 있는 것은 태조가 대체로 일찍부터 황위를 진왕에게 물려줄 생각을 하고 있었던 것이었다. 후에 태조의 병이 중해지자 황후는 왕계은王繼恩[161]을 보내 황자 덕방德芳을 불러오게 했으나 왕계은은 도리어 재빨리 진왕을 불러와 버렸다. 진왕이 황궁에 이른 후, 태자 주위의 궁인, 시위 등을 흩어 보내고 그는 태조와 안에서 이야기하고 있었으나 바깥의 사람들은 전혀 들을 수가 없었다. 다만 멀리서 보면 촛불에 비치는 그림자만 붉게 얼렁거리는 것이 마치 진왕이 자리를 피하는 것 같았다. 조금 지나지 않아 태조가 도끼 자루를 잡고 지면을 찍으며 [촉영부성燭影斧聲] 큰 소리로 "너 잘해야 된다!" 하고 곧 붕어했다.

2대, 송태종 황제의 초명은 조광의이다. 송태조 조광윤의 큰 동생이다. 태조가 진교병변 후, 군대를 정비하고 경성으로 돌아오자 조광의가 맨 먼저 제장과 사졸들을 거두어 호령하겠다고 청했다. 그리고 자신이 직접 군대의 전면에 나서 대군의 약탈을 경계했다. 태조가 후주後周 공제恭帝의 수선受禪을 약속받자 —형의 이름을 피휘하기 위해— 광의光義로 개명했다. 그리고 개봉 부윤과 동평장사同平章事 등을 지내고 진왕晋王에 봉해졌다. 태종 조광의는 유명한 독서광으로 특히 역사책 읽기를 좋아했다. 시신들에게 1,000권의 책(태평어람太平御覽: 고금의 여러 사적들을 채집)을 매일 3권씩 올리도

---

161 환관으로 촉영부성 중에 태종의 즉위에 협조했다. 태종 사후, 진종 재위 시, 좌천되었다가 유배지에서 죽었다.

록 하였다. 신하 송기宋琪가 "독서는 힘들고 고단하며 눈을 망칠 수 있다!"며 책을 덮을 것을 종용하자 "천하 고금의 이치는 모두 책에 들어 있소! 책이란 다만 펴기만 해도 이득이 되는 것이오![개권유익開卷有益]"라는 유명한 말을 남기며 1년 만에 다 읽었다. 이어 그의 셋째아들 진종眞宗도 과거 학동學童들이라면 귀에 익숙한 "책 속에는 먹을 것, 입을 것, 황금으로 된 궁전, 아름다운 미인 등 입신양명立身揚名의 모든 비법이 들어 있다."는 〈권학문勸學文〉을 지었다. 조광의가 붕어했다. 재위 22년에 향년 59세였다.

조보가 모두 두 번의 재상을 역임했고, 두 번 파면됐다. 두 번째 재상에서 파면된 지 얼마 후, 세상을 떠났다. 조보가 처음에 이도吏道¹⁶²로서 이름이 알려졌으나 학문은 깊지 않았다. 태조가 일찍이 그에게 독서를 많이 할 것을 주문하자 그는 수불석권했다. 매번 조정에서 중요한 회의가 있을 때면 조보는 집으로 돌아가 방문을 걸고 책궤를 열어 그 속에서 책 한 권을 끄집어내 읽었다. 그가 병으로 세상을 떠난 다음 그의 가족들이 궤짝을 열고 보니 그 안엔 오직 [논어] 한 부 뿐이었다. 조보가 일찍이 태종과 마주하며 "저에게는 [논어] 한 부가 있는데, 반부는 태조를 도와 천하를 평정하는 데 사용했고, 또 반부는 지금 폐하를 보좌하며 천하를 다스리는 데 사용하고 있습니다!" [반부논어치천하半部論語治天下, 반부논어半部論語]했다.

'다독多讀'도 중요하지만 깊게 파고드는 '정독精讀'의 중요성을 일깨워주는 일화로 독서에도 외화내빈外華內貧을 경계하는 말이다.

---

162   벼슬아치로서 마땅히 지켜야 할 도리

건국한 지 50년도 되지 않은 진종眞宗(3대, 조항趙恒) 4년(1004년)에 매년 비단 20만 필과 백은白銀 10만 냥을 요나라에 바치는 굴욕적인 '전연지맹澶淵之盟'을 맺었다. 그는 무武가 전제되지 않는 나약한 문치文治는 냉엄한 국제 정치하에서는 사상누각沙上樓閣에 불과하다는 것을 간과하고 지나친 문관 만능정책만을 펼쳤다. 결국 요나라에 돈을 주고 평화를 구걸해야 하는 처지를 만들었다. 하지만 하늘 아래 유일무이한 천자의 권위는 땅에 떨어졌으나 경제력으로 인한 문화흥성은 이룩할 수 있었다.

인종仁宗(4대, 조정趙禎)이 마침내 폐정을 혁파할 생각에 간관을 증원했다. 왕소王素, 구양수歐陽脩,[163] 여정余靖, 채양蔡襄에게 간원諫院에서 봉직하도록 명하고, 한기韓琦, 범중엄范仲淹[164]을 추밀부사樞密副使로 삼았다. 그리고 하송夏竦을 불러 추밀사樞密使를 맡도록 했다. 그러자 간관이 하송을 파면하고 두연杜衍으로 대체하도록 주청했다. 이에 국자감國子監 직강直講 석개石介가 듣고 기뻐하며 "이것이 바로 성덕盛德의 일이야!" 하며 이에 〈경력성덕시慶歷聖德詩〉를 지어 "현인을 조정에 기용하는 것은 띠 풀을 뽑는 것과 똑같은 일로써 바로 그 뿌리만 뽑아내면 나머지의 띠들도 모두 한 군데 잇달아 뽑혀 나오는 것이요, 상대적으로 나쁜 사람을 제거한다는 것도 닭의 발

---

163 구양수는 일찍 아버지를 여의고 모친 슬하에서 자라며 가난으로 인해 갈대 붓으로 땅바닥에 글을 쓰며 글을 익혔다. 그러나 매우 총명해 한번 본 것은 잊지 않았다. 성년이 된 다음 한유의 [창려선생문집昌黎先生文集]을 읽고 그를 존경하며 대학자의 꿈을 키웠다. 좋은 글을 짓는 비결로 먼저 많이 읽고(다독多讀), 설사 쓸게 없더라도 무엇이라도 많이 쓰고(다작多作), 다른 사람의 글에 나타난 주장에 나의 생각을 가미해 많이 헤아려보는 것(다상량多商量)의 이른바 '삼다법三多法'의 주인공이다. 또 그의 필력을 칭송해 "명필은 붓을 가리지 않는다! (능서불택필能書不擇筆)"이라 했다.

164 벼슬길에 나서기 전부터 늘 "선비는 마땅히 먼저 천하의 근심을 걱정한 다음, 천하의 즐거움을 즐겨야 한다! (사당선천하지우이우, 후천하지락이락士當先天下之憂而憂, 後天下之樂而樂)" 하며 '여민동락與民同樂'의 정신을 실천했다.

톱을 제거하는 것과 똑같아 반드시 그들로 하여금 다시 또 나쁜 짓을 할 힘이 없게 한다는 말과 같은 것이다!" 하며 나쁜 사람으로 하송을 지적했다.

범중엄과 한기가 마침 이때 섬서陝西에서 돌아오다 노상에서 이 시를 들었다. 범중엄이 무릎을 치며 한기에게 "바로 석개와 같은 이런 종류의 희한한 무리들이 일을 망치는 것 같구려!" 했다. 하송은 이것을 근거로 삼아 그의 당우들과 함께 두연杜衍 등의 사람들이 서로 결당해 부화뇌동 한다며 비난했다. 그러자 구양수가 〈붕당론朋黨論〉을 지어 인종에게 "소인은 동당同黨(붕朋)이 없지만, 오직 군자만 동당이 있습니다! 소인은 서로 같은 이익이 있을 때는 잠시 붕당朋黨이 되지만 이것은 가식일 뿐이며 기다렸다가 이익이 보이면 바로 앞뒤를 다툽니다. 어떤 때, 이익이 없어 보이면 바로 멀어지며 심지어 서로를 해치기도 합니다. 그러나 군자는 자신을 수양함으로써 서로의 이익이 되는 길로 함께 나아가 그 효과가 온 나라에 미칩니다. 그러므로 나라에 일이 있을 땐, 같은 배를 타고 함께 강을 건너는 것과 같이[동주공제同舟共濟] 시종 한결같습니다. 이것이 바로 군자의 붕당입니다.[165] 한 나라의 임금 된 사람은 소인들의 거짓된 붕당을 물리치시고 군자의 진정한 붕당을 중용하여야만 비로소 천하가 잘 다스려질 것입니다!" 했다.

왕안석이 청묘법青苗法[166]을 추진하려 했다. 그는 〈주례周禮〉중에 제기된 "백성이 직업에 종사한 것에 근거해 국가에 대해 조세를 부담한다!"는 것

165　군자君子, 화이부동和而不同, 소인小人, 동이불화同而不和 『논어論語,자로子路』
166　농민들에 대한 저금리 금융정책, 신종이 죽은 후 폐지되었다.

이 바로 주대周代의 '이자와 조세 제도'라 여겼다. 그러자 소철蘇轍이 "돈을 백성에게 빌려주면 관리들은 이 기회를 이용해 서로 결탁해 간사하게 되고 또 돈이 백성의 수중에 들어가면 비록 선량하게 성실히 자신의 분수를 지키며 살아가던 양민들도 함부로 막 사용하게 된다. 관에 이자를 납입할 때가 되면 부유한 백성들도 기한을 지키기가 쉽지 않다. 이런 분위기에는 반드시 회초리가 필요하나 주현 등의 관리기구에서는 그 번잡함을 이길 수 없다!" 하며 반대했다.

사마광이 거듭 외직外職을 청원해 영흥군永興軍 지주知州를 지내다 후에 또 허주許州 지주로 옮겼다. 사마광이 신종에게 상서하길 "신은 재주는 없고 학문은 천박해 군신들의 아래에 처해 있습니다. 선견지명은 여회呂誨만 못하고, 공평하고 정직함은 범순인范純仁, 정호程顥만 못합니다. 그리고 정직하게 거리낌 없이 말함은 소식蘇軾[167], 공문중孔文仲만 못하며 용감하게 결단함은 범진范鎭만 못합니다." 했다. 사마광이 거듭 서경유사西京留司 어

---

167 자첨子瞻, 동파東坡. 부친(소순蘇洵), 동생(소철)과 함께 '삼소三蘇'라 불리며 당송唐宋 팔대가八大家 중 한 사람이다. 소순은 어릴 때부터 영리했던 두 아들의 이름을 지은 이유를 수레에 비유해 설명하며 〈명이자설名二子說〉, 큰아들의 이름은 수레의 앞턱에 붙이는 손잡이를 뜻하는 '식軾'으로, 작은아들의 이름은 수레바퀴 자국을 뜻하는 '철轍'로 지었다. '식'은 수레의 앞에 있는 가로나무로 수레를 타고 가다 경례할 사람을 만나면 이 나무에 머리를 대어 경의를 표시하는 것이다. 이것은 언뜻 없어도 될 것처럼 보이지만 없으면 완전한 수레가 되지 않는 것으로 '눈에 잘 띄지 않지만 없어서는 안 될 사람이 되라!'는 바람으로 지었다. '철'은 수레의 바퀴 자국으로 '화복禍福에 휩쓸리지 않는 무난한 삶을 살아가라!'는 바람으로 지었다. 소동파 시가 무척 유행하던 고려 시대, '김부식金富軾', '부철富轍' 형제를 '소식'과 '소철'의 이름을 따서 지을 정도로 추앙했다. 그의 시 〈춘야春夜〉에 "춘소일각치천금春宵一刻値千金, 봄 밤의 아름다운 진풍경은 일각이 천금에 해당한다!"라는 유명한 명구와 〈전적벽부前赤壁賦〉에서 지상 세계를 초월해 신선의 세계로 들어가는 느낌으로 읊은 '우화등선羽化登仙', 한 잎의 좁은 배를 타고서 술을 들어 서로 권하며, "하루살이 삶을 천지에 부치니 아득한 넓은 바다의 한 알갱이 좁쌀알이로다. (기부유어천지寄蜉蝣於天地하니 묘창해지일속渺滄海之一粟, 창해일속滄海一粟)"이라는 명구와 '각 개인의 주장은 없고 서로 보고 필사한 듯이 대동소이大同小異한 문장'을 일러 '천인일률千人一律' 또는 '천편일률千篇一律'이라 하는 성어도 소식이 남긴 것이다.

사대御史臺에 출임하고자 청했다. 이때 신종이 그의 출임을 동의했다. 뒤에 사마광이 네 번 연속으로 숭산崇山의 숭복궁崇福宮을 관리하는 직책을 담임했다.[168] 사마광이 『자치통감資治通鑑』을 완성했다. 신종神宗(6대, 조욱趙頊)이 즉위 초에 이미 어제御製 서문을 적어 주었다. 원풍元豊 7년(1084)에 이르러 비로소 『자치통감』의 편수編修가 완성되어 신종에게 올렸다. 송대의 학풍은 구양수가 처음으로 고문을 천하에 제창함으로써 문장이 크게 변화하기는 했으나 다만 유자의 의리의 학문은 주돈이周敦頤[169]와 이정자二程子(정호鄭顥와 정이程頤) 형제가 나오면서부터 명확해졌다. 소옹邵雍, 주돈이, 장재張載는 모두 신종 때 세상을 떠났으며 이때 또 정호가 세상을 떠나니 오직 정이만 남게 되었다. 학자들 모두가 그를 종법으로 삼았으며 '이천선생伊川先生'이라 불렀다.

어떤 사람이 논의하길 "3년 동안 부도父道를 고치지 말라고 했는데[170] 신법新法도 다른 사람에게 불편을 주었던 것을 잠시 또 제거해도 괜찮지 않겠는가!" 했다. 그러자 사마광이 분개하며 "선제의 법의 좋은 법령은 비록 백 년이 지나더라도 고칠 수 없는 것이오, 그러나 왕안석王安石[171]이나 여혜

---

168 조금 한가하게 있을 이때, 전국시대 주위열왕周威烈王부터 오대五代 후주後周에 이르는 정치, 군사에 관한 내용을 위주로 역은 [자치통감資治通鑑] 294권을 본격적으로 집필한 것으로 보인다.

169 호는 염계濂溪이다. 도가와 불교의 주요 인식과 개념을 수용해 '도학道學'을 창시한다. 이후 그의 도학 이론에 장재, 소옹, 정호, 정이 형제가 살을 붙인 것을 주희朱熹가 '주자학朱子學'으로 집대성하였다. 주요 이론으로는 '무극이태극無極而太極이다'로 시작되는 〈태극설太極說〉과 문학작품으로 〈애련설愛蓮說〉이 있다.

170 "부재관기지父在觀其志, 부몰관기행父沒觀其行, 삼년무개어부지도三年無改於父之道, 가위효의可謂孝矣, 아버지가 살아 계실 때에는 그 뜻을 살필 것이오, 아버지가 돌아가신 다음에는 그 행했음을 살필 것이로되, 돌아가시고 3년, 복을 입는 동안에는 아버지가 하신 일을 고치지 않는 것을 효라 할 수 있을 것!"이다. 『논어, 학이』

경呂惠卿과 같은 사람들이 만든 법령들은 천하에 폐단이며 선제의 본뜻이 아니오! 응당 불에 타고 물에 빠진 사람을 구하고 건져내는 것을 이처럼 한다면 모두 손쓸 틈이 없을 것이오! 하물며 태황태후太皇太后가 어머니로서 아들에게 명해 신법의 시행을 정지시키는 것이지 아들이 부친의 결정을 고치려 하는 것이 아니란 말이오!" 했다. 이에 중의衆議가 비로소 정해졌다.

신종이 붕어하자 겨우 열 살의 철종이 즉위했다. 신종 재위 시에는 신당의 전성시대였으나 곧 신법에 반대했던 태황태후의 수렴청정으로 구당의 영수인 사마광을 중용했다. 사마광은 재상이 되자 신법 타파에 전력을 기우렷다. 하지만 다음 해, 두 살 연하인 왕안석과 함께 세상을 떠난다. 태황태후가 통곡하고 황상도 슬퍼하며 눈물을 그치지 못했다. 그에게 태사太師 온국공溫國公에 추증하고 시호를 문정文正이라 했다. 사마광이 재위 시에 요나 서하의 사신들이 오면 반드시 그의 거소에와 문안했다. 그리고 요는 그 변경의 관원들에게 "중국의 재상이 바로 사마광이다, 절대 변경에서 문제가 생기도록 하면 안 된다." 하고 훈계했다. 사마광이 경사京師에서 졸하자 백성들은 시장을 폐쇄하고 애도했으며 그의 초상화를 그리고 찍어내,

---

171 왕안석이 '신법新法'을 추진할 때 거듭 반대에 부딪치자, 상앙이 '변법變法'을 추진했던 때를 생각하며 자신의 각오를 시로 적어 "자고구민재신성自古驅民在信誠, 일언위중백금경一言爲重百金輕, 자고로 백성을 부리는 것은 신의와 성의에 있다 하겠고, 말 한마디의 무게는 백금을 가볍다 하겠네!" 하였다. 그는 〈권학문勸學文〉에서 "책을 읽기엔 돈이 들기 않고 노력 대비 만 배의 이익을 가져다준다!(독서불파비讀書不破費, 독서만배리讀書萬倍利)"는 명구로 공부에는 수불석권의 결연한 자세가 필요하다는 것을 남겼다. 또, 〈영석류시詠石榴詩〉에 "수많은 푸른 잎 속에 붉은 한 점이러니, 사람을 감동시키는 데 봄빛은 많은 것을 쓰지 않누나! (만록총중홍일점萬綠叢中紅一點, 동인춘색불수다動人春色不須多)" 라며 '홍일점紅一點'을, 〈즉사卽事〉에선 '금상첨화錦上添花'란 명구도 남겼다.

그것을 팔아 치부한 사람도 있었다. 장례식을 기다리며 사방의 군중들이 장례에 참가하러 몰려들었다. 마치 그들의 친척이 세상을 떠난 것처럼 통곡하며 눈물을 흘렸다.

사마광이 일찍이 조무구晁無咎에게 말하길 "나는 다른 사람보다 나은 것이 없소! 하지만 평생에 한 일을 다른 사람들에게 알리지 못할 일은 없소!" 했다. 문하門下의 유안세劉安世가 사마광에게 "종신토록 실천해야 할 만한 '한 말씀'이 있습니까!" 하자 사마광이 "그것은 성誠[172]일 것이야!" 하였다. 유안세가 "어디에서부터 시작해야 합니까!" 하자 사마광이 "망어(妄語, 거짓말)를 하지 않는 것부터 시작해야 할 것이야!" 했다. 어릴 때, 동네 아이들과 숨바꼭질 놀이를 하다가 어느 아이가 사람 키보다 큰 항아리에 빠져 허우적거리며 머리만 오르내리고 있었다. 모두들 당황해 울고불고 우왕좌왕할 때 사마광은 조용히 가까이 있는 돌을 찾아 들고 항아리를 내려쳐[지석격옹持石擊甕] 친구를 구한 일화가 있다.

원부元符 3년(1100), 철종이 25세로 붕어했다. 재위 15년에 개원은 3번 있었다. 황제위는 휘종徽宗황제가 이었다. 휘종황제의 이름은 길佶이며 신종의 11번째 아들이다. 처음에 단왕端王에 봉해졌다. 이복 형인 철종이 붕어하자 흠성헌숙황태후欽聖憲肅皇太后 향씨向氏가 재상들을 소집해 후사를 논의했다. 태후가 단왕을 옹립하려고 하자 장돈이 "단왕은 바로 낭자浪子

---

172 성(誠=言+成), 성誠은 말言이 이루어지는 것成, 즉 '진심'. 신실信實하며 언어, 행위에 거짓이 없는 것. 즉 믿음.

(부랑아)일 뿐입니다!" 했다. 이때 증포曾布는 키가 커, 단왕이 이미 주렴(발) 아래에 와있는 것을 보았다. 곧 질책하며 "장돈은 태후의 처분을 들으시오!" 했다. 단왕이 발을 걷고 나오자 장돈은 놀라 어찌할 바를 몰랐다. 단왕이 즉위 후, 태후에게 잠시 나라의 중요한 일들을 처리해 주도록 청했다. 휘종은 뛰어난 문인으로 회화에도 조예가 깊었지만, 정치력은 맹탕이었다. 그는 정치는 신하들에게(채경) 맡긴채 서화나 수석, 골동품, 미녀 등에 심취해 '풍류천자風流天子'라 불리는 생활로 나라를 멸망의 내리막으로 이끌었다.

채경蔡京이 한림승지翰林承旨일 때 진관陳瓘이 채경이 태양을 보면서도 눈을 깜빡거리지 않는 것을 보고 "이 사람은 나중에 반드시 귀하게 될 것이다! 그러나 어설픈 정신머리로 감히 태양에 항거하는 그가 만약 훗날 뜻을 이룬다면 반드시 천하의 우환이 될 것이다!" 했다. 진관이 다른 사람에게 "사람을 쏘아 맞히려면 먼저 말을 쏘고, 적을 사로잡고자 하거든 먼저 그 우두머리를 잡아라! [사인선사마射人先射馬, 금적선금왕擒賊先擒王] 했다.

망해가는 요(거란)의 천조제가 침범해 들어오자 갓 재위한 휘종은 이를 해결하고자 환관 동관童貫을 요에 보낸다. 이후 요의 침공에 시달리던 흠종은 동관의 종용으로 신흥 강국으로 떠오른 금(여진)을 이용해 일단 요를 멸망시킨 후, 연운 16주는 자신들이 차지하고 요에 지불하던 세폐는 금에 지불하는 계책을 산동반도 등주登州 앞 바다를 건너 금과 동맹을 맺는다. '해상지맹海上之盟'이다. 이것은 이른바 '범과 함께 범 가죽을 구할 일을 도모하는' [여호모피與虎謀皮] 어처구니없는 전략으로 멸망의 길임을 알아야 했다. 이후, 금은 요를 공격해 4개의 성을 연달아 취하고 연경燕京을 남겨 두었다. 약속에 따라 엄연히 송이 연경을 취해야 했지만 지키지 않았다. 그뿐만 아니라 송이 속 빈 강정이라는 것을 알아차린 금 태종은 요를 멸망 시킨 후, 군대를 두 방면으로 나누어 북송을 공격하며 신하의 예를 취하라 고 요구했다. 송 휘종은 요가 멸망하면 한숨 돌릴 줄 알았지만 더욱 강력 한 금의 공격을 받고 기겁했다.

흠종欽宗황제의 이름은 조환趙桓이다. 태자일 때부터 덕망을 잃을 만한 것이 없었으나 채경이나 동관 등의 무리 모두 그를 꺼려해 그의 지위를 흔 들려 했지만 성공하지 못했다. 이후 그가 즉위하자 태학생 진동陳東 등, 사 람들이 궁궐 아래에 엎드려 직접 상소하며 6적(채경, 동관, 왕보, 양사성, 이언, 주면)이 천하를 향해 사죄하도록 요구했다. 그중 이언은 백성의 땅을 수탈 해 백성들에게 입힌 피해가 참혹하면서도 무거워 하북, 하동, 경서 세 곳 의 백성들의 원성을 야기했으며, 주면도 화석강花石綱[173]으로 인해 동남지 방의 백성들의 원성이 끊이지 않았다. 이런 혼란한 시기에 발생한 농민반 란을 반영한 소설이 『수호지水滸誌』이다. 수호지는 양산박에 모인 주인공 송강宋江과 다양한 주특기를 가진 108 호걸들이 관군과 맞서 싸우는 이야 기이다. "송강의 난"은 휘종 말년에 일어난 것으로 수호지의 모델이 됐으 며 나중에 송강은 환관 동관이 이끄는 군대에 들어가 강남의 사이비 교주 였던 '방랍方臘'이 일으킨 난을 토벌해 공로를 세운다. 이 수호지를 바탕으 로 『금병매金瓶梅』가 창작된다.

---

173 황제의 정원을 가꾸기 위한 기화奇花나 괴석 등, 그의 환심을 살 만한 것들을 전문적으로 옮기는 선단.

정강靖康 원년(1126), 먼저 왕보, 주면, 이언을 방출하고 뒤에 그들 모두를 주살했다. 하지만 흠종 재위 2년이 지나지 않아 나라가 망했다. 나라가 망한 다음 연호를 고쳐 '정강靖康'이라 했다.

상황(上皇, 휘종)이 응천부(應天府, 제2의 수도, 남경南京)로 달아났다. 얼마 후, 금나라 군대가 물러난 뒤 휘종은 수도로 돌아왔다. 그러나 반년이 지난 뒤 금군이 다시 침입해왔다. 1127년, 금군이 수도를 공격해 휘종과 흠종 및 두 황제의 후비, 왕자, 궁녀, 신하 등 약 3,000명을 포로로 잡아간다. 아울러 궁중의 모든 재물을 약탈해갔다. '정강의 변'이다. 금 태종은 휘종을 '덕이라곤 없는 흐리멍텅한 인간'으로 조롱하며 '혼덕공昏德公'으로, 흠종은 '더 흐리멍텅한 인간'이란 의미의 '중혼후重昏侯'로 불렀다.

정강의 변 이전, 휘종은 아들 32명, 딸 34명을 두었는데 정강의 변 이후, 포로 생활 중에도 아들 6명, 딸 8명을 더해 아들 38명, 딸 42명을 두었다. 이후 10년간 북만주벌판 여기저기로 끌려다니다 혹한을 견디지 못하고 54세로 삶을 마감하고 흠종도 그곳에서 죽는다. 정강의 변 당시, 강왕康王 조구趙構를 금나라에 화의 사신으로 보내려고 하였으나 별수 없음을 알고 남경으로 달아나 황제에 즉위한 것이 바로 고종高宗이다. 이렇게 168년의 통치로 북송은 몰락하고 남쪽 임안臨安(항주杭州)으로 달아나 남송 정권을 수립했다.

2) 남송南宋(임안臨安) 1127~1279, 152년

①고종高宗(조구趙構) ∼ ⑨위왕衛王(조병趙昺)

고종황제의 이름은 구이다. 휘종의 9번째 아들이며 모친은 위韋씨다. 휘종이 소흥紹興 5년, 4월에 붕어했지만 사망 소식은 소흥 7년, 봄에 비로소 전해왔다. 향년 54세였다. 두 황제가 건염建炎 초에 연산燕山에서 중경中京으로 끌려갔는데 중경은 바로 고해국古奚國의 습군(磟郡,소수민족이 사는 곳의 이름)으로 연산에서 천리 밖이다. 다음 해에 또 중경에서 동북으로 1,500리나 떨어진 한주로 옮겨졌다. 2년 후, 또 한주에서 오국성五國城으로 옮겼다. 오국성은 금의 도성에서 동북으로 천 리나 떨어져 있었다. 여기에서 휘종은 붕어했다. 남송의 강왕 조구가 즉위하였으나 계속 금나라의 추적을 당해 고전했으며 심지어 해상에서 떠돌기도 했다. 그런 가운데에서도 여러 영웅이 각지에서 나타나 항쟁을 지속하다가 마지막으로 북벌을 감행해 금나라를 쳤으나 실패했다. 당시에 금나라는 겉으로는 매우 강하게 보였으나 속이 텅 빈 매우 부패하고 무능한 왕조였다. 이것은 금나라 강해서가 아니라 너무나도 준비 없고, 약한 송나라의 책임이었다.

1278년 4월, 원나라 군대에 쫓기던 단종端宗(8대)이 광동廣東의 강주碙洲에서 충격으로 10살의 어린 나이에 죽었다. 육수부陸秀夫가 위왕衛王 조병趙昺을 황제로 세웠다. 단종황제의 동생이다. 즉위 후 연호를 상흥祥興으로 고쳤다. 황태후 양씨楊氏가 수렴청정했다. 당시 군신들 대부분이 각기 흩어져 떠나려 했다. 육수부가 "도종度宗황제의 아들 하나가 아직 살아 있는

데 어찌 그를 방치하려 하오! 옛날 일려일성一旅一成[174]만 있어도 중흥할 수
있다 했는데 지금 우리 백관들이 모두 여기 있고 게다가 수만의 병사가 있
소, 하늘이 만약 우리 송조를 멸망시킬 생각이 없다면 어떻게 국가를 일으
키지 못하겠소!" 했다. 여러 사람이 함께 의논해 조병을 황제로 옹립했다.
당시 나이가 겨우 8세였다. 1279년, 육수부는 먼저 처와 자식을 바다에
던진 다음, 등에 8세의 황제 조병을 업고 바다에 뛰어들었다. 황제가 붕어
하자 후궁과 대신들도 잇따라 바다에 뛰어들었다. 7일이 지나자 바다엔
10여 만구의 시체가 떠올랐다. 나중에 황제와 비슷한 시체와 옥새를 찾아
냈다. 이상, 송은 태조 건륭 원년, 경신庚申에서부터 제병帝昺 상흥祥興 기
묘己卯에 이르기까지 모두 320년 만에 멸망했다.

'황포가신'으로 집권한 조광윤은 '배주석병권'으로 개국 공신들을 모두
물리친다. 황제는 직할 통치를 강화하며 이상적인 유교 국가 건설을 꿈꿨
다. 이를 위해 과거제를 실시해 유교 경전에 능통한 인재를 발탁하고, 문
신을 우대하는 정책을 추진했다. 이어 지방호족이나 군권 세력을 배척하
고 과거 지방 행정과 군권을 장악하고 있었던 절도사의 권력을 회수해 군
권을 한 장수가 독점할 수 없도록 정해 군대의 힘을 제한하고 분산시키는
데 주력했다. 하지만 이러한 문치 위주의 정책은 장기적으로 국가의 안보
를 무너뜨려 결국 거란, 금, 몽골 등과의 빈번한 전쟁으로 인한 패배로 정
치적 불안과 사회적 혼란으로 나타난다. 특히 종래의 중화사상에 따라 '이

---

174   성成:고대 정전구획井田區劃의 이름, 사방 10리의 땅. 려旅:군대의 편제 단위. 일군一軍:12,500명, 일
       려一旅:500명, 일졸一卒:100명, 일오一伍:5명, "유전일성有田一成,유중일려有衆一旅"

적'이라 멸시하던 유목민족뿐만 아니라 '번진藩鎭'이라 일컫던 세력들에게도 늘 압박당하며 신하의 입장에서 그들을 섬기게 되는 상황은 큰 충격이었다. 이런 상황을 타개코자 사회 전반에 질서를 유지하고 국가를 안정시키기 위한 사상적 기반의 필요성이 대두되었다. 하지만 잦은 정쟁과 전통 유학의 도덕적 가르침만으론 현실적 사회문제를 해결하기엔 부족한 한계를 드러낸다. 이때 주희(朱熹, 주자)가 가족 중심의 '혈연 공동체'와 국가 중심의 '사회 공동체'를 핵심으로 개인의 수양과 국가의 통치행위를 규범으로 하는 '주자학(朱子學, 성리학性理學)'을 주창한다. 그는 공맹孔孟 사상을 재해석해 사서(대학, 중용, 논어, 맹자)를 체계화하였으며 유교 경전의 교훈을 심화시켜 이를 통해 인간의 도덕적 성숙과 사회적 조화를 추구해 우주의 본질과 인간의 본성을 설파했다. 이것은 기존의 사회 저변에 뿌리내린 도교와 불교의 현실 도피를 비난하고 '인의도덕仁義道德'을 바탕으로 인간성을 함양하며 사회의 기본질서를 유지하며 살아가는 유교 교리를 강화한 것이었다. 이는 동아시아의 정신문화에 큰 영향을 미쳤으며 특히 조선조에 '성리학'이란 요람에서부터 무덤 이후에까지 영향을 미치는 지배이념으로 삼천리 어느 곳에서나 삶의 근간을 이루는 규범이자 불문율이 되었다. 신분제 사회를 근간으로 한 역할과 의무는 민초에서 임금에 이르기까지 이른바 '유가세상儒家世上'에 사는 사람들의 일상인 '접빈객接賓客, 봉제사奉祭祀'로 대표되는 신분과 위치에 따른 기본 역할과 의무는 이루 말할 수 없는 것으로 하나부터 열까지 우리의 일상생활을 규율했다.

국시國是가 유교인 조선은 고려조까지 불교 중심의 세상으로 민간에 상사喪事에는 승려들이 나타나 상례를 도맡아 치렀으며 유패遺牌는 사원에 의탁하고 때가 되면 찾아가 '왕생극락往生極樂'을 비는 것이 끝이었다. 나이 든 부모님의 임종이 다가오면 일반적으로 움집에서 모시고 나와 거처를 옮기고 움집을 태우며 이제 "좋은 세상으로 간다!"며 오히려 좋아했다. 그러다 조선조가 들어서자 이른바 "억불숭유抑佛崇儒"정책의 영향으로 대폭 바뀐다. 하지만 여전히 민간엔 불교의 "미륵신앙彌勒信仰"이 뿌리 깊게 자리 잡고 있었다. 유가의 사생관은 기본적으로 이 세상을 구성하고 있는 천지에 가득한 '도덕적 기운'에 의해 생멸이 이루어진다고 본다. 이 '기氣'는 물질적인 동시에 비물질적인 성격을 가지며 인간의 육체, 정신, 자연의 모든 변화와 현상을 설명한다. 그런데 효를 중요시하는 유가에서 사후세계를 인정치 않는 단순 무신론적 개념으로 접근하기엔 미흡한 면이 있었다. 때문에, 이 세상엔 귀鬼와 신神, 그리고 조상신이 존재하는데 신은 이른바 '좋은 신', 귀는 '나쁜 신'인 것이다. 그리고 조상의 영혼은 환경과 시간에 따라 후손들에게 일정한 영향을 끼친다고 보았다. 이 때문에 제사를 통해 조상의 음덕을 기리고 그들을 존중한다. 그리하여 인간으로서의 도덕적 실천과 조상숭배를 통해 인간과 자연, 인간과 인간 사이의 조화를 이루고자 하였다. 그래서 천자天子는 7대, 제후諸侯는 5대, 대부大夫는 3대, 사士는 2대, 서인庶人은 1대로 신을 모시며 공자 같은 성인은 불천위不遷位로 한없이 섬기는 것이다.

10장

금·원·명 시대

: 몽골의 도전과 한족의 재건

—

1115~1644, 529년

EASY CHINA HISTORY 中國史

1. 금金 나라 : 여진 아골타와 해동청海東靑, 1115~1234, 119년

①**태조**太祖(완안민完顏旻, 완안아골타完顏(=王)阿骨打) ∼ ⑨**애종**哀宗

    만주의 동부, 송화강 중류 일대에서 수렵과 농경으로 생활하던 퉁구스계 생여진生女眞(요에 복종하지 않은 여진족)은 숙여진熟女眞(귀화하여 요에 복종하는 여진족)에 비해 발전 속도가 늦었다. 1115년, 여진족의 추장 아골타가 회령會寧(지금의 흑룡강성 남쪽, 발해지방)에서 황제라 칭하며 금金(녹슬지 않고 변치 않는다는 의미) 나라를 건국했다. 이후, 요국과의 전쟁을 일으켰다.

    여진아골타가 왕이 되었다. 여진족의 본명은 주리진朱里眞이다. 숙신족肅愼族의 후대로 발해의 별족이다. 혹자는 본성은 나挐이고 진한辰韓의 후예라 했다. 『삼국지三國志』에 이른바 읍루挹婁, 원위(元魏,북위) 때는 '물길勿吉', 당조 때는 '흑수말갈黑水靺鞨'이라 불렀다. 이 부락은 72부족이 있었지만 본本이 서로 통일되지 않아 대중상부大中祥符[175] 이후부터 절대 중원과 서로 교통하지 않았다. 여진족의 부류는 대단히 많았으며 그들의 추장을 '암판嚴版'이라 불렀다. 그 손자 양할태사가 제부에서 궐기했다. 어떤 사람이 양할의 선조는 바로 신라인이라 여겼다. 완안씨여진이 딸을 양할선인에게 시집보냈다. 두 아들을 낳아 큰아들은 '호래胡來'라 불렀다. 삼대를 내려와 양할대에 이르렀다. 아골타는 바로 그의 아들이다. 사람됨이 침착하고 의지가 굳고 강직하였으며 큰 뜻을 품고 있었다.

여진아골타가 중화重和 원년, 무술戊戌에 황제라 칭했다. 처음 요의 천조제가 상벌을 멋대로 남용하고 진귀한 금수나 여색을 좋아해 해마다 여진에게 '해동청'이라는 이름난 매를 바치게 했다. 그러자 여진은 그 이웃 동북의 오국五國과 싸워가며 겨우 이 매를 사로잡아 바칠 수 있었지만 계속 갖다 바칠 수 없음을 우려했다. 이에 아골타가 반란해 혼동강(混同江, 송화강) 동쪽의 영강주를 함락하자 요는 장수를 파견해 토벌을 시도했으나 패배했다. 후에 다시 중경中京, 상경上京, 장춘長春, 서요西遼의 네 길로 병력을 진입시켰다. 그중 유독 내류하淶流河 쪽 한 곳으로 너무 깊이 들어갔다가 대패하게 되자 나머지도 세 길도 모두 패하게 되었다. 이에 여진이 요동계 내의 숙여진을 모두 포로로 잡아 버리자 철기는 더욱 많아졌다. 천조제가 친정했으나 또 대패했다. 여진이 승세를 타고 발해와 요양의 54주를 병탄하고 또 요서를 넘어 오주五洲를 획득했다. 마침내 아골타는 건국하며 이름을 '민旻'으로 고치고 국호는 '대금大金'이라 했다. 다음 해, 요의 상경上京을 격파했다.

---

175   송 진종眞宗의 3번째 연호, 1008~1016년까지 9년간 사용함.

요를 멸망시킨 금은 송을 공격했다. 이어 '정강의 변'으로 북송을 멸망시킨 금은 화북지역을 차지하며 계속 압박을 가한다. 그러나 몽골이 등장하자 위기를 맞는다. 1234년, 수도 개봉이 몽골과 남송의 연합군에 의해 함락되며 마지막 황제 애종의 자결로 여진족이 세운 금나라는 멸망한다. 이후 북방을 지배한 몽골이 전역을 통일하며 원나라를 세운다. 금나라가 사라지자, 남송은 곧바로 몽골의 다음 목표가 되며 이른바 '순망치한脣亡齒寒'의 결과를 초래한다.

2. 몽골 제국蒙古帝國 : 대 여행의 시대를 개척한 위대한 칸, 1206~1259, 53년

원태조元太祖(성길사한成吉思汗, 칭기즈칸 1206~1259)가 알난하斡難河(오논강)의 발원지에서 황제라 칭했다. 태조의 성은 기악온씨奇渥溫氏이며 이름은 철목진鐵木眞(테무진)으로 몽골인이다. 그의 선조는 대대로 몽골 부락의 수장이었으며 태조의 부친인 야속해也速該가 여러 부락을 병탄하기 시작하면서 점점 강대해졌다. 사후에 열조신원황제烈祖神元皇帝로 추증되었다. 맨처음에 야속해는 달단족韃靼族을 정복해 부락의 우두머리인 철목진을 사로잡았다. 마침 이때 선의후宣懿后 월륜月倫이 태조를 낳았는데 태조의 손에 쥐고 있었던 응고된 핏덩이가 마치 붉은 보석과 같았다. 이에 야속해는 기이하게 여겨 곧 사로잡았던 달단족 수령의 이름을 따, 그의 아들의 이름을 '철목진'이라 부르며 무공을 기념했다. 원태조 원년 철목진이 제왕과 군신들을 모아 구유백기九游白旗[176]를 세우고 즉위하자 군신들 모두 존호

---

176 고대 몽골인들은 구九와 백白을 숭상했다. 구는 중重히 여겼고, 백은 길상吉祥으로 삼았다. 때문에 이 깃발은 고귀하고 성스러운 뜻을 담고 있으며 몽골족의 권위의 상징이다.

를 올려 '성길사成吉思황제'라 했다. 이때가 바로 금 장종章宗 태화泰和 6년 (1206)이었다.

테무진은 아버지 '예수게이'가 숙적인 타타르족과 싸워 '테무진 우게'라 는 족장을 포로로 잡은 와중에 태어난 까닭에 '테무진'이란 이름을 얻게 되 었다. 귀족 집안 출신으로 그의 아버지는 부족 수령이었다. 하지만 부족 간의 갈등으로 타타르인이 주최한 연회에 참가했다가 독살당하고 부락도 해체되었으며 쫓기는 신세로 전락한다. 산으로 달아난 테무진은 9일 밤낮 을 숨어 지내다 배를 채우려 나왔다가 잡혀, 칼을 쓰고 사람들 앞에서 굴 욕을 당하게 된다. 이후 우여곡절 끝에 탈출에 성공하며 절치부심한다. 그 는 부친의 복수와 함께 흩어진 부족을 불러 모아 3만이라는 무리를 거느 리는 족장으로 성장한다. 테무진이 마음을 다지고 있을 때, 마침 타타르의 수령이 금나라의 미움을 사게 되자 테무진은 이 기회를 이용해 금나라와 연합해 타타르족을 완전 몰락시키고 금나라의 '전봉사령관前鋒司令官'이라 는 직책을 받았다.

이해에 북방에서는 몽골 각 부족의 수령들이 테무진을 추대해 '칸국汗國' 을 건립했다. 초원 유목 생활을 하는 몽골족은 거란 귀족이 건립한 요나라 의 압박에 항거하며 몽골 각 부족들 사이에서 타타르족을 위주로 한 부락 연맹을 결성했다. 이어 테무진은 10년간 전쟁을 치르며 몽골의 여러 부족 을 병합하고 마침내 44세에 몽골을 통일했다. 그래서 몽골을 '타타르' 혹은 '달단韃靼'이라고도 한다. '칭기즈칸'이라는 말은 몽골어로 '강력한 군주, 해 양海洋'이라는 의미이다.

금 국은 몽골을 속국으로 여기고 해마다 조공을 요구했다. 마침내 1211년 칭기즈칸은 금 국과의 전쟁을 선포하고 금국을 정벌하기 앞서 서역 정벌의 장도에 올라 1218년 부장 '제베'를 보내 카슈카르를 본거지로 하는 서요(카라 키타이)를 멸망시켰다. 이 왕국은 1124년에 요가 멸망했을 때 서쪽으로 도망간 황족 야율대석이 건국한 이슬람교도들이 대다수인 사람들이었다. 서요가 멸망하자 몽골은 당시 중앙아시아 최강의 이슬람 왕조인 호라즘왕조와 국경을 접하게 되었다.

1223년 봄, 칭기즈칸은 서역의 주된 점령지에 다루가치를 설치하고 막북漠北 본거지로 돌아갔다. 그 여름엔 북방 러시아 지방의 킵차크 초원을 정복한 주치와 오고타이가 대량의 가축과 전리품을 안고 아버지에게 개선하였다. 1226년 서하를 멸망시키고 1227년 봄, 금 국을 멸망시킬 결단을 내린다. 가을, 칭기즈칸은 서하 원정초에 낙마하며 입은 부상이 악화되 육반산六槃山에서 세상을 떠나고(66세) 셋째아들 '오고타이 칸'¹⁷⁷이 즉위한다.

1234년, 송국과 연합한 몽골군의 협공으로 금국 황제는 자결하며 멸망하였다. 13세기 몽골의 철기군은 동으로 황해, 서로는 다뉴브강까지 영토를 확장하며 중앙아시아와 동유럽에까지 무서움에 떨게 했다. 이어 징기즈칸의 손자 '쿠빌라이(한지대漢地帶 총독)'가 귀족들의 지지를 얻어 1271년 국호를 '원元'이라 하며 황제에 즉위했다. (원세조元世祖)

---

177   칭기즈칸에게는 정부인 '부르테' 소생의 4아들 주치, 차가타이, 오고타이, 툴루이가 있었다. 몽골의 대제국은 몽골 본토 및 중국은 황제의 직할령이 되고, 그 나머지 땅은 이른바 4 칸국으로 나뉘어 다스려졌다. 남러시아에는 킵차크 칸국, 서아시아에는 일 칸국, 중앙아시아에는 차가타이 칸국, 서북 몽골에는 오고타이 칸국이 건설되었다. 특히 킵차크 칸국은 주치의 아들 바투에 의해 폴란드, 헝가리, 실레지엔 등 유럽을 공포의 도가니로 몰아넣었으며 몽골군을 '신의 채찍'이라 불렀다.

칭기즈칸이 천하를 좌충우돌하며 정복할 당시 몽골은 기본적으로 천하를 다스리는 통치술이 없었다. 이에 '야율초재耶律楚材'[178]가 "오고타이 칸에게 제시한 두 가지 조건(천하의 백성들이 피눈물을 흘릴 때 함께 눈물을 흘려 줄 수 있겠습니까, 기근이 들어 백성들이 굶주릴 때 함께 굶어 줄 수 있겠습니까!)을 제시하자 칭기즈칸이 흔쾌히 답하며 그와 함께 천하 대계를 이루었다. 칭기즈칸은 단순한 정복자로서만 아니라 유라시아 대륙을 하나의 거대한 네트워크로 연결해 교역과 문화교류를 촉진하며 "대여행의 시대"를 열었던 위대한 칸이었다.

---

[178] 본래 순수 유목민이었던 몽골족에게 중국의 농경문화는 너무나 이질적이었다. 어떤 몽골의 중신은 "한인들을 모두 그들의 농경지에서 쫓아내고 그 자리에 초지를 조성해 소나 양을 방목하자!"고 청할 정도로 제국의 지배방략이 없었다. 야율초재는 거란 황실 출신의 학자이자 정치가인 사람으로 몽골로서는 보물같은 사람을 얻은 것이었다. 한번은 술을 무척 즐기던 오고타이에게 주의를 주면서 술주전자의 부식된 주둥이를 가리키며 "이 철은 술 때문에 부식되어 이 지경에 이르렀습니다. 하물며 사람의 내장이 손상되지 않을 수 있겠습니까!" 하였다. 또, "그릇을 만들려는 자는 반드시 훌륭한 장인을 써야 하고, 나라를 유지하려는 자는 반드시 유학에 조예가 깊은 신하를 써야 합니다." (제기자製器者필용양공必用良工, 수성자守成者필용유신必用儒臣)하고, "한 가지 이익을 내는 것은 한 가지 해악을 제거하는 것만 못하고, 일을 한 가지 늘리는 것은, 일을 한 가지 줄이는 것만 못합니다." 하였다. (흥일리興一利, 불약제일해不若除一害) 칭기즈칸이 '금'을 멸망시키며 발굴한 '야율초재'는 그의 서방 정벌에 늘 동행하며 두터운 신뢰를 받아 그의 생전에 삼남 '오고타이'에게 "너는 앞으로 국정을 모두 이 사람에게 맡겨라!" 할 정도였다. 이어 등장한 '오고타이'와도 일심동체로 움직이던 야율초재도 오고타이가 죽자 정권의 핵심에서 배제되며 울화통으로 55세에 죽었다.

고려는 1231년, 몽골의 1차 침략이 시작되자 당시 무신정권의 지도자 최우는 이듬해 수도를 개경에서 강화도로 옮기고 장기전을 준비한다. 하지만 거듭된 침공으로 1270년, 약 40년간의 항쟁을 끝으로 결국 항복하며 무신정권도 끝이 난다. 곧, 완벽한 속국이 된 고려는 몽골 황실과의 강제적인 혼인 관계를 맺어야 했으며 몽골 황실의 허락 없이는 즉위할 수 없었다. 몽골은 지배지에 다루가치(달노화적達魯花赤, 총독)를 두어 위임통치를 하며 피지배국은 공부貢賦와 군사협력 의무를 기본적으로 해야 했다.

3. 원元 나라 : 쿠빌라이와 충자忠字 돌림자 임금,
1260~1370, 110년

①**세조**世祖(홀필열忽必烈, 쿠빌라이) ∼ ⑪**순제**順帝(토곤테무르, 妥懽帖睦爾)

신미辛未 함순咸淳 7년(1271) 10월, 원이 건국 국호를 '대원大元'이라 하며 조서를 내렸다. "천명을 이어받아 사해를 포용하고 높은 위치에 있으려면 반드시 훌륭한 국호가 있어야 한다. 이것은 예로부터 시작해 모두 이와 같았으니 결코 우리나라만 예외가 아니다. 다시 말하자면 '당唐'이란 자는 '호탕'의 의미인데, 요堯는 그것에 의탁해 세상에 이름을 알렸다. '우虞'란 자는 '오락'이란 의미인데 순舜은 그것을 빌려와 자신의 이름으로 삼았다. 이어 점진적으로 하우夏禹의 흥기함에 이르러 '상탕商湯'이 창업하자 '하夏'와 '은殷'으로 이름이 나누어졌다. 그 시대의 추이가 지금에 이르러 사정의 변화가 발생해 예전과 같지 않고 비록 시세의 도움에 기대 국가를 건립했으나 오히려 자의를 좇아 이름을 취하지는 않았다. '진조'라 부르고 '한조'라 부른 것도 오직 처음 흥기할 때의 지명에 의존한 것이었으며 '수조', '당조'라 부른 것도 오직 봉작이나 읍의 명칭에 의한 것이었다. 이것은 모두 백성들의 견문 습관에 따라 한때 구했던 법제의 임시방편으로서 지극히 공평한 생각에서 나왔다고는 하나 다소의 불합리한 것이 있었다.

우리 태조 성무聖武황제(칭기즈칸)께서는 황천의 상서로운 징조를 받들어 북방에서 궐기하시어 영명하고 위무함으로 황제의 자리에 올라 성대한 명성으로 사방을 진동시키고 강토를 확대시켰으며 영토의 확장은 예부터 지금보다 넓은 적은 없었다. 최근에 선배 노신이 조정에 들어와 주장하길 '이미 나라를 세우는 대업을 성취한 이상 마땅히 조기에 왕조의 미명을 정해야 하옵니다!' 하자 '이것은 옛 제도에 있어서도 당연한 일로써 짐의 마음에도 그런 생각이 있다!' 했다. 때문에 국호를 '대원大元'이라 하는 것은 바로 [역경易經]의 '건원乾元'[179]에서 의미를 가져왔다. 이것은 바로 세밀하게 주조된 철공보다 더 정밀하게 능히 그 기예를 만물에 부여한 것과 같은 것이다. 누가 이런 종류의 창시의 공을 나타낼 수 있었겠는가. 짐은 만방을 안녕하도록 함에 있어 더욱 인덕의 필요성을 절실히 체험하고 있었으며 앞으로 일을 다스리는데 있어서는 전대를 답습할 것이며 도의는 하늘의 협조를 위주로 할 것이다. 의義의 원칙에 비추어보면 본조의 국호는 절대 지나치게 칭찬하는 것이 아니다. 다만 오래토록 믿음과 음덕으로 어려움을 헤쳐나가길 바랄 뿐이다. 온 천하에 경사스러움을 늘어놓고 모두 함께 위대한 국호를 존숭하자! 희망컨대 너희 백성들은 나의 깊은 뜻을 이해하라!" 했다. 이것은 태보太保 유병충劉秉忠[180]의 건의에 따라 결정한 것이다.

---

179 건원乾元: 건의 원, 바로 천도가 이것에서 시작된다는 의미. 건乾의 원형이정元亨利貞의 사덕四德가운데 원元은 으뜸이며 하늘의 뜻을 대행해 만물을 다스리는 위대한 존재로, [주역] 건괘 단상의 "위대하다 건원이여, 만물이 여기에서 비로소 나오나니 이에 하늘의 일을 총괄하게 되었도다. (대재건원,만물자시,내통천大哉乾元,萬物資始,乃統天)"이라는 말에서 유래했다.

원나라 지배가 본격적으로 시작된 때, 충렬왕忠烈王(고려25대)은 원종元宗의 맏아들로써 태자에 책봉되고, 1271년 원나라에 가서 원세조 쿠빌라이의 제국통치의 "수성守城전략"의 차원에서 사위가 되었다가 원종이 죽은 후 귀국해 등극했다. 이후 고려는 '충忠'[181]자 돌림으로 충성을 맹세하며 폐위와 복위가 반복되는 자리였다. 충열忠烈, 충선忠宣(원, 제국齊國공주와의 사이에 낳은 왕), 충숙忠肅(충선왕의 둘째 아들), 세 왕이 각각 중간에 한 차례씩 폐위되었다가 복위하였고, 충혜忠惠, 충목忠穆, 충정忠定 세 왕은 각각 5년도 채 안돼 폐위되었다.

고려 국왕의 단명은 원나라 황제들의 빈번한 교체와도 깊은 관계가 있었다. 공민왕恭愍王(충숙왕의 둘째 아들)은 1349년, 원나라 위왕魏王의 딸 노국공주와 혼인했다가 그녀가 죽자 불교에 심취했다. 노국공주와의 사이에서 아들을 얻지 못한 공민왕은 왕비가 죽은 뒤, 계비를 들이기도 하고 신돈辛旽과 함께 불공을 드리며 축원하기도 했으나 후사를 얻지 못했다. 그 사이 공민왕은 신돈의 집에 자주 드나들다 신돈의 비첩인 '반야般若'라는 미인을 보고 총애했다. 공민왕의 사랑을 받은 반야는 1365년 아들을 낳았는데 이이가 공민왕에 이어 왕위에 오른 '우왕'이다. 이후 우왕은 반야의 아들이라

---

180 "말 위에서 천하를 취할 수는 있으나 말 위에서 천하를 다스릴 수는 없습니다."라는 육가陸賈가 유방에게 진언하던 말 등을 인용하며 쿠빌라이를 도와 남송을 멸망시킨다.

181 중국 주나라에서 원나라에 이르기까지 시호에 '충忠'자를 쓴 임금은 하나도 없다. 임금은 충성을 받는 존재이지 충성을 하는 존재가 아니다. *고려 전기의 지배 세력인 지방 호족(문벌 귀족)들은 정중부鄭仲夫의 무신난으로 몰락한다. 이어 새롭게 권문세족이 된 정중부, 이의방, 경대승, 이의민, 최충헌 등은 약 100년간 중방重房과 도방都房을 주도하다 원나라의 침입과 함께 몰락한다. 이후 권문세족이 된 세력은 원나라와 관계를 맺은 세력들이다. 이들은 나라를 보존하는 조건으로 원에 항복하며 속국이 되어 모든 시호諡號를 속국에 맞게 고친다. 짐朕(천자만 사용할 수 있는 용어, 진시황)→고孤, 폐하陛下→전하殿下(폐하는 본래 섬돌 아래라는 의미로 황제를 직접 부르는 것을 피하여 섬돌 아래에 있던 호위병을 불렀던 것에서 유래한다), 태자太子→세자世子

는 사실 때문에 이른바 '우왕신씨설禑王辛氏說'을 내세운 이성계 일파에 의
해 폐위되고 죽임을 당했다.

중국 역사상 이민족이 중원을 지배한 예는 선비족의 북위와 거란족의 요나
라, 여진족의 금나라, 몽골족의 원나라, 만주족에 의한 청나라가 있었다. 이
중 특별히 원나라는 몽골족을 우대하고 한족을 차별화했다. 신분 체계는
①몽골인 ②색목인色目人 ③중국인 ④남방인으로, 남송 지역 사람들은 남방
인 보다 못한 대우와 함께 정계 진출이 막힌다. 그러자 지식인들의 재능과
분노가 문학 작품의 형식을 통해 표출되면서 '원곡元曲'이나 '희곡' 등이 발달
하게 되었다.

칭기즈칸의 후예였던 원나라는 초기엔 대규모 군사 정복과 확장으로 강
력한 통치권을 유지했지만 모든 멸망 왕조들이 그러하듯 시간이 지나며
황실 내부갈등과 함께 중앙정부의 통제력이 급격히 약화된다. 특히 1,300
년대 중반, 한냉화 시기로 접어든 지구는 농작물의 작황에 영향을 미치며
기아와 함께 전염병이 만연한다. 이 무렵, 번성했던 몽골 제국은 무너지기
시작하고 동시에 유럽엔 흑사병黑死病이 크게 유행한다. 흑사병은 중앙아
시아에서 발생해 몽골 제국의 간선 루트를 통해 전파된 것으로 알려져 있
으며 동시에 중국에서도 비슷한 감염원의 전염병이 대유행한다. 이 무렵
원나라는 1294년 세조가 죽은 직후부터 황제 자리의 다툼과 권신들의 전
횡이 심했다. 반세기 동안에 황제만도 11명이나 바뀌고, 자리를 비운 상
태만도 3~4회씩이나 되풀이되었다. 국가는 여러모로 파탄이 난 지 오래
였고 백성은 백성대로 각종 부역과 천재, 기근에 지칠 대로 지쳐 있었다.

이지 중국사

각종 반란과 함께 홍건적紅巾賊[182]까지 봉기해 원나라는 돌이킬 수 없는 몰락의 길을 걷게 되었다. 이 백련교도白蓮敎徒 중심의 홍건적의 봉기는 17년간 지속되었으며 원국의 통치를 끝내게 하였다. 이에 농민출신 주원장朱元璋의 세력이 점점 강대해지면서 남방 홍건군을 무너뜨리고 최후에는 대도를 공격해 원 세력을 몰아내고 '명'을 건국했다.

---

182 세상이 말세에 이르면 세상을 개벽하려 내려온다는 미륵불彌勒佛(미래불) 신앙을 중심으로한 민중 혁명이 저변에서 꿈틀거린다. 이들은 이민족인 원나라의 가혹한 정치에서 벗어나고자 화덕火德으로 다스린 송나라를 계승한다는 의미로 불을 상징하는 붉은 두건을 머리에 둘렀다.

4. 명明 나라 : 한족의 재통일과 문화적 번영,
1368~1644년, 276년

①**홍무제**洪武帝(주원장朱元璋, 남경南京) ～ ⑰**숭정제**崇禎帝(의종毅宗)

홍무제의 본명은 주중팔朱重八(당시의 하층민들은 정식 이름이 없었으며 항열이나 부모의 연령을 합한 숫자가 이름이 되었다)이다. 17세 되던 해에 가뭄과 재해(메뚜기 떼의 공격)와 전염병으로 가족(4남 2녀 중 막내)중 부모와 큰형을 일시에 잃고, 살아남은 형제는 흩어져 다시는 살아서 얼굴을 보지 못했다. 17세의 어린 나이에 부모 형제를 잃고 살길이 막막했던 그는 근처 황각사皇覺寺에 들어가 겨우 50일을 머문 후, 탁발승이 된다. 이후 3년간의 탁발승 생활을 마치고 황각사로 돌아온 주원장은 우여곡절 끝에 곽자흥郭子興(새로운 미륵불이 나와, 피폐하고 부조리한 이 세상을 혁파하고 이상향을 건설한다는 사상을 강령으로 삼는 백련교의 농민군 지도자)의 봉기군에 가담해 열심히 싸운다. (당시 25세) 이후 곽자흥 부부는 주원장을 스물한 살 된 자신의 양녀 마씨馬氏[183]와 혼인시켰다. 1355년 3월, 곽자흥이 병사하자 주원장은 봉기군의 영도권을 장악하게 되었다. 이후 주원장의 명성이 날로 높아지자 주원장은 곽자흥의 셋째아들 곽천작郭天爵을 자신의 휘하에 배속하였다가 트집을 잡아 주살하고, 곽자흥의 딸(나중에 혜비惠妃가 된다)과 조카를 자신의 첩으로 삼았다. 곽자흥의 생존 중에는 충성스러운 태도를 보이다가 그의 아들인 곽천서郭天瑞를 전쟁터로 몰아 죽게 한 이러한 행위는 주원장의 후반 인생에서 펼쳐지는 음험한 권모술수와 살해 음모를 예고한 것이다. 그는 늙은 유생 주승朱升[184]의 '담을 높이 쌓고 식량을 비축하면서 왕으로 불리게 될 것을 늦춰야 한다!'는 건의를 받아들였으며, 또한 유기劉基[185]의 전략적 책략에 의존해 장기간의 전투 끝에 중국을 통일하고 황제가 되었다. (41세)

만년의 주원장은 광적으로 독재 권력욕에 빠져 기묘한 열등감에 시달리다 어처구니없는 언론 탄압을 시작한다. 이른바 '문자옥文字獄'이다. '승僧', '광光', '독秃', '생生', '적賊', '즉則' -'僧'은 자신이 탁발승 출신, '光'과 '秃'은 승려의 특징인 대머리, '生'은 이것과 소리가 같다는 것으로, '賊'은 홍건적 출

---

183 마씨는 어릴 때 부모가 돌아가서 곽자흥 부부가 길렀다. 주원장과 결혼 후에는 부부가 함께 역경을 이겨 나갔다. 주원장이 황제가 된 것은 마황후의 공이 컸다. 이후 전대미문의 독재자로 변한 주원장도 마황후 앞에서는 고개를 들지 못했다. 추남중의 추남인 그를 이해하고 평가해 격려했으며 남편과 부하들에 대해서는 일일이 어머니와 같은 배려를 아끼지 않아 주원장의 평판을 좋게 만들었다. 그녀가 죽은(51세) 후에는 식음을 전폐할 만큼 뛰어난 여인이었다. 이후 뒤를 잇는 황후를 정하지 않았다.

184 난리를 피해 석문에 은거했는데, 주원장이 휘주徽州를 점령했을 때 불러 시무時務를 묻자 '고축장광적량완칭왕高築墻,廣積粮,緩稱王'라는 대책을 올렸다.

185 유기劉基(백온伯溫): 서달, 이선장과 함께 명나라 3대 개국 공신으로 대표적인 책사이다. 한족으로 원 치하에 만 명 중에 하나가 겨우 합격한다는 과거에 합격하며 정계 진출했으나 맞지 않아 낙향, 은거하며 『욱리자郁李子』를 지었다. 이후, 소문을 들은 주원장의 권유로 그의 모사가 된다. 명 건국 후, 여러 관직을 맡아 역법曆法 제정과 군정체제 건립에 공헌하다가 주원장의 의심스런 심중을 파악하고 낙향해 두문불출한다. 이때 그가 은거 중인 담양談洋에 왕기가 서려 있다고 참언하는 자가 있었다. 곧 주원장이 유기의 병을 위문하는 의사를 보냈는데 유기는 얼마 후 죽었다. 아마 황제의 명으로 의사가 독약을 먹였을 것이다. 제갈량과 함께 역대 중국 최고의 지낭智囊으로 불린다. 명 건국의 1등 공신 '서달'도 급사했다. 등에 종기가 생겨 요양하던 중, 황제가 보내온 거위를 먹고 난 후였다. 그 외 승상 '호유용', '이선장' 등 끝도 없었다. 건국 공신 가운데 살아남은 사람은 '탕화' 한 사람이었다. 그는 황제와 같은 마을 출신으로 창업 초에 일찌감치 관직을 거절하고 부귀공명을 멀리한 덕에 살아남았다.

신이란 의미로, '則'은 적과 글자가 닮았기 때문에 안된다는 것이다.

주원장은 26명의 아들과 16명의 황녀를 두었으며 그중 24명을 왕으로
봉해 지방으로 보냈다. 이후 홍무洪武31년(1398), 71세로 죽으며 "각지의
왕들은 각각의 봉지에서 복상服喪하고 서울로 올라올 필요는 없다!"라는
유언을 남긴다. 자신의 사후 각지의 왕들의 행동을 두려워하였지만, 그 두
려움은 적중되었다. 이후, 건문제建文帝(황태자였던 장남 주표의 갑작스러운 죽음
(40세)으로 황제가 된 당시 16세의 그의 손자 윤문允炆)는 '정난靖難의 변變'을 일으켜
4년간이나 끌어온 숙부인 연왕燕王 주체朱棣(영락제永樂帝)[186]와의 싸움에서
패배하자 황후와 함께 불 구덩이에 몸을 던지며 삶을 마감한다. 이후 황제
에 오른 영락제는 자신의 야심을 해외로 펼칠 생각을 했다. 당시 운남 지
방엔 아직도 원나라의 지배 세력들이 잔존하고 있었다. 운남에서 태어난
'정화鄭和'는 이슬람교도 출신이며 원래의 성은 마씨馬氏이다. 그가 태어난
당시(1371년)에 부친은 그 지역의 함양왕으로써 원나라의 지배 세력들과
긴밀한 관계를 가지고 있었다. 명이 공격해 왔을 때 극력 저항했던 그의
부친은 전사하고 가족들은 반항 세력들에게 내리는 징벌로 생식기를 거세
당하며 주체의 전리품이 되었다. 주체는 정화의 비범함을 알아보고 가까
이 두었다. 나중에 조카인 건문제를 물리치고 황제에 오른 영락제는 그를
환관의 최고위직인 태감太監의 자리에 두었다.

---

186   주체는 몽골 제국의 수도였던 '대도'에 근거지를 두고 있었다. 명나라 때에 이르러 북을 평정했다는 의
      미로 '북평北平'이라 불렀는데 영락제는 수도를 옮겨 '북경北京'이라 개칭했다. 그는 아버지 주원장이
      지은 도읍지 남경도 경의를 표하며 허물지 않았다.

몽골족을 내쫓고 건국한 명나라는 시간이 지나 6대 영종英宗이 몽골고원에서 다시 흥기한 오이라트 부족의 장수將帥 '에센'에게 '토목보土木堡'에서 사로잡히는 사건(토목의 변)으로 기울기 시작한다. (1449년)

시간이 지나 정덕제(正德帝, 10代, 무종武宗, 1505~1521, 재위 16년)는 어릴 때부터 문제아로 자라나 기인으로 성장했다. '팔호八虎'라는 악명 높은 환관들을 측근에 모아 놓고 희귀한 장난을 일삼았으며 특히 '유근劉瑾'에게 실권을 맡겨 주원장 때부터 실시했던 '환관의 정치 관여 금지'를 무너뜨렸다. 라마교에 광신하고 음탕한 생활에 빠져 국비를 낭비하다 결국 물놀이 배가 전복되며 사망(31세)했다. 후사가 없어 사촌인 가정제가 재위를 이었다.

가정제(嘉靖帝, 11대, 세종世宗, 1521~1567, 재위 45년)는 즉위하면서부터 자신의 생부에 대한 존호와 제사 등, 직계냐 방계를 따지는 이른바 '주자가례'에 의한 원칙과 예우 문제로 대신들과 오랜 기간 다투며 시간을 보내다 어지러운 정치가 초래되었다. 정사는 측근 권신들에게 맡겨 자신은 7년에 한 번씩만 회의에 참석하였고, 간신 엄숭嚴嵩 등이 정권을 농단하며 부패가 만연했다. 전조 유근의 전철을 밟은 것이다. 변방은 몽골, 왜구의 빈번한 침범과 약탈로 황폐화되었지만 조정은 이를 제압하지 못했다. 만년엔 도교에 심취해 불로장생설을 신봉하고 단약丹藥 제조와 선약仙藥을 찾는 데 많은 시간을 허비했으며 심지어 어린 궁녀들의 생리혈을 채취해 비방祕方가루를 섞어서 복용하는 등 엽기적이고 가학적인 행각을 서슴지 않았다. 이 후과後果로 일어난 '임인궁변壬寅宮變'은 궁녀들이 살기 위한 자구책으로 행한 황제 교살絞殺 불발사건이다. 결국 그는 수은 중독사로 추정되는 것으로 생을 마감한다.

만력제(萬曆帝, 13代, 신종神宗, 1572~1620, 재위 48년)는 재위 7년 만에 급사한 목종穆宗을 이었다. 초기에는 장거정張居正을 등용해 일조편법一條鞭法(세수稅收 제도의 개혁)을 시행하는 등, 내정개혁을 추진해 '만력중흥萬曆中興'이라고 불리는 사회발전을 가져왔다. 하지만 장거정이 죽은 뒤, 친정으로 주색에 빠져 태자 책립 문제로 조정이 어지러워지자 주익균은 30년 동안 궁문을 나오지 않았다. 황제의 역할과 정무를 내팽개치는 '태정怠政'을 해 내각에는 인재 적체와 모든 기구가 작동을 멈추는 현상이 발생했다. ─인재 등용이나 인사는 물론 황제가 승인해야 집행할 수 있는 사형이 집행되지 못해 20년 넘게 복역하다 그냥 풀려나는 경우가 비일비재할 정도로 국정을 마비시켰다.─ 그리고 1592년 영하寧夏에서 일어난 '보바이(발배哱拜)의 난'과 1594년 사천과 귀주에서 일어난 '양응용楊應龍의 난', 1592년 조선에서 일어난 '임진왜란壬辰倭亂' 등에 대규모로 군사를 파견해, 국가 재정을 크게 악화시켰다.

1392년, '반원친명反元親明'을 기치로 건국한 조선은 명을 종주국으로 받들고 신하로서의 예를 취했다. 때문에 신종은 임진왜란이 발발해 조선 국왕 선조로부터 원조를 요청받자 응하지 않을 수 없었다. 우선 여진을 대비해 요양에 주둔하고 있던 군대를 남하시켜 원조했으나 주장主將이 고니시 유키나가(소서행장小西行長)에게 대패하며 목숨만 건져 돌아온다. 이에 명은 심유경沈惟敬을 보내 화의를 도모하고 시간을 번 끝에 이여송李如松을 출동시켰다. 이후, 명나라 원병과 조선 관군 연합군의 협공으로 벽제관碧蹄館 전투에서 패퇴한 왜병은 화의를 맺고 철수했다. 그러나 그 화의는 양국의 이견이 있었지만 두 사람이 대충 덮고 맺은 화의였다. 명은 번국으로서 명에 대한 조공을 인정하는 것으로, 왜는 전승국의 입장으로서 조선의 남부 정도는 자신에게 할양할 것으로 기대했다. 하지만 명에서 왜로 온 책봉사의 의외의 태도에 도요토미 히데요시豊臣秀吉의 분노와 허탈감은 극에 달하며 즉시 출병을 명한다. 이듬해 정유년丁酉年(1597년) 정월, 14만의 병력이 다시 조선 땅을 밟는다. 결국 조선 땅을 유린했던 임진, 정유재란은 도요토미의 죽음으로 끝을 맺고, 전국을 황폐화한 조선은 말할 것도 없고 명도 두 차례의 파병으로 인한 부담으로 막대한 타격을 입는다. 이러한 혼란은 이어 등장하는 여진족 후금의 세력이 강성하는 계기가 되었으며 결국 그들에게 멸망하게 된다.

천계제(天啓帝, 주유교朱由校, 15代, 희종熹宗, 1620~1627, 재위 7년)는 즉위한 뒤에 황태손皇太孫때 부터 자신의 유모였던 객씨客氏[187]를 봉성부인奉聖夫人에 봉하며 환심을 산다. 또 위충헌魏忠賢[188]을 "참으로 충성스럽고 현명한 신하"라는 뜻으로 '충현忠賢'이라는 이름을 하사하고 환관의 수장인 사례감司

---

[187] 일반적으로 유교를 통치이념으로 한 전제 군주국가에서는 '충, 효'가 핵심으로 대를 이어 황통을 유지하는 것이 큰 관건이었으며 대를 잇지 못하는 것을 큰 불효로 여겼다. 특히 황실에서는 어릴 때부터 성장 후, 첫 경험 시에 당황하지 않도록 자연스럽게 남녀 관계에 대한 그림이나 혹은 동물들의 흘레 장면에 노출해 노골적인 성교육을 시켰다. 성교육은 주로 나인(內人)이나 여관(女官)들이 비공식적으로 했다. 물론 천치였던 진 혜제 사마충처럼 잠자리 시중을 통해 남녀가 성관계를 가지는 방법을 세밀히 가르치다 탈이 난 경우(재인才人,사구射玖)도 없진 않았으나 일반적으로 이런 관계로 성은을 입었다 한들 이름 없이 사라지는 것이 보통이었다. 하지만 사악했던 이 객씨만은 천계제가 23세로 죽을 때까지 간간이 남녀 관계를 유지한 것으로 전해진다. 또한 유모 객씨는 환관이었지만 완벽히 거세를 하지 않아 성기능을 할 수 있는 위충현과 사통했을 만큼 성욕이 매우 강한 여자로 알려진다.

[188] 본명은 위사魏四이다. 극빈 가정에서 태어나 글을 깨우치지 못했다. 도박 중독으로 살아가던 그는 부인과 딸까지 팔아야 하는 극한상황에 몰리자 이렇게 비참한 삶을 살기보다는 차라리 거세해 환관이라도 되어 부귀영화의 기회를 잡아보리라 결심한다. 황궁에 들어간 위충현은 잔꾀와 눈치, 아부 등으로 천계제의 유모 객씨에게 접근해 환심을 산다. 이후, 일자무식인 천계제를 대신해 국정을 농단하자 도처에서 상소가 올라왔다. 하지만 까막눈인 황제를 대신해 자신을 탄핵하는 내용을 제외한 부분만 어렵게 읽고 넘어가는 수완을 발휘해 위기를 모면해 나갔다. 결국엔 숭정제가 즉위하자 탄핵을 당한다. 좌천가는 도중에 체념하고 목을 매었지만, 시신은 찢긴다. 중국 역사에 주전충, 양국충 등 '충'자 이름을 하사받은 사람은 많지만 거의 부패하거나 반역의 상징으로 나타난다.

禮監 병필태감秉筆太監으로 삼았으며, 1623년(천계 3년)부터는 황제 직속의 비밀경찰인 '동창東廠'[189] 책임자도 겸하도록 했다. 희종은 어린 시절 살해 위협에 시달리며 불우하게 자랐던 관계로 중국 황제 중 유일하게 글을 몰랐다고 전해지며, 때문에 국정엔 아예 참여하지 못하고 무조건 환관에게 정치를 맡기고 자신은 취미인 목공에만 몰두한다. 그는 목공에 뛰어난 재주를 가지고 있어 정원에 건청궁乾清宮의 모양을 본뜬 궁전 모형을 정교하게 만들어 놓기도 했으며 때론 귀뚜라미 싸움도 즐겼다. 국정의 대부분은 위충현이 알아서 처리하도록 맡기자 위충현은 황제의 총애를 배경으로 희종의 유모인 객씨와 결탁해 국정을 전횡한다. 희종은 목 뒤에 난 부종으로 사망(23세)한다.

숭정제(崇禎帝, 주유검朱由檢 16대, 의종毅宗, 1627~1644, 재위 17년)는 천계제의 배다른 동생으로 16세에 재위에 올라 쇠퇴해가는 명을 부흥시키려고 노력했다. 즉위하자 환관 위충현을 '책형磔刑'에 처하고 정계를 엄격히 다스려 만력 년간 이후 궁정 안에 뿌리박고 있던 '동림당東林黨'을 둘러싼 정쟁을 종식한다. 의심이 많아 재상을 50명이나 갈아치워 '숭정오십상崇禎五十相'이라는 말이 사람들의 입에 오르내렸다. 하지만 누르하치를 전사시키고 그의 아들 홍타이지를 격퇴시키며 명나라의 명을 잇게 한 충신 원숭환袁崇煥이 모반을 도모한다는 '반간계反間計'에 속아 그를 살해했다. 이후, 안으로는 농민군 때문에 고통을 당하고 밖으로는 청나라를 막을 힘이 전혀 없

---

189 영락제가 북경 동안문東安門 북쪽에 설치한 비밀 첩보기관으로 문무관료와 황족 등을 감시하며 고문하는 기관이다.

었다. 1644년, 이자성李自成의 반란군이 베이징으로 쳐들어와 외성이 함락되자 자결로 명나라의 문을 닫았다.

명말 정치는 부패하고 환관들이 전권을 휘두르며 사익 추구에 몰두할 때 동북지역에서는 여진족[190]들이 점차 통일되며 그 세력을 확장하고 있었다. 누르하치(1559~1626)의 성은 '애신각라愛新覺羅'이다. 어려서부터 총명했으며 10살 때 모친을 잃고 계모의 학대를 피해 친구들과 깊은 산속에 들어가 잣과 인삼을 채집하며 수렵 생활을 했다. 후에 명나라에 투항해 장수를 지냈으며 부친과 조부가 전쟁 중 피살되자 복수심을 불태우며 자신을 단련해 나갔다. 이후 여진, 각 부족을 통일한 뒤, 명나라의 구속에서 벗어나며 1616년 국호를 '대금大金', 연호를 '천명天命'으로 하였다. 바로 만주에 세워졌던 금나라(1115~1234)를 계승한다는 의미의 '후금'이다. 이어 누르하치가 전쟁 중 상처로 죽자(1626년) 그의 아들 홍타이지(황태극皇太極)가 황제로 등극했다. 이후, 만주족 내부의 여러 정치 세력들과 외부 이민족까지 통합해 강력한 세력을 만들며 1636년, 국호를 '청淸'으로, 부족의 이름도 '만주족滿洲族'[191]이라 하고 누르하치를 '청태조淸太祖'로 추증한다. 이후 강건성세康乾盛世(강희제康熙帝, 옹정제雍正帝, 건륭제乾隆帝, 1661~1796년)를 지나며

---

190 당시 아무리 넉넉하게 잡아도 장정壯丁 15만, 총인구 50~60만에 지나지 않았다는 여진족에 비해 명나라 1억이 넘었다.

191 중국의 동북 지역인 '만주'는 명대에는 '요동', 청대 이후에는 '만주'라 불렀다. 이 무렵 누르하치는 여진족 사이에서 '문수보살文殊菩薩'의 화신으로 믿어지고 존경을 받고 있었는데 '만주'라는 칭호는 '문수'에서 나온 것이다. '만주'라는 단어는 지명 같은 이미지도 있지만 원래는 종족 이름이다. 만주의 '만'과 '주'에 모두 '氵'이 있다. 이것은 전 정권인 '명'이 불을 연상시킴으로, 그 불을 이길 수 있는 물을 고집한 것으로 '청淸'이라 국명을 정했다 한다. 과거 동북3성(요동)의 주민들은 대략 한인, 여진인으로 통구스계의 수렵 여진인들이 한인들에게 수달등의 모피나 인삼 등을 파는 거래로 삶을 영위했다.

군사적 안정과 경제적 번영을 함께 누리며 아시아에서 가장 강력한 제국으로 자리 잡았다. 하지만 멸망 왕조가 다 그러하듯 시간이 지나며 내부의 부패로 인한 사회적 불안과 다양한 민란, 외부적으로 서양 열강의 침략, 아편전쟁(1839~1842, 1856~1860)과 청일전쟁(1894~1895)의 패배로 인한 조선에 대한 지배권 상실, 대외적인 권위 실추 등 여러 복합적인 요인으로 멸망의 길로 떨어진다. 이어진 신해혁명辛亥革命(1911)으로 마지막 황제 부의溥儀가 퇴위하는 1912년, 청국은 멸망하며 민국시대로 접어든다.